文部科学省
国立教育政策研究所
NIER National Institute for Educational Policy Research

キャリア発達にかかわる諸能力の育成に関する調査研究報告書

── もう一歩先へ，キャリア教育を極める ──

文部科学省　国立教育政策研究所
生徒指導・進路指導研究センター

キャリア発達にかかわる諸能力の
育成に関する調査研究報告書

平成 23 年 3 月

文部科学省
国立教育政策研究所
生徒指導研究センター

キャリア教育を創る
学校の特色を
生かして実践する
キャリア教育

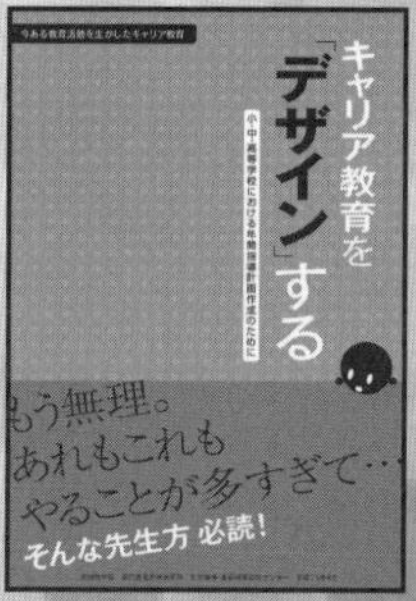
キャリア教育を
デザインする
もう無理。
あれもこれも
やることが多すぎて…
そんな先生方 必読!

実 業 之 日 本 社

はじめに

児童生徒一人一人が「生きる力」を身に付け，しっかりとした勤労観，職業観を形成し，それぞれが直面するであろう様々な課題に柔軟かつたくましく対応する力を高めることが重要な課題となっている。社会的・職業的自立に向け，必要な能力や態度を育て，一人一人のキャリア発達を支援するキャリア教育が強く求められているところである。

「キャリア教育の推進に関する総合的調査研究協力者会議報告書」（平成16年）において，各学校段階を通じた組織的・系統的なキャリア教育の推進が提言され，キャリア教育の必要性や意義の理解は学校教育の中で高まり，実践の成果も上がってきた。しかし，報告書がキャリア教育を「新しい教育活動を指すものではない」としたことで，従来の教育活動のままでよいと誤解されたり，「体験活動が重要」という側面のみをとらえて職場体験＝キャリア教育とみなしたりするなど，その受け止め方や実践の内容・水準に大きなばらつきがあることが課題となってきた。

こうした中で，「今後の学校におけるキャリア教育・職業教育の在り方について」が諮問され，中央教育審議会キャリア教育・職業教育特別部会は，キャリア教育・職業教育の基本的方向性，発達の段階に応じた体系的なキャリア教育の充実方策，後期中等教育におけるキャリア教育・職業教育の充実方策，高等教育におけるキャリア教育・職業教育の充実方策等について提言をまとめているが，その中で，本来の理念に立ち返ったキャリア教育の理解の共有の重要性を指摘しつつ，キャリア教育の基本的方向性を示した。すなわち，キャリア教育とは「一人一人の社会的・職業的自立に向け，必要な基盤となる能力や態度を育てることを通して，キャリア発達を促す教育」である。キャリア教育は，特定の活動や指導方法に限定されるものではなく，様々な教育活動を通して実践されるものであり，一人一人の発達や社会人・職業人としての自立を促す視点から，学校教育を構成していくための理念と方向性を示すもので，その基本的方向性は，①幼児期の教育から高等教育まで体系的にキャリア教育を進めること，②その中心として，基礎的・汎用的能力を確実に育成するとともに，社会・職業との関連を重視し，実践的・体験的な活動を充実することにあるとした。

これまでのキャリア教育が本来の理念と共通の理解に欠ける部分があったとの反省から，「キャリア教育とは一人一人の社会的・職業的自立に向け，必要な基盤となる能力や態度を育てることを通して，キャリア発達を促す教育である」との理解に立ち，その推進を図ろうとするとき，キャリア発達すなわち社会的・職業的自立に向け必要な基盤となる能力や態度の内容と育成の過程が示されなければならない。

このようなことから，「キャリア発達にかかわる諸能力の育成に関する調査研究協力者会議」が設置され，キャリア教育推進の基本的方向性の具体化について研究協議をかさねることとなった。この中でわれわれは，①これまでのキャリア教育の推進施策の展開と課題について整理し，②キャリア教育を通して育成すべき能力についてのこれまでの考え方を検討し，③今後のキャリア教育を通して育成すべき能力としての「基礎的・汎用的能力」を考究し，④基礎的･汎用的能力の育成と評価を中心としたキャリア教育の在り方を検討し，⑤発達の段階に応じたキャリア教育実践の進め方を提示した。

この報告書が，キャリア教育についての理解をいっそう深め，各学校等でのキャリア教育の実践の指針となることを期待するものである。

目次

第 1 章

これまでのキャリア教育推進施策の展開と課題

第1章 これまでのキャリア教育推進施策の展開と課題

近年，日本社会の様々な領域において構造的な変化が進行している。特に産業や経済の分野においてはその変容の度合いが著しく大きく，雇用形態の多様化・流動化にも直結している。また，学校から職業への移行に問題を抱える若者が増え，社会問題ともなっている状況である。子どもたちに視点を移せば，自らの将来を展望しつつ学習に積極的に取り組もうとする意識が国際的にみて低く，働くことへの不安を抱えたまま職業に就き，適応に難しさを感じている状況がある。また，身体的には成熟傾向が早まっているにもかかわらず精神的・社会的自立が遅れる傾向があることや，勤労観・職業観の未熟さなど，発達上の課題も指摘されている。

このような問題を背景としつつ，今日，一人一人の社会的・職業的自立に向け，必要な基盤となる能力や態度を育てることを通して，キャリア発達を促すためのキャリア教育の推進・充実への期待が高まっている。本章では，日本におけるこれまでのキャリア教育推進施策の展開を振り返り，その過程で生じてきた課題を整理することとする。

(1) 若年者の雇用・就労問題の顕在化とキャリア教育の提唱

文部科学行政関連の審議会報告等で,「キャリア教育」が文言として初めて登場したのは,中央教育審議会答申「初等中等教育と高等教育との接続の改善について」（平成11年12月）であった。本答申では「学校教育と職業生活との接続」の改善を図るために，小学校段階から発達の段階に応じてキャリア教育を実施する必要があると提言した。以下，答申から当該部分を引用する。

> 第６章　学校教育と職業生活との接続
>
> 新規学卒者のフリーター志向が広がり，高等学校卒業者では，進学も就職もしていないことが明らかな者の占める割合が約９％に達し，また，新規学卒者の就職後３年以内の離職も，労働省の調査によれば，新規高卒者で約47％，新規大卒者で約32％に達している。こうした現象は，経済的な状況や労働市場の変化なども深く関係するため，どう評価するかは難しい問題であるが，学校教育と職業生活との接続に課題があることも確かである。
>
> 第１節　学校教育と職業生活の接続の改善のための具体的方策
>
> 学校と社会及び学校間の円滑な接続を図るためのキャリア教育（望ましい職業観・勤労観及び職業に関する知識や技能を身に付けさせるとともに，自己の個性を理解し，主体的に進路を選択する能力・態度を育てる教育）を小学校段階から発達段階に応じて実施する必要がある。キャリア教育の実施に当たっては家庭・地域と連携し，体験的な学習を重視するとともに，各学校ごとに目標を設定し，教育課程に位置付けて計画的に行う必要がある。また，その実施状況や成果について絶えず評価を行うことが重要である。

ここに示されるように，本答申は，新規学卒者のフリーター志向の広がり，若年無業者の増加，若年者の早期離職傾向などを深刻な問題として受け止め，それを学校教育と職業生活との接続上の課題として位置づけた上で，キャリア教育を提唱している。若年者の雇用・就業上の問題をめぐる危機意識に基づいたキャリア教育推進の提唱と言えよう。

このようなキャリア教育のとらえ方は，平成15年６月，文部科学大臣，厚生労働大臣，経済産業大臣及び経済財政政策担当大臣からなる「若者自立・挑戦戦略会議」がとりまとめた「若者自立・挑戦プラン」にも顕著に見られる。同プランは，キャリア教育の推進を重要な柱の一つとしているが，それは，若年者の雇用問題を「深刻な現状と国家的課題」として認識し，政府全体としてその対策を講ずる枠組みの中に位置付けられたものである。

(2) キャリア発達に着目した能力論の提唱

このような流れの中で，文部科学省及び同省の国立教育政策研究所生徒指導研究センターにおいては，若年者雇用をめぐる緊急対策としての側面を超えたキャリア教育の理論的な基盤をめぐる研究が蓄積されていった。

まず，国立教育政策研究所生徒指導研究センターが平成14年11月，「児童生徒の職業観・勤労観を育む教育の推進について」の調査研究報告書をまとめ，小学校・中学校・高等学校を一貫した「職業観・勤労観を育む学習プログラムの枠組み（例）―職業的（進路）発達にかかわる諸能力の育成の視点から―」を提示した。本「枠組み（例）」では，「職業観・勤労観」の形成に関連する能力を，「人間関係形成能力」「情報活用能力」「将来設計能力」「意思決定能力」の４つの能力領域に大別し，小学校の低・中・高学年，中学校，高等学校のそれぞれの段階において身に付けることが期待される能力・態度を具体的に示した。キャリア発達（当該報告書の用語では「職業的（進路）発達」）の視点から子どもたちの発達の段階をとらえ，それぞれの段階に応じた「能力（competencies）」の育成を図ろうとした点で，この「枠組み（例）」は大きな意義を有している（この点については第２章で詳述する）。

次いで，平成16年１月，文部科学省内に設置された「キャリア教育の推進に関する総合的調査研究協力者会議」から最終報告書がまとめられた。本報告書は，「キャリア教育を進めるには，児童生徒の発達段階や発達課題を踏まえるとともに，学校の教育計画の全体を見通す中で，キャリア教育の全体計画やそれを具体化した指導計画を作成する必要がある。その際，各発達段階における発達課題の達成との関連から，各時期に身に付けることが求められる能力・態度の到達目標を具体的に設定するとともに，個々の活動がどのような能力・態度の形成を図ろうとするものであるのか等について，できるだけ明確にしておくことが大切である」と述べ，キャリア発達の段階を基盤とした能力育成の重要性を一層明確にしている。その上で，国立教育政策研究所による前掲の報告書が提示した「職業観・勤労観を育む学習プログラムの枠組み（例）」について，「各学校においてキャリア教育を推進する際の参考として幅広く活用されることを期待したい」と評価した。

その後，「職業観・勤労観を育む学習プログラムの枠組み（例）」に基づく能力論（いわゆる「４領域８能力」）は，急速に学校に浸透していった。

⑶　職場体験活動への焦点化

文部科学省が，学校におけるキャリア教育実践の具体的な推進のために初めて予算を充てたのは，平成16年度である。そこでは，およそ１億４千万円の予算が，⑴インターンシップ連絡協議会の設置（全国会議），⑵キャリア教育推進フォーラムの実施（全国２会場），⑶キャリア教育推進地域の指定（小・中・高等学校における一貫したキャリア教育プログラムの開発（都道府県ごとに１地域）の指定）に当てられた。

また同省は，平成17年度に「キャリア・スタート・ウィーク」事業を開始し，中学校における５日間連続の職場体験活動を推進するための全国キャンペーンを展開させ，平成20年度まで継続させた。本事業には平成17年度単独でも４億６千万円，４年間合計で11億円を超える予算が充てられた。

多額の予算を割り当てたこのキャンペーンの影響は大きかった。例えば，平成15年度における中学校の職場体験活動の実施率は88.7％であり，そのうちの43％は１日のみの実施にとどまっていた。５日間あるいはそれ以上の期間にわたって職場体験活動を実施した中学校は，全体の７％に達しなかったのである。一方，その５年後の平成20年度には，職場体験活動の総実施率が高まって96.5％となったことに加え，１日のみの実施がそのうちの13.6％に減少し，５日以上の実施が20.7％と大幅に増えている（各年度の国立教育政策研究所「職場体験・インターンシップ実施状況等調査」による）。

⑷　その後の主な施策の展開

このようなキャリア教育推進施策が展開する中で，平成18年12月には，戦後はじめて教育基本法が改正され，教育の目標の一部として「職業及び生活との関連を重視し，勤労を重んずる態度を養うこと」が位置付けられた。また翌年改正された学校教育法において，新たに定められた義務教育の目標の一つとして「職業についての基礎的な知識と技能，勤労を重んずる態度及び個性に応じて将来の進路を選択する能力を養うこと」が規定された。小学校からの体系的なキャリア教育実践に対する法的根拠が整えられたと言えよう。

更に，平成20年１月の中央教育審議会答申「幼稚園，小学校，中学校，高等学校及び特別支援学校の学習指導要領等の改善について」においても，新しい学習指導要領でのキャリア教育の充実が求められ，同年３月には小学校と中学校の学習指導要領が，平成21年３月には高等学校の学習指導要領がそれぞれ本答申に基づいて改訂された。

また，平成20年７月１日に「教育振興基本計画」が閣議決定され，今後５年間（平成20～24年度）に取り組むべき施策の一つとして「関係府省の連携により，小学校段階からのキャリア教育を推進する。特に，中学校を中心とした職場体験活動や，普通科高等学校におけるキャリア教育を推進する」ことが明示された。

さらに，同年12月には，文部科学大臣が中央教育審議会に対して「今後の学校におけるキャリア教育・職業教育の在り方について」を諮問した。中央教育審議会は「キャリア教育・職業教育特別部会」を設置し，同特別部会における約２年に及ぶ審議を基に，平成23年１月31日に，答申を文部科学大臣に提出した。答申では，幼児期の教育から高等教育までを通したキャリア教育・職業教育の在り方をまとめており，その中で，社会的・職業的自立に向けて必要な基盤となる能力として「基礎的・汎用的能力」を提示し，キャリア教育の中心として育成することとした（この詳細については第３章において整理する)。

(5) これまでのキャリア教育推進施策が残した主な課題

平成11年の中央教育審議会答申以降のキャリア教育推進施策の展開の概要は，以上の通りである。この間のキャリア教育の進展は，職場体験活動の拡充が典型的に示すように，目を見張る勢いであったと言えよう。しかしその一方で，次のような課題も残された。

まず，キャリア教育の草創期とも言うべき段階の提言や施策が，若年者の雇用や就業をめぐる問題の解消策の一環としてキャリア教育を位置づけたこともあり，キャリア教育がフリーターや若年無業者の増加を食い止めるための「対策」として誤解される傾向が生じたことが挙げられる。これは，小学校や中学校，及び，いわゆる「進学校」と呼ばれる高等学校における体系的なキャリア教育の推進が当初遅れた一因ともなったと考えられる。

また，平成17年度から開始された「キャリア・スタート・ウィーク」が，キャリア教育推進の中核的な事業として関心を集めたことにより，職場体験活動を実施したことをもってキャリア教育を行ったものとみなす中学校も少なくなかった。

更に，いわゆる「４領域８能力」をめぐっては，生涯にわたってキャリア発達を支援していくという視点が十分ではなく高等学校段階までの提示にとどまっており，また，「例」として示されたにもかかわらず学校・学科の特色や生徒の実態を十分に踏まえないまま固定的に運用する学校が少なくないなど，様々な課題が生じた。

このような課題が顕在化する中で，平成23年１月，中央教育審議会は答申「今後の学校におけるキャリア教育・職業教育の在り方について」の中で，「基礎的・汎用的能力」を提唱したのである。

第２章においては，「基礎的・汎用的能力」の前身とも言うべき「４領域８能力」に焦点を当てながら，その提唱の意義と課題をより具体的に整理していくことにしよう。

第2章

キャリア教育を通して育成すべき能力についてのこれまでの考え方

第2章 キャリア教育を通して育成すべき能力についてのこれまでの考え方

キャリア教育を通して育成すべき能力については，国立教育政策研究所生徒指導研究センターによる調査研究報告書『児童生徒の職業観・勤労観を育む教育の推進について』（平成14年11月）が提示した「職業観・勤労観を育む学習プログラムの枠組み（例）―職業的（進路）発達にかかわる諸能力の育成の視点から―」によって示された能力論が広く知られている。これは「人間関係形成能力」「情報活用能力」「将来設計能力」「意思決定能力」の４つの能力領域と，それぞれの能力領域において２つの能力（順に「自他の理解能力，コミュニケーション能力」「情報収集・探索能力，職業理解能力」「役割把握・認識能力，計画実行能力」「選択能力，課題解決能力」）を例示したものである。この能力論は，多くの学校関係者の間で「４領域８能力」と呼びならわされており，大多数の学校におけるキャリア教育の基盤として活用されている。

本章では，まず，この「４領域８能力」の開発の経緯や意義について整理する。その後，この能力論の課題について論じ，これが圧倒的多数の学校で活用されていながら，中央教育審議会がなぜ「基礎的・汎用的能力」を提示する必要があったのかを明らかにしていく。

第１節 「職業観・勤労観を育む学習プログラムの枠組み(例)」の提唱とその意義

(1) 文部省委託研究による「４領域12能力」論

平成14年に国立教育政策研究所生徒指導研究センターが提示した「４領域８能力」は，先行する研究の成果を引き継いで開発されたものである。具体的には，平成８年から２年間にわたって当時の文部省の委託を受けて実施された「職業教育及び進路指導に関する基礎的研究」における「進路指導部会」の成果である。

進路指導部会は，本来求められる進路指導を実践に移すために，キャリア発達の促進を目標とした教育プログラムについて，国内外の理論や実践モデル等を分析し，「児童生徒が発達課題を達成していくことで，一人一人がキャリア形成能力を獲得していくこと」が共通した考え方となっていることを見いだした。なかでもキャリア教育の先進国であるアメリカにおいて，学校教育を一貫して段階的に発達させるべき能力についての研究が盛んに行われていたことを受け，アメリカへの実地調査も行っている。その際の問題意識の中核には，従来の日本の進路指導では，多くの場合，生徒の発達に十分な関心が向けられないまま実践すべき課題に焦点が当てられていたため，学年毎の系統性の弱いテーマが設定される傾向にあり，「キャリア発達を促す観点から生徒の能力を育てる」というとらえ方が十分ではなかったという認識があった。そこで，進路指導部会では「competency-based（育成する能力を基盤とした）を理念として，小学校から高校の12年間に及ぶ進路指導の構造化を提案するにいたった」のである。

進路指導部会は「能力（competency）」について次のように述べている。

> competencyとは，一般には能力と訳されるが，「ある課題への対処能力のことで，訓練によって習熟するもの」という意味を内包している。（中略）この言葉を用いる背景には，「できるかどうか」，「可能性があるかどうか」という個人の現能力を重視する姿勢ではなく，「訓練で習熟させられる」，「一緒に努力すればできるようになる」という「育成」の姿勢がある。（中略）ちなみにcompetentとは「自信をもてる」ことである。児童生徒が「やればできると感じ，自信がもてるようになる」ことがcompetency-basedの効果といえるであろう。（第２部第２章第１節Ⅱ１）

研究会では，アメリカの代表的な能力モデルやデンマークのモデル等を研究する過程で，それらをそのまま模倣することは意味がないと結論付けた。研究委員である小学校，中学校，高等学校，大学の教師と企業の代表者らが，海外のモデルを参考にしながら，「将来，自分の職業観・勤労観を形成・確立して，自立的に社会の中で生きているために，今から育てなければならない能力，態度とは何か」について議論し，日本の学校で児童生徒のためにできることを検討して，その結果，４領域12能力を試作した（表２－１）。

その上で，各学校段階で従来から取り組んできた様々な活動に注目し，特に小学校では社会性の育成，中学校，高等学校では主として在り方生き方の指導や進路指導の具体的な活動をできる限り網羅的に抽出した上で，それらの活動を４領域12能力の枠組みに沿って分類・整理を試みた。この作業は，４領域12能力の枠組みが実際の教育活動をとらえる上で矛盾なく機能することを確認するために行ったものである。（なお，この開発の経緯については，本節末のコラムを合わせて参照していただきたい。）

(2) 「４領域８能力」論の開発と提唱

以上のような経緯で生まれた能力の枠組みは後にさらに検討され，現在広く知られる４領域８能力となった（表２－２）。この開発の経緯について，国立教育政策研究所生徒指導研究センターによる調査研究報告書『児童生徒の職業観・勤労観を育む教育の推進について』（平成14年11 月）は次のように述べている。

> 本調査研究で開発した「職業観・勤労観を育むための学習プログラムの枠組み（例）」は，こうした先行研究（平成８・９年度文部省委託研究「職業教育及び進路指導に関する基礎的研究」〈引用者注〉）の成果を参考にしつつ，直接・間接に職業観・勤労観の形成の支えになると同時に，職業観・勤労観に支えられて発達する能力・態度にはどのようなものがあるかという視点に立って，各学校段階（小学校については低学年，中学年，高学年に細分割）で育成することが期待される能力・態度を改めて検討して

作成したものである。
　その際，新たに小・中・高等学校の各段階における職業的（進路）発達課題を検討・整理し，これらの課題達成との関連で上記の具体的な能力・態度を示すことができるように構成するとともに，能力領域については，「人間関係形成能力」，「情報活用能力」，「将来設計能力」，「意思決定能力」の４つの能力領域に大別し，それぞれを構成する能力を再編成して，各２つずつ計８つの能力に整理している。
　職業観・勤労観の育成に当たっては，それが一人一人の職業的（進路）発達の全体を通して形成されるという視点に立って，段階的・系統的に取り組むことが大切である。このため，「職業観・勤労観を育むための学習プログラムの枠組み（例）」では，職業的（進路）発達の全体を視野に入れ，職業観・勤労観の形成に関係する能力を幅広く取り上げている。その上で，学校段階ごとの職業的（進路）発達課題との関連を考慮し，各段階ごとに身に付けさせたい能力・態度を一般的な目安として示している。（第４章第２節１）

(3) 「4領域8（12）能力」論の意義

　このような経緯で開発された「４領域８能力」論は，これまでの進路指導の実践を飛躍的に向上させる論理を示したものとして高く評価できる。先行した「４領域12能力」論を開発した「職業教育及び進路指導に関する基礎的研究」が指摘するように，それまでの進路指導においては，具体的な能力の育成に向けて，発達に即した段階的な指導や支援の在り方についての十分な議論が蓄積されてこなかったからである。
　例えば，昭和55年に当時の文部省が公刊した『中学校・高等学校進路指導の手引－個別指導編』では，進路指導の特質を次のように示している。

○　進路指導は，紹介・斡旋であるというように長い間考えられてきた。最近は，学校が行う進路指導は単なる紹介・斡旋の活動ではなく，教育そのものであると考えられるようになってきている。
○　進路指導は，個々の生徒に，自分の将来をどう生きることが自分にとって喜びであるかを感得させなければならないし，生徒各自が納得できる人生の生き方を指導することが大切である。（序章第２節）

　この事例では，進路指導は「教育そのもの」であり，「人生の生き方を指導することが大切である」と指摘されるなど，情緒性の高い言説によって進路指導の特徴が述べられている。このような特徴は，昭和50年代を中心に作成された一連の「進路指導の手引き」に共通して見られる。当時の進路指導の概念は，人生全般を視野におさめ，生き方を指導するという大きな方向性において今日のキャリア教育と軌を一にするものの，指導の段階性・系統性の基盤となる構造は有していなかった。一方「４領域12能力」論とそれをベースとした「４領域８能力」論は，「育成すべき具体的な能力」と「能力が身に付いたことによって実践できる行動」を発達の段階に即して具体的に提示するものである。この点において「４領域８（12）能力」論は，従来の進路指導概念を大きく進展させたと言えよう。

表２－１　４つの能力領域を発達させる進路指導活動モデル　「進路指導活動モデル」

今後，必要な能力領域　◎夢を育み，自己理解，自己実現を図る中で，社会に貢献していく力（生きる力）
◎自ら進路を計画・選択し，人間関係を調整しながら問題を解決していく力（生きる力）　⇨　①キャリア設計能力　②キャリア情報探索・活用能力　③意思決定能力　④人間関係能力

領域	領域説明	能力説明	幼稚園	小学校	中学校	高等学校	大学	社会
学校教育 キャリア設計能力	◎キャリア設計の必要性に気づき，それを実際の選択行動において実現するための諸能力	【生活上の役割把握能力】 ○キャリア設計は毎日の生活の延長上にありそこでの役割を把握し，その関連を示す能力 【仕事における役割認識能力】 ○仕事には様々な役割があり，それぞれがどのように関連し，変化しているかを認識する能力 【キャリア設計の必要性及び過程理解能力】 ○計画的に人生を歩み，夢をかなえていくためのキャリア設計の必要性を，実際の選択行動の中で認識していく能力		【生活上の役割把握能力】 ・日常の生活や学習と将来の生き方との関係に気づく ・家の手伝いや分担された仕事ができる 【仕事における役割認識能力】 ・お互いの役割を理解し，なかよく，協力できる ・仕事における様々な役割の違いに気づく ・仕事における役割の関連性や変化に気づく 【キャリア設計の必要性及び過程理解能力】 ・作業の準備，片づけができる　学習計画が立てられる ・自分の夢や進路について考えることができる ・計画作りの必要性に気づき，手順を知る ・将来のことを考える大切さを知る	【生活上の役割把握能力】 ・日常の生活や学習と将来の生き方との関係を理解する ・将来の夢を実現するため，向上心をもつ 【仕事における役割認識能力】 ・自己の役割と社会との関係が理解できる ・仕事に関する役割を認識する ・社会における様々な仕事の関連や変化について理解する 【キャリア設計の必要性及び過程理解能力】 ・進路計画の必要性，見直し，修正等過程が理解できる ・希望の進路に対して計画を立て，イメージが描ける ・自己を生かせる生活設計を将来を予想して立てられる ・自己の使命を考える	【生活上の役割把握能力】 ・日常の生活や学習と将来の生き方とが関連づけられる ・生活や仕事を，将来の進路を意識して変えられる 【仕事における役割認識能力】 ・労働環境や雇用スタイルなどが理解できる ・働くスタイルやライフスタイルを，自分の生き方として考えられる ・雇用の変化，役割の変化を追うことができる 【キャリア設計の必要性及び過程理解能力】 ・仮定した職業について，自分の行動プランや仕事内容などが描ける ・ライフスタイルを考え，人生設計を立てられる ・社会に役立つ自己の使命を考える		
学校教育 キャリア情報探索・活用能力	◎キャリアに関係する幅広い情報源を知り，様々な情報を活用して自分の仕事・社会との関係づけを通して，自己と社会への理解を深めるための諸能力	【啓発的経験への取り組み能力】 ○実際の体験を通して現実のキャリアの世界を見つめる能力であり，それに取り組む能力 【キャリア情報活用能力】 ○キャリアに関する情報を知り，発達段階に応じた活用を行い，自分の仕事と社会とを関連づけながら自己と社会への理解を深める能力 【学業と職業とを関連づける能力】 ○学校で学ぶことと社会生活や職業生活との関連，機能を知り，学校教育を理解する能力 【キャリアの社会的機能理解能力】 ○キャリアに関する情報を社会における必要性や機能面で理解し，設計につなげる能力		【啓発的経験への取り組み能力】 ・当番や係，委員会の仕事を通して，仕事内容や段取りがわかる　また，積極的に関われる ・失敗と成功の体験をもち，辛さと喜びがわかる ・身近で働く人の様子がわかり，興味をもつ 【キャリア情報活用能力】 ・本や図鑑等で調べることができる（調べ学習） ・社会科見学，体験学習などを通して働く人の苦労や工夫，努力がわかる ・気づいたこと，わかったことを発表できる 【学業と職業とを関連づける能力】 ・学んだこと，体験したことが生活や職業と関連があることに気づく 【キャリアの社会的機能理解能力】 ・農・工・商業，地場産業などの産業が理解できる ・歴史の中で産業が変化していくことがわかる	【啓発的経験への取り組み能力】 ・係・委員会活動などを通して仕事の取り組み方が理解できる ・職場体験等を通して職業に就いている人たちの生活や考え方，必要な技能がわかる 【キャリア情報活用能力】 ・情報源を見いだし，調査活動ができる ・職場体験や上級学校体験入学等の調査活動を通して，必要な情報を評価し，整理できる ・得られた情報を必要に応じ創意工夫し，提示，発表できる 【学業と職業とを関連づける能力】 ・学んだこと，体験したことが，将来何らかの形で役に立つことが理解できる 【キャリアの社会的機能理解能力】 ・産業構造や社会の変化の様子がとらえられる ・変化に対応していく職業や仕事を理解する	【啓発的経験への取り組み能力】 ・委員会，サークル活動に積極的に参加することを通して，それぞれの仕事に対応することができる ・職場訪問を通して，職業についている人たちの技能や生き方にふれ，いろいろな仕事に対応できる技能を身につける 【キャリア情報活用能力】 ・将来の仕事に関し，幅広く情報を得ようとする ・自分の進路を，企業訪問や上級学校調査等を通して，検討できる　また，検討した上でも調査活動ができる ・調べたこと等を自分の考えを交えて発表できる 【学業と職業とを関連づける能力】 ・将来の進路に関連したことを積極的に学んでいける ・生涯学習の必要性が理解できる 【キャリアの社会的機能理解能力】 ・産業や雇用の変化をとらえ，自己の職業生活と結びつけて考える ・社会の動向にともない，職業のあるべき姿や将来性に興味をもつ		
学校教育 意思決定能力	◎進路選択で遭遇する様々な葛藤に直面し，複数の選択肢を考え，選択時に納得できる最善の決定をし，その結果に対処できる諸能力	【意思決定能力】 ○意思決定にともなう責任を受け入れ，決定へのプロセスを理解する能力。様々な葛藤場面の複数の選択肢から，選択時に最善の決定をおこなう能力 【生き方選択能力】 ○憧れから現実へ進行するなかで，自己の生き方にそった職業やその他の諸活動を選択していく能力 【課題決定・自己実現能力】 ○自己理解を深め，自己実現を推し進める過程で直面する課題を設定し，それに真摯に取り組み解決しようとする能力		【意思決定能力】 ・自分の力で解決しようと努力することができる ・自分の仕事に対して責任を感じる ・やってはいけないことがわかり，自制できる ・自分の気持ちやいいたいことをはっきり言える ・自分の悩みや葛藤を話せる 【生き方選択能力】 ・いろいろな職業を知り，その職業に就いている人の苦労や喜びがわかる ・将来の夢や希望をもち，現実の職業との関係を考え，そのために今何をすべきかがわかる 【課題解決・自己実現能力】 ・課題をみつけ，解決への努力ができる ・まかされたこと，自分のやりたいこと，よいと思ったことなどに進んで取り組める	【意思決定能力】 ・いくつかのものを比較検討し，最適なものを論理的に判断，決定していく過程が理解できる ・葛藤を経験することにより，判断，決定には責任がともなうことが自覚できる ・自分の悩みを整理し，最善の決定に向け，お互いに相談できる 【生き方選択能力】 ・様々な職業を理解し，その職業に就いている人の生き方が理解できる ・自分の興味・適性等の関係で生き方を比較検討することができる　そして，実現性が検討できる 【課題解決・自己実現能力】 ・課題を見いだし，解決していくことができる ・自己の役割を考え，自分のやるべきこと，人のためになることを実行していく	【意思決定能力】 ・葛藤場面に対し，選択肢をあげ，問題点を明確化し，最適化を図る意思決定の一連の過程が理解できる ・決定したことに対し，責任をもち，評価を加え次の意思決定の過程に生かせる ・自己の悩みを分析し，最善の決定に向け，お互い相談しあえる 【生き方選択能力】 ・将来の進路にそって，選択教科や学ぶコースを選べる ・進路の希望と現実とを関連させ，修正，調整できる ・個性を生かす生き方が検討できる 【課題解決・自己実現能力】 ・課題解決が次の課題発見，解決へと結びつけられる ・トラブルを予想し，自己の役割や将来の生き方を考えていくことで自己を生かしていくことができる		
学校教育 人間関係能力	◎自己と他者の両方の存在に関心をもち，様々な人々との関係を築きながら，自己を生かしていくための諸能力	【自己実現・人間関係尊重能力】 ○自己理解を進め，他者との関連で成立する自分の行動を，キャリアとの関連で理解する能力であり，その過程で他者を尊敬する心を養う能力 【人間関係形成能力】 ○他者から受ける自己への様々な影響を理解し，人間関係を形成しながら自己の成長を遂げていく能力		【自己実現・人間関係尊重能力】 ・自分のこと（名前，好きなこと等）がはっきりいえる　また自分の自慢ができる（○○博士等） ・自分のよいところに気づき，伸ばそうとする ・相手の立場に立って考えたり，発言できる 【人間関係形成能力】 ・「ありがとう」「ごめんね」「大丈夫？」等が言える ・同年齢異年齢の友達と仲良くでき，協力できる ・自分の気持ち次第で相手の気持ちが変わること　自分の気持ちの変化，成長などに気づく ・自分の考えを言い，他人の考えも尊重する中で協力して作業や仕事をする喜びが味わえる ・リーダーシップが発揮できる ・新しい環境や人間関係の中に入っていける	【自己理解・人間関係尊重能力】 ・自分の良さや自分の成長が理解できる ・自分の非を認めたり受け入れたりできる ・自分のことを他人に表現したり，他人を尊重できる ・自分の言動が他人におよぼす影響を理解できる 【人間関係形成能力】 ・他人の良さや感情が理解できる ・同年齢異年齢に関わらず，他者との関わりの中で他者を受け入れたり，協調したり，尊敬することができる ・コミュニケーションが図れる ・お互いに支えあっていくことの必要性が理解できる ・リーダーとフォロアーの立場が理解でき，相手と協力し，チームで仕事ができる ・新しい環境や人間関係に適応できる	【自己実現・人間関係尊重能力】 ・自分の良さや成長を評価できる ・自分自身をいいも悪いも受け入れられる ・自己アピールができ，その評価ができる ・自己実現，人間関係尊重が将来有効であることがわかる 【人間関係形成能力】 ・他人の良さを吸収していくことができる ・異年齢集団の中でも，チームが組め自分の力が効果的に発揮できる ・コミュニケーションをとりあえる ・お互いに支えあっていくために自分の役割が果たせる ・リーダーとフォロアーの立場が理解でき，相手の能力を引き出し，チームで仕事ができる ・新しい環境や人間関係を生かしていける		
家庭・地域社会	絵本の読み聞かせ　玩具，ゲーム　一人遊び　ごっこ遊び　ビデオ　体育館・スポーツジムの利用　子ども会　お祭り　身近な動植物とのふれあい　家族旅行　一人旅　ハイキング　登山，海水浴　動物園・博物館・美術館見学　各種体験講座参加　図書館利用　映画・演劇鑑賞　古典芸能鑑賞　テレビ　地区運動会　地域奉仕活動（除草作業，河川等のゴミ拾い，廃品回収等）　青少年健全育成対策協議会主催行事　地域サークル・公民館活動　ボランティア活動							生涯学習

出典　「職業教育及び進路指導に関する基礎的研究」平成10年３月　職業教育・進路指導研究会

表２－２　職業観・勤労観を育む学習プログラムの枠組み（例）－職業的（進路）発達にかかわる諸能力の育成の視点から

※　太字は，「職業観・勤労観の育成」との関連が特に強いものを示す

			小学校 低学年	小学校 中学年	小学校 高学年	中学校	高等学校
職業的（進路）発達の段階			進路の探索・選択にかかる基盤形成の時期			現実的探索と暫定的選択の時期	現実的探索・試行と社会的移行準備の時期
○職業的（進路）発達課題（小～高等学校段階） 各発達段階において達成しておくべき課題を，進路・職業の選択能力及び将来の職業人として必要な資質の形成という側面から捉えたもの。			・自己及び他者への積極的関心の形成・発展 ・身のまわりの仕事や環境への関心・意欲の向上 ・夢や希望，憧れる自己イメージの獲得 ・勤労を重んじ目標に向かって努力する態度の形成			・肯定的自己理解と自己有用感の獲得 ・興味・関心等に基づく職業観・勤労観の形成 ・進路計画の立案と暫定的選択 ・生き方や進路に関する現実的探索	・自己理解の深化と自己受容 ・選択基準としての職業観・勤労観の確立 ・将来設計の立案と社会的移行の準備 ・進路の現実吟味と試行的参加
職業的（進路）発達にかかわる諸能力			職業的（進路）発達を促すために育成することが期待される具体的な能力・態度				
領域	領域説明	能力説明					
人間関係形成能力	他者の個性を尊重し，自己の個性を発揮しながら，様々な人々とコミュニケーションを図り，協力・共同してものごとに取り組む。	【自他の理解能力】 自己理解を深め，他者の多様な個性を理解し，互いに認め合うことを大切にして行動していく能力	・自分の好きなことや嫌なことをはっきり言う。 ・友達と仲良く遊び，助け合う。 ・お世話になった人などに感謝し親切にする。	・自分のよいところを見つける。 ・友達のよいところを認め，励まし合う。 ・自分の生活を支えている人に感謝する。	・自分の長所や欠点に気付き，自分らしさを発揮する。 ・話し合いなどに積極的に参加し，自分と異なる意見も理解しようとする。	**・自分の良さや個性が分かり，他者の良さや感情を理解し，尊重する。** ・自分の言動が相手や他者に及ぼす影響が分かる。 ・自分の悩みを話せる人を持つ。	**・自己の職業的な能力・適性を理解し，それを受け入れて伸ばそうとする。** ・他者の価値観や個性のユニークさを理解し，それを受け入れる。 ・互いに支え合い分かり合える友人を得る。
		【コミュニケーション能力】 多様な集団・組織の中で，コミュニケーションや豊かな人間関係を築きながら，自己の成長を果たしていく能力	・あいさつや返事をする。 ・「ありがとう」や「ごめんなさい」を言う。 ・自分の考えをみんなの前で話す。	・自分の意見や気持ちをわかりやすく表現する。 ・友達の気持ちや考えを理解しようとする。 ・友達と協力して，学習や活動に取り組む。	・思いやりの気持ちを持ち，相手の立場に立って考え行動しようとする。 **・異年齢集団の活動に進んで参加し，役割と責任を果たそうとする。**	**・他者に配慮しながら，積極的に人間関係を築こうとする。** **・人間関係の大切さを理解し，コミュニケーションスキルの基礎を習得する。** **・リーダーとフォロアーの立場を理解し，チームを組んで互いに支え合いながら仕事をする。** ・新しい環境や人間関係に適応する。	・自己の思いや意見を適切に伝え，他者の意志等を的確に理解する。 **・異年齢の人や異性等，多様な他者と，場に応じた適切なコミュニケーションを図る。** **・リーダー・フォロアーシップを発揮して，相手の能力を引き出し，チームワークを高める。** ・新しい環境や人間関係を生かす。
情報活用能力	学ぶこと・働くことの意義や役割及びその多様性を理解し，幅広く情報を活用して，自己の進路や生き方の選択に生かす。	【情報収集・探索能力】 進路や職業等に関する様々な情報を収集・探索するとともに，必要な情報を選択・活用し，自己の進路や生き方を考えていく能力	**・身近で働く人々の様子が分かり，興味・関心を持つ。**	**・いろいろな職業や生き方があることが分かる。** ・分からないことを，図鑑などで調べたり，質問したりする。	**・身近な産業・職業の様子やその変化が分かる。** **・自分に必要な情報を探す。** ・気付いたこと，分かったことや個人・グループでまとめたことを発表する。	**・産業・経済等の変化に伴う職業や仕事の変化のあらましを理解する。** **・上級学校・学科等の種類や特徴及び職業に求められる資格や学習歴の概略が分かる。** **・生き方や進路に関する情報を，様々なメディアを通して調査・収集・整理し活用する。** ・必要応じ，獲得した情報に創意工夫を加え，提示，発表，発信する。	**・卒業後の進路や職業・産業の動向について，多面的・多角的に情報を集め検討する。** ・就職後の学習の機会や上級学校卒業時の就職等に関する情報を探索する。 **・職業生活における権利・義務や責任及び職業に就く手続き・方法などが分かる。** ・調べたことなどを自分の考えを交え，各種メディアを通して発表・発信する。
		【職業理解能力】 様々な体験等を通して，学校で学ぶことと社会・職業生活との関連や，今しなければならないことなどを理解していく能力	**・係や当番の活動に取り組み，それらの大切さが分かる。**	**・係や当番活動に積極的にかかわる。** **・働くことの楽しさが分かる。**	**・施設・職場見学等を通し，働くことの大切さや苦労が分かる。** **・学んだり体験したりしたことと，生活や職業との関連を考える。**	**・将来の職業生活との関連の中で，今の学習の必要性や大切さを理解する。** **・体験等を通して，勤労の意義や働く人々の様々な思いが分かる。** ・係・委員会活動や職場体験等で得たことを，以後の学習や選択に生かす。	**・就業等の社会参加や上級学校での学習等に関する探索的・試行的な体験に取り組む。** **・社会規範やマナー等の必要性や意義を体験を通して理解し，習得する。** **・多様な職業観・勤労観を理解し，職業・勤労に対する理解・認識を深める。**
将来設計能力	夢や希望を持って将来の生き方や生活を考え，社会の現実を踏まえながら，前向きに自己の将来を設計する。	【役割把握・認識能力】 生活・仕事上の多様な役割や意義及びその関連等を理解し，自己の果たすべき役割等についての認識を深めていく能力	**・家の手伝いや割り当てられた仕事・役割の必要性が分かる。**	**・互いの役割や役割分担の必要性が分かる。** **・日常の生活や学習と将来の生き方との関係に気付く。**	**・社会生活にはいろいろな役割があることやその大切さが分かる。** **・仕事における役割の関連性や変化に気付く。**	**・自分の役割やその進め方，よりよい集団活動のための役割分担やその方法等が分かる。** **・日常の生活や学習と将来の生き方との関係を理解する。** **・様々な職業の社会的役割や意義を理解し，自己の生き方を考える。**	**・学校・社会において自分の果たすべき役割を自覚し，積極的に役割を果たす。** **・ライフステージに応じた個人的・社会的役割や責任を理解する。** **・将来設計に基づいて，今取り組むべき学習や活動を理解する。**
		【計画実行能力】 目標とすべき将来の生き方や進路を考え，それを実現するための進路計画を立て，実際の選択行動等で実行していく能力	**・作業の準備や片づけをする。** **・決められた時間やきまりを守ろうとする。**	**・将来の夢や希望を持つ。** **・計画づくりの必要性に気付き，作業の手順が分かる。** ・学習等の計画を立てる。	**・将来のことを考える大切さが分かる。** **・憧れとする職業を持ち，今，しなければならないことを考える。**	**・将来の夢や職業を思い描き，自分にふさわしい職業や仕事への関心・意欲を高める。** **・進路計画を立てる意義や方法を理解し，自分の目指すべき将来を暫定的に計画する。** **・将来の進路希望に基づいて当面の目標を立て，その達成に向けて努力する。**	**・生きがい・やりがいがあり自己を生かせる生き方や進路を現実的に考える。** **・職業についての総合的・現実的な理解に基づいて将来を設計し，進路計画を立案する。** **・将来設計，進路計画の見直し再検討を行い，その実現に取り組む。**
意思決定能力	自らの意志と責任でよりよい選択・決定を行うとともに，その過程での課題や葛藤に積極的に取り組み克服する。	【選択能力】 様々な選択肢について比較検討したり，葛藤を克服したりして，主体的に判断し，自らにふさわしい選択・決定を行っていく能力	**・自分の好きなもの，大切なものを持つ。** ・学校でしてよいことと悪いことがあることが分かる。	**・自分のやりたいこと，よいと思うことなどを考え，進んで取り組む。** ・してはいけないことが分かり，自制する。	**・係活動などで自分のやりたい係，やれそうな係を選ぶ。** ・教師や保護者に自分の悩みや葛藤を話す。	**・自己の個性や興味・関心等に基づいて，よりよい選択をしようとする。** **・選択の意味や判断・決定の過程，結果には責任が伴うことなどを理解する。** ・教師や保護者と相談しながら，当面の進路を選択し，その結果を受け入れる。	**・選択の基準となる自分なりの価値観，職業観・勤労観を持つ。** **・多様な選択肢の中から，自己の意志と責任で当面の進路や学習を主体的に選択する。** **・進路希望を実現するための諸条件や課題を理解し，実現可能性について検討する。** **・選択結果を受容し，決定に伴う責任を果たす。**
		【課題解決能力】 意思決定に伴う責任を受け入れ，選択結果に適応するとともに，希望する進路の実現に向け，自ら課題を設定してその解決に取り組む能力	**・自分のことは自分で行おうとする。**	**・自分の仕事に対して責任を感じ，最後までやり通そうとする。** **・自分の力で課題を解決しようと努力する。**	・生活や学習上の課題を見つけ，自分の力で解決しようとする。 **・将来の夢や希望を持ち，実現を目指して努力しようとする。**	・学習や進路選択の過程を振り返り，次の選択場面に生かす。 **・よりよい生活や学習，進路や生き方等を目指して自ら課題を見出していくことの大切さを理解する。** **・課題に積極的に取り組み，主体的に解決していこうとする。**	**・将来設計，進路希望の実現を目指して，課題を設定し，その解決に取り組む。** **・自分を生かし役割を果たしていく上での様々な課題とその解決策について検討する。** ・理想と現実との葛藤経験等を通し，様々な困難を克服するスキルを身につける。

出典：「児童生徒の職業観・勤労観を育む教育の推進について」　平成14年11月　国立教育政策研究所生徒指導研究センター

第２節　「職業観・勤労観を育む学習プログラムの枠組み(例)」の提唱後の展開と課題

(1)「４領域８能力」の画一的な運用

今日,「４領域８能力」は大多数の学校におけるキャリア教育の実践基盤として活用されている。文部科学省内に設置された「キャリア教育の推進に関する総合的調査研究協力者会議」最終報告書（平成16 年１月）が「各学校においてキャリア教育を推進する際の参考として幅広く活用されることを期待したい」と評価したことは，その浸透を一層加速したと考えられる。

しかしここで，当該報告書が，活用に当たっての留意点をめぐって，次のように述べていたことを確認する必要がある。

> このような枠組み（国立教育政策研究所生徒指導研究センターによる「職業観・勤労観を育む学習プログラムの枠組み（例)」〈引用者注〉）は，４つの能力を観点とする児童生徒のキャリア発達にかかる見取り図ともいうべき性格を持つと同時に，子どもたちにどのような能力・態度が身に付いているかをみるための規準となるものでもある。一人一人の成長・発達をどうとらえ評価するかについては，従来，あまり深く考慮されなかった傾向があるが，今後，この例をもとに，各学校の実情に応じて学習プログラムの枠組み等を作成し，できるだけ客観的に子どもたちの発達の状況をとらえ，次の指導に役立てていくようにすることが大切である。（下線は引用者）（第３章２(1)１）

ここでは,「４領域８能力」は各学校の実情に応じて学習プログラムの枠組み等を作成するための例に過ぎないと明示されている。また，本能力論を開発した国立教育政策研究所生徒指導研究センターも,「４領域８能力」を提示した「職業観・勤労観を育む学習プログラムの枠組み（例)」において,「例」であることをタイトルにあえて掲げ，各学校・学科等の特色や生徒の実態等に応じた柔軟な活用を前提としていた。

ところが, 多くの学校では, 学校や地域の特色や生徒の実態等を必ずしも前提としない, 固定的・画一的な運用が目立つようになった。都道府県・市町村教育委員会等による指導・助言の在り方も，このような運用を助長した一因と考えられる。ここでは，ある自治体が作成したキャリア教育推進用冊子から一部を抄出する。

> Q：キャリア教育で高めるのはどのような能力ですか？
> A：子どもが社会的自立のために必要な４領域８能力です。キャリア教育を進めるにあたっては，キャリア発達にかかわる４領域８能力が必要となります。では，キャリア発達にかかわる４領域８能力とはどのようなものでしょうか。〈以下,「職業観・勤労観を育む学習プログラムの枠組み（例)」を掲載〉

「人生の生き方を指導する」などの抽象度の高い概念のまま提示されていたかつての進路指導から，例示ではあるものの明確な構造をもった「４領域８能力」論を軸としたキャリア教育への転換は，教育現場に広く受け入れられた。しかし同時に，学校ごとの実情等を踏まえた創意工夫を促進しようとした本来の意図は，少数の先進事例を除いて，必ずしも十分には達成されなかったと言える。

⑵　本来目指された能力との齟齬

また，「４領域８能力」が浸透する過程で，所期された能力とは別の解釈が加えられた実践も散見され始めている。その一例として，ある小学校で作成された指導案からの一部を以下に抜粋する。

表２−３　ある小学校で作成された指導案（一部抜粋）

指導計画　（●時間扱い）

<table>
<tr><th>次</th><th>時</th><th>過程</th><th>学　習　活　動</th><th>キャリア教育の視点から</th></tr>
<tr><td rowspan="2">1</td><td>1</td><td>情取
解釈</td><td>・全文を読み，初めて知ったことや詳しく知りたいことを発表する。</td><td>・文章から情報を取り入れるようにする。（情報活用能力）</td></tr>
<tr><td>1</td><td>熟考</td><td>・『てびき』を参考に，調べてみたい●●●や行事について考え，学習の見通しを立てる。</td><td>・学習の見通しを立てることができる。（将来設計能力）</td></tr>
<tr><td rowspan="5">2</td><td>1</td><td>情取
解釈</td><td>・●●●が紹介されていることをとらえ，教材文のおおまかな文章構成を理解する。</td><td rowspan="5">・教材文からどんな文章構成になっているかつかむ。（情報活用能力）
・書かれている事を読み取り，要点をまとめる。（意思決定能力）
・学んだことをポスターにまとめ整理する。（意思決定能力）</td></tr>
<tr><td>2</td><td>解釈
熟考</td><td>・●●●を，内容ごとに分けて，書かれていることを読み取る。</td></tr>
<tr><td>2</td><td>情取
解釈</td><td>・●●●を，内容ごとに分けて，書かれていることを読み取る。</td></tr>
<tr><td>本時</td><td>情取
解釈</td><td>・●●●を，内容ごとに分けて，書かれていることを読み取る。</td></tr>
<tr><td>1</td><td>熟考
表出</td><td>・●●●の紹介をポスターにまとめる。</td></tr>
<tr><td></td><td>1</td><td>熟考
表出</td><td>・紹介したい●●●や行事を決め，グループに分かれて作品作りの計画を立てる。</td><td>・グループのみんなと話し合いながら計画を立てる。（将来設計能力）</td></tr>
</table>

この指導案では，例えば，「文章から情報を取り入れるようにする」ことなどがキャリア教育における「情報活用能力」の向上に寄与するとされているが，「４領域８能力」で例示された「情報活用能力」は，「学ぶこと・働くことの意義や役割及びその多様性を理解し，幅広く情報を活用して，自己の進路や生き方の選択に生かす」能力として構想されたものである。本来は，学ぶこと・働くことに焦点を当て，自己の進路や生き方に生かすために必要な情報を活用する能力であったはずのキャリア教育における「情報活用能力」であるが，本実践においては，その能力の説明まで把握・吟味されることなく指導の基盤とされているものと考えられる。無論，生徒等の実態に応じた創意工夫は必要であるが，本事例をそのような創意工夫に基づく取組として見なすことは必ずしも妥当ではないだろ

う。「○○能力」という「ラベル」の語感・印象のみに基づく解釈と，それに依拠した実践の軌道修正を図るための方策が講じられる必要がある。

(3) 生涯にわたって育成される一貫した能力論の欠落

上に挙げた２点の課題は「４領域８能力」の運用上生じたものであるが，最後に「４領域８能力」を提示した「職業観・勤労観を育む学習プログラムの枠組み（例）」自体に内在した問題を指摘しておく。

キャリア発達は生涯に渡って続くものであることから，キャリア発達を促すキャリア教育を通して育成される能力も，本来は，生涯のライフ・スパンを視野におさめて構想されるべきものである。「４領域12能力」（表２－１）においては，「大学」や「社会」の欄が内容は空白のまま残されつつも設けられていたが，その後開発された「４領域８能力」（表２－２）においては，小学校・中学校・高等学校のみの例示にとどまり，生涯を通じて育成される能力であることを十分には提示できていなかった。

それに加えて，主に大学生等を対象とした類似の能力論も提唱されるようになり，将来にわたるキャリア発達を促すためのキャリア教育の基盤が，初等・中等教育と高等教育との間での一貫性・系統性が十分に保持されにくい状況も生じたのである。

例えば，平成18年，経済産業省は「職場や地域社会で多様な人々と仕事をしていくために必要な基礎的な力」を３つの能力と12の能力要素から成る「社会人基礎力」として構想し，大学生を主対象にその育成推進施策を展開した（表２－４）。

表２－４　社会人基礎力を構成する能力と能力要素

能力	「前に踏み出す力」(アクション) ～一歩前に踏み出し，失敗しても粘り強く取り組む力～	考え抜く力(シンキング) ～疑問を持ち，考え抜く力～	チームで働く力（チームワーク） ～多様な人とともに，目標に向けて協力する力～
能力要素	主体性： 　物事に進んで取り組む力 働きかけ力： 　他人に働きかけ巻き込む力 実行力： 　目的を設定し確実に行動する力	課題発見力： 　現状を分析し目的や課題を明らかにする力 計画力： 　課題の解決に向けたプロセスを明らかにし準備する力 創造力： 　新しい価値を生み出す力	発信力： 　自分の意見をわかりやすく伝える力 傾聴力： 　相手の意見を丁寧に聴く力 柔軟性： 　意見の違いや立場の違いを理解する力 情況把握力： 　自分と周囲の人々や物事との関係性を理解する力 規律性： 　社会のルールや人との約束を守る力： ストレスコントロール力 　ストレスの発生源に対応する力

また，厚生労働省は，若年者と企業の間で就職に必要な基礎能力についての共通認識が必要であるとの立場から，平成16年度に，事務・営業の職種について企業が若年者に求めている「就職基礎能力」を提示した（表２－５)。また同省は，同年度より，民間教育訓練機関等からの申請に基づいて「就職基礎能力」を修得するための講座を認定する事業（YES－プログラム）を開始している。

表２－５　就職基礎能力を構成する能力

コミュニケーション能力	意思疎通，協調性，自己表現力
職業人意識	責任感，主体性，向上心・探求心（課題発見力)，職業意識・勤労観
基礎学力	読み書き，計算・数学的思考，社会人常識
ビジネスマナー	基本的なマナー
資格取得	情報技術関係，経理・財務関係，語学関係

これらの能力論は，就職への移行期（主に若手社会人）という特定の時点において求められる基礎的な力に焦点を当て，それをわかりやすく提示したものであるが，ここでもまた，生涯にわたるキャリア発達という点には十分な関心が払われてはいなかった。

キャリア教育を推進するには，生涯を通じて育成されるという前提に立った能力論の開発が必要でありながら，その課題は達成されないまま残された。無論，一人一人の発達の仕方や道筋は多様であり，連続的に進行・蓄積される場合もあれば，その過程においては連続性のない予測の難しい変化も起こるため，可塑性の乏しい画一的な能力論は意味を持たない。また，それぞれの学校が，そこで学ぶ児童生徒一人一人の発達のプロセスをとらえ，学校独自に育成すべき能力を構想することが本来の姿と言えよう。キャリア教育をより一層推進するためには，各学校が，それぞれの学校の実情や児童生徒の実態を踏まえ，キャリア発達を促進する視点にたって育成すべき能力を独自に構想する上で活用しやすい枠組みの開発が必要である。

コラム 「職業教育および進路指導に関する基礎的研究」について

平成８年から２年間にわたり，文部省の委託を受け「職業教育及び進路指導に関する基礎的研究」が行われた。本研究の中の進路指導部会は，本来求められる進路指導を実践に移すために，キャリア発達能力を育成することを目標とした進路指導の構造化モデルの開発に取り掛かった。その理由は，将来，社会人として社会的･職業的自立ができるようになるための土台を作るために，初等･中等教育段階で発達させられる能力・態度を明らかにすることが重要であるからであり，モデルを提案することで，各学校が体系的･継続的にキャリア教育に取り組めることを目指したのである。

モデル開発にあたり，欧米諸国の調査実施した結果，「キャリア発達には児童生徒一人一人がキャリア形成に必要な能力･態度を発達的に獲得していくことが必要であり，そうした能力･態度は漸次に発達課題を達成していくことで発達させられる」という理念が，各国の実践モデルに共通していることが明らかとなった。それはcompetency-based program，つまり，発達の段階ごとの特徴や発達課題の解説ではなく，育成を目指す具体的な能力等を具体的に提示していることも確認できた。

従来，日本の進路指導は継続的･組織的取組を目指してきたものの，能力や態度の発達支援という理念が不十分であったといわざるを得ない（例えば，中学校１年の目標は自己理解，２年生の目標は職業理解，３年は進路決定)。キャリア発達的視点に立つとは，自己理解，職業理解，進路決定に必要な能力･態度を段階的に積み重ねて発達させることであり，将来，それらの能力を具体的な進路決定という行動として生かせるように育成することを意味する。

上述した進路指導部会では，アメリカおよびデンマークの代表的なキャリア発達支援モデルを中心に研究の対象とした。これらのモデルの開発過程およびモデルの目標等を分析する過程で，海外のcompetency-basedモデルをそのまま日本に導入することは意味がないと結論付けた。その理由は，社会環境，教育体系など学校教育と子どもの成育環境などの背景が日本とは異なることが見いだされたからである。しかし，どのプログラムにも「育てるべき能力（competencies)」として共通する点があることに注目し，具体的能力を決定する過程は参考になると判断した。

小学校，中学校，高等学校，大学教員および企業の代表者からなる部会委員は，海外のモデルで取り上げた能力等を参考にしながら，「将来，自分の職業観･勤労観を形成・確立して，自立的に社会の中で生きていくために，発達的に育てなければならない能力，態度とは何か」について議論を重ね，日本の学校で児童生徒のために実践できることを検討し，その結果，４領域12能力を抽出して，モデルの枠組みを試作した。

その試作モデルを用いて，すでに各学校段階で取り組んできた様々な学校教育活動に注目し，小学校では主として「社会性の育成をめざす活動」，中学･高校では主として「在り方生き方の指導や進路指導の具体的な活動」をできる限り網羅的に収集したうえで，それの活動を，４領域12能力の枠組みに分類整理した。この作業は，４領域12能力の枠組みが日本の学校教育現場と矛盾することなく，かつ実行可能であるかどうかを確認することを目的としたものである。その結果，従来から実践されてきた様々な活動は，これらの12の能力を育てる枠組みで生かせることが明らかとなった。

このような経緯で開発された枠組みとキャリア発達促進モデルは，その後キャリア教育の導入の推進に伴い，改めて，キャリア教育の視点で検討され,現在広く知られる４領域８能力に改訂され，現在に至っている。この４領域８能力の枠組みで取り上げた能力は，作成過程から明らかなように，初等中等教育段階の全教育課程において発達させられると一定の普遍性をもって仮定される能力であり，学校から社会に移行する一時点で社会が要求する能力という視点で検討されたものではない。このモデルは，教師が，児童生徒の生活環境の特徴を考慮し，指導している児童生徒の発達に必要とされる能力・態度を検討するための枠組みとして参考にされることが望ましい使い方であるといえよう。

第3章

今後のキャリア教育を通して育成すべき「基礎的・汎用的能力」

第3章 今後のキャリア教育を通して育成すべき「基礎的・汎用的能力」

平成23年１月31日，中央教育審議会は答申「今後の学校におけるキャリア教育・職業教育の在り方について」をとりまとめた。本答申は，同審議会内の「キャリア教育・職業教育特別部会」において約２年にわたって続けられた審議をもとに作成されたものである。

本答申は，今後のキャリア教育の基本的方向性として次の２点を挙げている。

> ◯幼児期の教育から高等教育まで体系的にキャリア教育を進めること。その中心として，基礎的・汎用的能力を確実に育成するとともに，社会・職業との関連を重視し，実践的・体験的な活動を充実すること。
> ◯学校は，生涯にわたり社会人・職業人としてのキャリア形成を支援していく機能の充実を図ること。（第１章冒頭部　概要）

第２章第２節において指摘した，これまでのキャリア教育の展開において残されてきた課題に正面から対峙した提言がなされたと言えよう。本章では，キャリア教育がその中心として育成すべき能力として答申が提示した「基礎的・汎用的能力」に焦点を当てながら，その育成の在り方をめぐる同答申の提言の特質を整理していく。その後に，「基礎的・汎用的能力」の育成を中核とするキャリア教育への産業界からの期待と，今日の厳しい雇用状況におけるキャリア教育の意義についてまとめることとする。

第１節 「基礎的・汎用的能力」の内容とその特質

(1) キャリア教育の新たな定義

答申はその第１章において，「『キャリア教育』の内容と課題」という独立した項目を設け，キャリア教育を「一人一人の社会的・職業的自立に向け，必要な基盤となる能力や態度を育てることを通して，キャリア発達を促す教育」として定義づけている。この定義を支えるのが，答申における「キャリア」をめぐる次のとらえ方と，それを前提としたキャリア教育の中心的課題の設定である。

> 人は，他者や社会とのかかわりの中で，職業人，家庭人，地域社会の一員等，様々な役割を担いながら生きている。これらの役割は，生涯という時間的な流れの中で変化しつつ積み重なり，つながっていくものである。また，このような役割の中には，所属する集団や組織から与えられたものや日常生活の中で特に意識せず習慣的に行っているものもあるが，人はこれらを含めた様々な役割の関係や価値を自ら判断し，取捨選択や創

造を重ねながら取り組んでいる。
人は，このような自分の役割を果たして活動すること，つまり「働くこと」を通して，人や社会にかかわることになり，そのかかわり方の違いが「自分らしい生き方」となっていくものである。
このように，人が，生涯の中で様々な役割を果たす過程で，自らの役割の価値や自分と役割との関係を見いだしていく連なりや積み重ねが，「キャリア」の意味するところである。このキャリアは，ある年齢に達すると自然に獲得されるものではなく，子ども・若者の発達の段階や発達課題の達成と深くかかわりながら段階を追って発達していくものである。また，その発達を促すには，外部からの組織的・体系的な働きかけが不可欠であり，学校教育では，社会人・職業人として自立していくために必要な基盤となる能力や態度を育成することを通じて，一人一人の発達を促していくことが必要である。（第１章１(1)）

また答申は，このようなキャリア教育の意義・効果として，次の３点を挙げている。

第一に，キャリア教育は，一人一人のキャリア発達や個人としての自立を促す視点から，学校教育を構成していくための理念と方向性を示すものである。各学校がこの視点に立って教育の在り方を幅広く見直すことにより，教職員に教育の理念と進むべき方向が共有されるとともに，教育課程の改善が促進される。
第二に，キャリア教育は，将来，社会人・職業人として自立していくために発達させるべき能力や態度があるという前提に立って，各学校段階で取り組むべき発達課題を明らかにし，日々の教育活動を通して達成させることを目指すものである。このような視点に立って教育活動を展開することにより，学校教育が目指す全人的成長・発達を促すことができる。
第三に，キャリア教育を実践し，学校生活と社会生活や職業生活を結び，関連付け，将来の夢と学業を結び付けることにより，生徒・学生等の学習意欲を喚起することの大切さが確認できる。このような取組を進めることを通じて，学校教育が抱える様々な課題への対処に活路を開くことにもつながるものと考えられる。（第１章２(1)）

上に引用した「キャリア教育の意義・効果」は，a）キャリア発達を基軸に据えたcompetencyとしての「能力」育成をキャリア教育の中心的な意義とする点において，これまでの「職業教育及び進路指導に関する基礎的研究」最終報告書（平成10年），『児童生徒の職業観・勤労観を育む教育の推進について』（平成14年），キャリア教育の推進に関する総合的調査研究協力者会議」最終報告書（平成16年）によって開発・継承されてきた基本的な方向性を堅持し，b）キャリア教育を全ての教育活動を通して実践されるべきものとした上で，キャリア教育が，児童・生徒等にとっては学習意欲を喚起し，学校にとっては教育課程の改善と総体としての質的向上につながるものとしている点が特徴である。

(2)　社会的・職業的自立，学校から社会・職業への円滑な移行に必要な力

本節冒頭に引用したとおり，本答申は，基礎的・汎用的能力の確実な育成をキャリア教育の中心課題としている。しかし同時に，本答申が，一人一人の社会的・職業的自立に必

要な力は基礎的・汎用的能力のみに集約されるものではないことを明示している点にも注目する必要がある。答申は，「社会的・職業的自立，学校から社会・職業への円滑な移行に必要な力に含まれる要素としては，次などで構成されるものと考える」として，「基礎的・基本的な知識・技能」「基礎的・汎用的能力」「論理的思考力，創造力」「意欲・態度及び価値観」「専門的な知識・技能」を挙げている。以下，それぞれの「力」の説明部分を答申から引用しよう。

○　「読み・書き・計算」等の基礎的・基本的な知識・技能を修得することは，社会に出て生活し，仕事をしていく上でも極めて重要な要素である。これは初等中等教育では，学力の要素の一つとして位置付けられ，新しい学習指導要領における基本的な考え方の一つでもある。小学校からの「読み・書き・計算」の能力の育成等，その一層の修得・理解を図ることが必要である。また，社会的・職業的に自立するために，より直接的に必要となる知識，例えば，税金や社会保険，労働者の権利・義務等の理解も必要である。

○　基礎的・汎用的能力は，分野や職種にかかわらず，社会的・職業的自立に向けて必要な基盤となる能力であると考える。例えば，企業が新規学卒者に期待する力は，就職の段階で「即戦力」といえる状態にまで学校教育を通じて育成することを求めているわけではなく，一般的には「コミュニケーション能力」「熱意・意欲」「行動力・実行力」等の基礎的な能力等を挙げることが多い。社会人・職業人に必要とされる基礎的な能力と現在学校教育で育成している能力との接点を確認し，これらの能力育成をキャリア教育の視点に取り込んでいくことは，学校と社会・職業との接続を考える上で意義がある。

○　論理的思考力，創造力は，物事を論理的に考え，新たな発想等を考え出す力である。論理的思考力は，学力の要素にある「思考力，判断力，表現力」にも表れている重要な要素である。また，後期中等教育や高等教育の段階では，社会を健全に批判するような思考力を養うことにもつながる。創造力は，変化の激しい社会において，自ら新たな社会を創造・構築していくために必要である。これら論理的思考力，創造力は，基礎的・基本的な知識・技能や専門的な知識・技能の育成と相互に関連させながら育成することが必要である。

○　意欲・態度は，学校教育，特に初等中等教育の中では，学習や学校生活に意欲を持って取り組む態度や，学習内容にも関心を持たせるものとして，その向上や育成が重要な課題であるように，生涯にわたって社会で仕事に取り組み，具体的に行動する際に極めて重要な要素である。意欲や態度が能力を高めることにつながったり，能力を育成することが意欲・態度を高めたりすることもあり，両者は密接に関連している。

○　意欲や態度と関連する重要な要素として，価値観がある。価値観は，人生観や社会観，倫理観等，個人の内面にあって価値判断の基準となるものであり，価値を認めて何かをしようと思い，それを行動に移す際に意欲や態度として具体化するという関係にある。

また，価値観には，「なぜ仕事をするのか」「自分の人生の中で仕事や職業をどのように位置付けるか」など，これまでキャリア教育が育成するものとしてきた勤労観・職業観も含んでいる。子ども・若者に勤労観・職業観が十分に形成されていないことは様々に指摘されており，これらを含む価値観は，学校における道徳をはじめとした豊かな人間性の育成はもちろんのこと，様々な能力等の育成を通じて，個人の中で時間をかけて形成・確立していく必要がある。

○　また，どのような仕事・職業であっても，その仕事を遂行するためには一定の専門性が必要である。専門性を持つことは，個々人の個性を発揮することにもつながる。自分の将来を展望しながら自らに必要な専門性を選択し，それに必要な知識・技能を育成することは極めて重要である。専門的な知識・技能は，特定の資格が必要な職業等を除けば，これまでは企業内教育・訓練で育成することが中心であったが，今後は，企業の取組だけではなく，学校教育の中でも意識的に育成していくことが重要であり，このような観点から職業教育の在り方を改めて見直し，充実していく必要がある。(第1章3(2))

この説明は，基礎的・汎用的能力の確実な育成がキャリア教育の中心的課題となるという答申の提言の論理を浮かび上がらせるものとしても注目に値する。

まず，「基礎的・基本的な知識・技能」は教科を中心とした教育活動を通して中核的に修得されるべきものであり，「論理的思考力，創造力」は基礎的・基本的な知識・技能や専門的な知識・技能の育成と相互に関連させながら育成するものとして位置づけられた。また，「意欲・態度及び価値観」は個別の教育活動によって直接的に育成するものというより，児童生徒一人一人が様々な学習経験等を通じて個人の中で時間をかけて自ら形成・確立していくものとされた。そして，「専門的な知識・技能」は職業教育を中核として育成するものとして整理されたのである。このような中で，様々な教育活動を通して育成されるべき重要な「力」である基礎的・汎用的能力は，「社会人・職業人に必要とされる基礎的な能力と現在学校教育で育成している能力との接点を確認」することを通して具体化されるものであり，その前提に立ったキャリア教育の視点を導入することによってこそ十分な育成が可能となると位置づけられたのである。

(3)　勤労観・職業観の位置づけ

ここで，これまでキャリア教育において中心的に育てるべきものとされてきた「勤労観・職業観」を，答申がどのように整理しているのかについて確認する必要があろう。キャリア教育の推進に関する総合的調査研究協力者会議報告書（平成16年）では，キャリア教育を「端的には」という限定付きながら「勤労観，職業観を育てる教育」としており，「4領域8能力」を提示した「職業観・勤労観を育む学習プログラムの枠組み（例）」もそのタイトルに「職業観・勤労観」を含むものであった。しかし，今回の答申におけるキャリア教育の定義には，「勤労観」「職業観」ともに用いられていない。まず，答申が，自ら提示したキャリア教育の定義の前提となる認識を次のように述べていることを確認する。

中央教育審議会「初等中等教育と高等教育との接続の改善について（答申）」(平成11年）では，キャリア教育を「望ましい職業観・勤労観及び職業に関する知識や技能を身に付けさせるとともに，自己の個性を理解し，主体的に進路を選択する能力・態度を育てる教育」であるとし，進路を選択することにより重点が置かれていると解釈された。また，キャリア教育の推進に関する総合的調査研究協力者会議報告書（平成16年）では，キャリア教育を「『キャリア』概念に基づき『児童生徒一人一人のキャリア発達を支援し，それぞれにふさわしいキャリアを形成していくために必要な意欲・態度や能力を育てる教育』」ととらえ，「端的には」という限定付きながら「勤労観，職業観を育てる教育」としたこともあり，勤労観・職業観の育成のみに焦点が絞られてしまい，現時点においては社会的・職業的自立のために必要な能力の育成がやや軽視されてしまっていることが課題として生じている。（第１章１(1)脚注）

このような認識に立ちながらも，答申は，前項において引用したように「価値観」には，「『なぜ仕事をするのか』『自分の人生の中で仕事や職業をどのように位置付けるか』など，これまでキャリア教育が育成するものとしてきた勤労観・職業観も含んでいる。」と述べ，「様々な能力等の育成を通じて，個人の中で時間をかけて形成・確立していく必要がある」と明示している。

さらに本答申は，「第２章　発達の段階に応じた体系的なキャリア教育の充実方策」において次のように述べているのである。

多くの人は，人生の中で職業人として長い時間を過ごすこととなる。このため，職業や働くことについてどのような考えを持つのかや，どのような職業に就き，どのような職業生活を送るのかは，人がいかに生きるか，どのような人生を送るかということと深くかかわっている。

しかし，働くことや職業に対する理解の不足や安易な考え方等，若者の勤労観・職業観等の価値観が，自ら十分に形成されていないことが指摘されている。人生の中で「働くこと」にどれだけの重要性や意味を持たせるのかは，最終的に自分で決めることである。その決定の際に中心となる勤労観・職業観も，様々な学習や体験を通じて自らが考えていく中で形成・確立される。

また，子ども・若者の働くことに対する関心・意欲・態度，目的意識，責任感，意志等の未熟さや学習意欲の低下が指摘されるなど，現在行っている学習と将来の仕事とが結びつけて考えられない者が多い。このため，子どもや若者にとって，自分の「将来の姿」を思い描き，それに近付こうとする意欲を持つことや，学習が将来役立つことを発見し自覚することなどが重要であり，これらは学習意欲の向上にもつながっていく。

このようなことを踏まえ，後期中等教育修了までに，（中略）生涯にわたる多様なキャリア形成に共通した能力や態度を身に付けさせることと併せて，これらの育成を通じて価値観，とりわけ勤労観・職業観を自ら形成・確立できる子ども・若者の育成を，キャリア教育の視点から見た場合の目標とすることが必要である。（第２章１(3)）

ここに示されるように，答申は，勤労観・職業観の自己形成・自己確立ができる子ども・若者の育成を「キャリア教育の視点から見た場合の目標」として位置づけている。キャリア教育における「勤労観・職業観」の相対的な重要性が低下したのではないことを改めて確認する必要があろう。

第２節　「基礎的・汎用的能力」を構成する４つの能力と今後の実践

(1)　「基礎的・汎用的能力」を構成する４つの能力

まず，答申が「基礎的・汎用的能力」の内容について，次のように述べていることを確認しよう。

> ○　基礎的・汎用的能力の具体的内容については，「仕事に就くこと」に焦点を当て，実際の行動として表れるという観点から，「人間関係形成・社会形成能力」「自己理解・自己管理能力」「課題対応能力」「キャリアプランニング能力」の４つの能力に整理した。
> ○　これらの能力は，包括的な能力概念であり，必要な要素をできる限り分かりやすく提示するという観点でまとめたものである。この４つの能力は，それぞれが独立したものではなく，相互に関連・依存した関係にある。このため，特に順序があるものではなく，また，これらの能力をすべての者が同じ程度あるいは均一に身に付けることを求めるものではない。（第１章3(2)③）

その上で，それぞれの能力の具体的な内容を次のように整理している。

> (ア)　人間関係形成・社会形成能力
> 　「人間関係形成・社会形成能力」は，多様な他者の考えや立場を理解し，相手の意見を聴いて自分の考えを正確に伝えることができるとともに，自分の置かれている状況を受け止め，役割を果たしつつ他者と協力・協働して社会に参画し，今後の社会を積極的に形成することができる力である。
> 　この能力は，社会とのかかわりの中で生活し仕事をしていく上で，基礎となる能力である。特に，価値の多様化が進む現代社会においては，性別，年齢，個性，価値観等の多様な人材が活躍しており，様々な他者を認めつつ協働していく力が必要である。また，変化の激しい今日においては，既存の社会に参画し，適応しつつ，必要であれば自ら新たな社会を創造・構築していくことが必要である。さらに，人や社会とのかかわりは，自分に必要な知識や技能，能力，態度を気付かせてくれるものでもあり，自らを育成する上でも影響を与えるものである。具体的な要素としては，例えば，他者の個性を理解する力，他者に働きかける力，コミュニケーション・スキル，チームワーク，リーダーシップ等が挙げられる。
> (イ)　自己理解・自己管理能力
> 　「自己理解・自己管理能力」は，自分が「できること」「意義を感じること」「したいこと」について，社会との相互関係を保ちつつ，今後の自分自身の可能性を含めた肯定的な理解に基づき主体的に行動すると同時に，自らの思考や感情を律し，かつ，今後の成長のために進んで学ぼうとする力である。
> 　この能力は，子どもや若者の自信や自己肯定観の低さが指摘される中，「やればできる」と考えて行動できる力である。また，変化の激しい社会にあって多様な他者との協力や協働が求められている中では，自らの思考や感情を律する力や自らを研さんする力がますます重要である。これらは，キャリア形成や人間関係形成における基盤となるものであり，とりわけ自己理解能力は，生涯にわたり多様なキャリアを形成する過程で常に深めていく必要がある。具体的な要素としては，

例えば，自己の役割の理解，前向きに考える力，自己の動機付け，忍耐力，ストレスマネジメント，主体的行動等が挙げられる。

(ウ) 課題対応能力

「課題対応能力」は，仕事をする上での様々な課題を発見・分析し，適切な計画を立ててその課題を処理し，解決することができる力である。

この能力は，自らが行うべきことに意欲的に取り組む上で必要なものである。また，知識基盤社会の到来やグローバル化等を踏まえ，従来の考え方や方法にとらわれずに物事を前に進めていくために必要な力である。さらに，社会の情報化に伴い，情報及び情報手段を主体的に選択し活用する力を身に付けることも重要である。具体的な要素としては，情報の理解・選択・処理等，本質の理解，原因の追究，課題発見，計画立案，実行力，評価・改善等が挙げられる。

(エ) キャリアプランニング能力

「キャリアプランニング能力」は，「働くこと」の意義を理解し，自らが果たすべき様々な立場や役割との関連を踏まえて「働くこと」を位置付け，多様な生き方に関する様々な情報を適切に取捨選択・活用しながら，自ら主体的に判断してキャリアを形成していく力である。

この能力は，社会人・職業人として生活していくために生涯にわたって必要となる能力である。具体的な要素としては，例えば，学ぶこと・働くことの意義や役割の理解，多様性の理解，将来設計，選択，行動と改善等が挙げられる。（第１章３(2)③）

この基礎的・汎用的能力の開発の経緯について，答申は，「各界から提示されている様々な力を参考としつつ，特に国立教育政策研究所による「キャリア発達にかかわる諸能力（例）」を基に，「仕事に就くこと」に焦点をあて整理を行ったものである」と述べる。ここで言う「キャリア発達にかかわる諸能力（例）」とは，国立教育政策研究所生徒指導研究センター『児童生徒の職業観・勤労観を育む教育の推進について』（平成14年）が開発した「職業観・勤労観を育む学習プログラムの枠組み（例）」において示された「職業的（進路）発達にかかわる諸能力」，つまり「４領域８能力」を指し示している。

以下，「基礎的・汎用的能力」が，「４領域８能力」を主軸としながら「各界から提示された様々な力を参考としつつ」開発されたものであるとの指摘を踏まえ，これまでに提示された社会的自立に関連する以下の能力論を取り上げ，その関係を整理することにしよう。

○ **「人間力」** 内閣府・人間力戦略研究会（『人間力戦略研究会報告書』平成15年４月）

○ **「就職基礎能力」** 厚生労働省（「若年者の就職能力に関する実態調査」結果　平成16年１月）

○ **「社会人基礎力」** 経済産業省・社会人基礎力に関する研究会（『社会人基礎力に関する研究会―中間とりまとめ―』平成18年１月）

○ **「学士力」** 中央教育審議会（「学士課程教育の構築に向けて（答申）」平成20年12月）

まず表３－１においてそれぞれの能力論の概要を示し，表３－２において「基礎的・汎用的能力」を中核としながら，今回の答申が示した「社会的・職業的自立，学校から社会・

表3－1　これまでに提唱された主要な能力論の概要

職業的(進路)発達(キャリア発達)にかかわる諸能力

【作成者】
国立教育政策研究所生徒指導研究センター（『児童生徒の職業観・勤労観を育む教育の推進について』平成14年11月）
【定義等】
児童生徒が，将来自立した社会人・職業人として生きていくために必要な能力や態度・資質

将来設計能力	夢や希望を持って将来の生き方や生活を考え，社会の現実を踏まえながら，前向きに自己の将来を設計する。	役割把握・認識能力	生活・仕事上の多様な役割や意義及びその関連等を理解し，自己の果たすべき役割等についての認識を深めていく能力
		計画実行能力	目標とすべき将来の生き方や進路を考え，それを実現するための進路計画を立て，実際の選択行動等で実行していく能力
情報活用能力	学ぶこと・働くことの意義や役割及びその多様性を理解し，幅広く情報を活用して，自己の進路や生き方の選択に生かす。	情報収集・探索能力	進路や職業等に関する様々な情報を収集・探索するとともに，必要な情報を選択・活用し，自己の進路や生き方を考えていく能力
		職業理解能力	様々な体験等を通して，学校で学ぶことと社会・職業生活との関連や，今しなければならないことなどを理解していく能力
意思決定能力	自らの意志と責任でよりよい選択・決定を行うとともに，その過程での課題や葛藤に積極的に取り組み克服する。	選択能力	様々な選択肢について比較検討したり，葛藤を克服したりして，主体的に判断し，自らにふさわしい選択・決定を行っていく能力
		課題解決能力	意思決定に伴う責任を受け入れ，選択結果に適応するとともに，希望する進路の実現に向け，自ら課題を設定してその解決に取り組む能力
人間関係形成能力	他者の個性を尊重し，自己の個性を発揮しながら，様々な人々とコミュニケーションを図り，協力・共同してものごとに取り組む。	自他の理解能力	自己理解を深め，他者の多様な個性を理解し，互いに認め合うことを大切にして行動していく能力
		コミュニケーション能力	多様な集団・組織の中で，コミュニケーションや豊かな人間関係を築きながら，自己の成長を果たしていく能力

人　間　力

【作成者】
内閣府・人間力戦略研究会（『人間力戦略研究会報告書』平成15年4月）
【定義等】
社会を構成し運営するとともに，自立した一人の人間として力強く生きていくための総合的な力

知的能力的要素	基礎学力（主に学校教育を通じて修得される基礎的な知的能力）
	専門的な知識・ノウハウ
	「基礎学力」「専門的な知識・ノウハウ」を持ち，それらを継続的に高めていく力
	論理的思考力
	創造力
社会・対人関係力的要素	コミュニケーション・スキル
	リーダーシップ
	公共心
	規範意識
	他者を尊重し切磋琢磨しながらお互いを高めあう力
自己制御的要素	意欲
	忍耐力
	自分らしい生き方や成功を追求する力

就職基礎能力

【作成者】
厚生労働省（「若年者の就職能力に関する実態調査」結果　平成16年1月）
【定義等】
事務系・営業系職種において，半数以上の企業が採用に当たって重視し，基礎的なものとして比較的短期間の訓練により向上可能な能力

コミュニケーション能力	意思疎通	自己主張と傾聴のバランスを取りながら効果的に意思疎通ができる
	協調性	双方の主張の調整を図り調和を取ることができる
	自己表現力	状況にあった訴求力のあるプレゼンができる
職業人意識	責任感	社会の一員として役割の自覚を持っている
	向上心・探求心	働くことへの関心や意欲を持ちながら進んで課題を見つけ，レベルアップを目指すことができる
	職業意識・勤労観	職業や勤労に対する広範な見方・考え方を持ち，意欲や態度等で示すことができる
基礎学力	読み書き	職務遂行に必要な文書知識を持っている
	計算・数学的思考	職務遂行に必要な数学的な思考方法や知識を持っている
	社会人常識	社会人として必要な常識を持っている
ビジネスマナー	基本的なマナー	集団社会に必要な気持ちの良い受け答えやマナーの良い対応ができる
資格取得	情報技術関係の資格 経理・財務関係の資格 語学関係の資格	

社会人基礎力

【作成者】
経済産業省・社会人基礎力に関する研究会（『社会人基礎力に関する研究会―中間とりまとめ―』平成18年1月）
【定義等】
職場や地域社会の中で多くの人々と接触しながら仕事をしていくために必要な能力

前に踏み出す力（アクション）	主体性	物事に進んで取り組む力
	働きかけ力	他人に働きかけ巻き込む力
	実行力	目的を設定し確実に行動する力
考え抜く力（シンキング）	課題発見力	現状を分析し目的や課題を明らかにする力
	計画力	課題の解決に向けたプロセスを明らかにし準備する力
	創造力	新しい価値を生み出す力
チームで働く力（チームワーク）	発信力	自分の意見をわかりやすく伝える力
	傾聴力	相手の意見を丁寧に聴く力
	柔軟性	意見の違いや立場の違いを理解する力
	情況把握力	自分と周囲の人々や物事との関係性を理解する力
	規律性	社会のルールや人との約束を守る力
	ストレスコントロール力	ストレスの発生源に対応する力

学　士　力

【作成者】
中央教育審議会（「学士課程教育の構築に向けて（答申）」平成20年12月）
【定義等】
学士課程で育成する21世紀型市民の内容（日本の大学が授与する学士が保証する能力の内容）

知識・理解	専攻する特定の学問分野における基本的な知識を体系的に理解するとともに，その知識体系の意味と自己の存在を歴史・社会・自然と関連づけて理解する。 (1)　多文化・異文化に関する知識の理解 (2)　人類の文化，社会と自然に関する知識の理解	
汎用的技能（知的活動でも職業生活や社会生活でも必要な技能）	コミュニケーション・スキル	日本語と特定の外国語を用いて，読み，書き，聞き，話すことができる。
	数量的スキル	自然や社会的事象について，シンボルを活用して分析し，理解し，表現することができる。
	情報リテラシー	情報通信技術（ICT）を用いて，多様な情報を収集・分析して適正に判断し，モラルに則って効果的に活用することができる。
	論理的思考力	情報や知識を複眼的，論理的に分析し，表現できる。
	問題解決力	問題を発見し，解決に必要な情報を収集・分析・整理し，その問題を確実に解決できる。
態度・志向性	自己管理力	自らを律して行動できる。
	チームワーク，リーダーシップ	他者と協調・協働して行動できる。また，他者に方向性を示し，目標の実現のために動員できる。
	倫理観	自己の良心と社会の規範やルールに従って行動できる。
	市民としての社会的責任	社会の一員としての意識を持ち，義務と権利を適正に行使しつつ，社会の発展のために積極的に関与できる。
	生涯学習力	卒業後も自律・自立して学習できる。
総合的な学習経験と創造的思考力	これまでに獲得した知識・技能・態度等を総合的に活用し，自らが立てた新たな課題にそれらを適用し，その課題を解決する能力	

表３－２　「基礎的・汎用的能力」とこれまでに提唱されてきた関連する諸能力との関係について（試案）

	社会的・職業的自立，社会・職業への円滑な移行に必要な力	職業的（進路）発達（キャリア発達）にかかわる諸能力	人間力	就職基礎能力	社会人基礎力	学士力
	基礎的・基本的な知識・技能		基礎学力（主に学校教育を通じて修得される基礎的な知的能力）	読み書き：職務遂行に必要な文書知識を持っている 計算・数学的思考：職務遂行に必要な数学的な思考方法や知識を持っている		専攻する特定の学問分野における基本的な知識を体系的に理解するとともに，その知識体系の意味と自己の存在を歴史・社会・自然と関連づけて理解する。 ⑴　多文化・異文化に関する知識の理解 ⑵　人類の文化，社会と自然に関する知識の理解 数量的スキル：自然や社会的事象について，シンボルを活用して分析し，理解し，表現することができる。 情報リテラシー：情報通信技術（ICT）を用いて，多様な情報を収集・分析して適正に判断し，モラルに則って効果的に活用することができる。
	勤労観・職業観等の価値観	※中核的な課題としての「職業観・勤労観」の育成		職業意識・勤労観：職業や勤労に対する広範な見方・考え方を持ち，意欲や態度等で示すことができる		
	意欲・態度		意欲	向上心・探求心：働くことへの関心や意欲を持ちながら進んで課題を見つけ，レベルアップを目指すことができる		
	論理的思考力・創造力		論理的思考力 創造力		創造力：新しい価値を生み出す力	論理的思考力：情報や知識を複眼的，論理的に分析し，表現できる。
基礎的・汎用的能力	人間関係形成・社会形成能力	自他の理解能力：自己理解を深め，他者の多様な個性を理解し，互いに認め合うことを大切にして行動していく能力 コミュニケーション能力：多様な集団・組織の中で，コミュニケーションや豊かな人間関係を築きながら，自己の成長を果たしていく能力	コミュニケーション・スキル リーダーシップ 公共心 規範意識 他者を尊重し切磋琢磨しながらお互いを高めあう力	意思疎通：自己主張と傾聴のバランスを取りながら効果的に意思疎通ができる 協調性：双方の主張の調整を図り調和を取ることができる 自己表現力：状況にあった訴求力のあるプレゼンができる 社会人常識：社会人として必要な常識を持っている 基本的なマナー：集団社会に必要な気持ちの良い受け答えやマナーの良い対応ができる	働きかけ力：他人に働きかけ巻き込む力 発信力：自分の意見をわかりやすく伝える力 傾聴力：相手の意見を丁寧に聴く力 柔軟性：意見の違いや立場の違いを理解する力 情況把握力：自分と周囲の人々や物事との関係性を理解する力 規律性：社会のルールや人との約束を守る力	コミュニケーション・スキル：日本語と特定の外国語を用いて，読み，書き，聞き，話すことができる。 チームワーク，リーダーシップ：他者と協調・協働して行動できる。また，他者に方向性を示し，目標の実現のために動員できる。 市民としての社会的責任：社会の一員としての意識を持ち，義務と権利を適正に行使しつつ，社会の発展のために積極的に関与できる。
基礎的・汎用的能力	自己理解・自己管理能力	自他の理解能力：自己理解を深め，他者の多様な個性を理解し，互いに認め合うことを大切にして行動していく能力	「基礎学力」「専門的な知識・ノウハウ」を持ち，それらを継続的に高めていく力 忍耐力 自分らしい生き方や成功を追求する力	責任感：社会の一員として役割の自覚を持っている	主体性：物事に進んで取り組む力 ストレスコントロール力：ストレスの発生源に対応する力	自己管理力：自らを律して行動できる。 倫理観：自己の良心と社会の規範やルールに従って行動できる。 生涯学習力：卒業後も自律・自立して学習できる。
基礎的・汎用的能力	課題対応能力	計画実行能力：目標とすべき将来の生き方や進路を考え，それを実現するための進路計画を立て，実際の選択行動等で実行していく能力 課題解決能力：意思決定に伴う責任を受け入れ，選択結果に適応するとともに，希望する進路の実現に向け，自ら課題を設定してその解決に取り組む能力			主体性：物事に進んで取り組む力 実行力：目的を設定し確実に行動する力 課題発見力：現状を分析し目的や課題を明らかにする力 計画力：課題の解決に向けたプロセスを明らかにし準備する力	問題解決力：問題を発見し，解決に必要な情報を収集・分析・整理し，その問題を確実に解決できる。 これまでに獲得した知識・技能・態度等を総合的に活用し，自らが立てた新たな課題にそれらを適用し，その課題を解決する能力
基礎的・汎用的能力	キャリアプランニング能力	役割把握・認識能力：生活・仕事上の多様な役割や意義及びその関連等を理解し，自己の果たすべき役割等についての認識を深めていく能力 計画実行能力：目標とすべき将来の生き方や進路を考え，それを実現するための進路計画を立て，実際の選択行動等で実行していく能力 情報収集・探索能力：進路や職業等に関する様々な情報を収集・探索するとともに，必要な情報を選択・活用し，自己の進路や生き方を考えていく能力 職業理解能力：様々な体験等を通して，学校で学ぶことと社会・職業生活との関連や，今しなければならないことなどを理解していく能力 選択能力：様々な選択肢について比較検討したり，葛藤を克服したりして，主体的に判断し，自らにふさわしい選択・決定を行っていく能力 課題解決能力：意思決定に伴う責任を受け入れ，選択結果に適応するとともに，希望する進路の実現に向け，自ら課題を設定してその解決に取り組む能力	自分らしい生き方や成功を追求する力			
	専門的な知識・技能		専門的な知識・ノウハウ	情報技術関係の資格 経理・財務関係の資格 語学関係の資格		専攻する特定の学問分野における基本的な知識を体系的に理解するとともに，その知識体系の意味と自己の存在を歴史・社会・自然と関連づけて理解する。 ⑴　多文化・異文化に関する知識の理解 ⑵　人類の文化，社会と自然に関する知識の理解

職業への円滑な移行に必要な力」について，本研究報告書における試案としての整理を示した。

(2) 「基礎的・汎用的能力」に基づくキャリア教育実践の方向性

表３－２が明示するように，「基礎的・汎用的能力」は「４領域８能力」を全て包含するものである。その上で，a)「社会人基礎力」等において重視されていながら，「４領域８能力」においては必ずしも前面には取り上げられてこなかった「忍耐力」「ストレスマネジメント」などの「自己管理能力」の側面を加え，b)「仕事をする上での様々な課題を発見・分析し，適切な計画を立ててその課題を処理し，解決することができる力」，すなわち「課題対応能力」に関する要素を強化したものと言えよう。

このような基礎的・汎用的能力に基づく実践を構想する上では，答申が，基礎的・汎用的能力を提示する際に，次のように指摘していることもあわせて確認する必要がある。

> これらの能力をどのようなまとまりで，どの程度身に付けさせるのかは，学校や地域の特色，専攻分野の特性や子ども・若者の発達の段階によって異なると考えられる。各学校においては，この４つの能力を参考にしつつ，それぞれの課題を踏まえて具体の能力を設定し，工夫された教育を通じて達成することが望まれる。その際，初等中等教育の学校では，新しい学習指導要領を踏まえて育成されるべきである。(第１章2(3)③)

これからのキャリア教育の実践に当たっては，まず，基礎的・汎用的能力が，これまで各学校における実践の基盤となっていた「４領域８能力」を継承し，各界で提唱された様々な能力との整合性を図りつつ，社会的・職業的自立に向けて必要な基盤となる能力であることを正しく理解する必要がある。また同時に，基礎的・汎用的能力は「４領域８能力」と同様に，学校や地域の特色，児童生徒の発達の段階に即し，学校がそれぞれの課題を踏まえて具体の能力を設定し，工夫された教育を通じて達成するための参考として活用されるべきものである。「４領域８能力」と基礎的・汎用的能力とを相互に関連性のない別個の能力論であると見なすことは誤りであり，「基礎的・汎用的能力」に基づくキャリア教育の取組の構想はゼロからの再スタートでは全くない。各学校においては，これまでの実践の蓄積を生かしつつ，基礎的・汎用的能力を基盤とする実践へと転換を図る必要がある。

無論，学校によっては，基盤となる能力論の見直しよりも，これまでの実践の定着を図ることの方が当座の優先課題であると妥当性をもって判断される場合もあろう。その場合には，基礎的・汎用的能力への転換の時期を遅らせる方策も考えられる。ただし，その際には，基礎的・汎用的能力の内容と提唱の理由を十分に踏まえ，将来的な転換を視野におさめながら，キャリア教育の取組の改善を図っていくことが特に求められる。

第３節　キャリア教育に対する産業界からの期待

(1)　産業界のキャリア教育支援

①　キャリア教育支援の活性化の動向と体験的キャリア教育実践上の課題

学校におけるキャリア教育に対しては，企業だけでなくNPO・ボランティアや業種組合などが様々な支援活動を実施しており，すそ野が広がってきている。従来は，学校や教育委員会などからの要請を受けて個別に対応するケースが多かったものの，日本商工会議所「教育支援・協力活動に関するアンケート調査」（平成22年10月）によれば，キャリア教育支援を商工会議所が組織的・継続的に行っている市町村数は，毎年着実に増えている（図３－１）。また，地域全体で学校のキャリア教育を支援しようという動きが広がり，優れた支援活動を行っている事例を紹介したり，地域で優れた企業・団体を顕彰したりする試みも進んでいる。

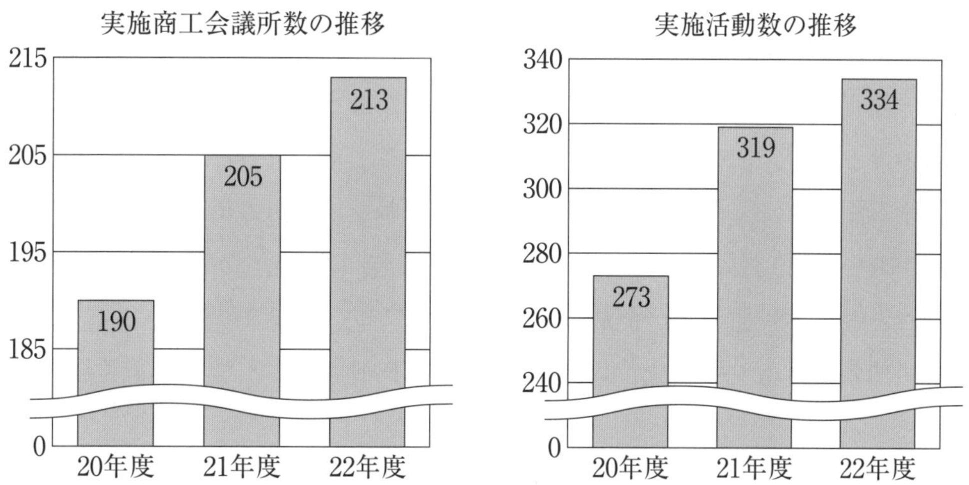

図３－１　教育支援・協力活動実施商工会議所数等の推移

また，本調査によれば，企業等が支援する教育活動の具体的な内容は，職場体験活動やインターンシップの受け入れが圧倒的に多く，全体の約７割を占めている。

今後，キャリア教育への支援に参画する企業等を更に増やす必要があることは言うまでもない。しかしここで，職場体験活動等の受入先を確定するにあたり，生徒の希望を第一優先課題とする方策については再検討の余地があることを指摘しておきたい。

まず，生徒の希望，特に中学生の希望は，多くの場合，当該地域の企業等の実態を十分考慮されたものとはなっていない。そのような希望に基づく学校からの要請に当該地域の事業所のみで応えることには，当然限界が生じる。次に，生徒の発達の段階を踏まえた指導の視点からの吟味が必要である。中学校における職場体験活動は，ある職業や仕事を暫定的な窓口としながら実社会の現実に迫ること，高等学校におけるインターンシップは，将来進む可能性のある職業に関連する活動を試行的に体験することを通して社会人･職業人への移行準備に役立てることが，それぞれ中心的な課題となる。中学生の場合，生徒一人一人の希望を第一優先課題とする方策に限定せず，体験先の決定をめぐる柔軟な指導が求められる。職業や実社会の現実に対する中学生の認識を広げるため，生徒の希望によらず生徒を振り分ける方策もより積極的に検討されるべきであろう。企業は，顧客ニーズの変化や国際化・IT化など時代の変化に対応して，これまでの業種や業態を刻々と変えて成長していくケースも稀ではない。また，地域に顧客ニーズがあってもそれを供給できる企業が存在しない場合は，既存企業が別の業種等の分野で新たに創業する可能性もある。企業の多様な在り方や地域の産業の現状を知ることは，中学生にとって極めて重要であり，そのための機会として職場体験活動を活用することが考えられる。このような職場体験活動を含む中学校のキャリア教育を基盤として，高等学校におけるインターンシップが実施されてこそ，発達の段階に即した取組となるのではなかろうか。

②　企業がキャリア教育支援をしない理由

キャリア教育の支援に協力する企業等の数が思ったように増えないという学校や教育委員会からの声は多い。しかし，東京商工会議所が平成22年に行った「企業による教育支援活動に関する調査」によれば，企業が教育支援を行わない理由の第一位は「学校側からの支援依頼がない」（39.4%）であった。平成20年調査時（71.0%）からは大幅に減少しているが，依然として学校側の声が企業に十分に届いているとは言い難い。また，「教育支援活動の取組情報が不足，やり方が判らない」という回答も多く，学校と企業との意思疎通が不十分である実態が浮かび上がった。

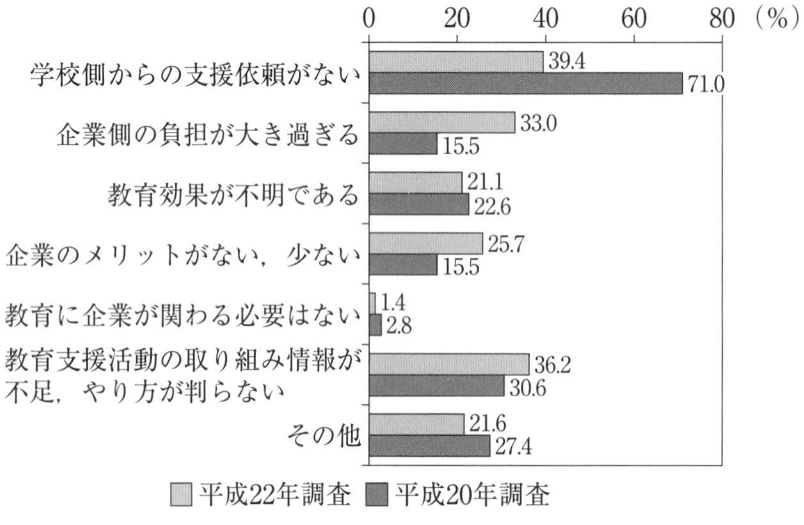

図３－２　企業が教育支援活動を実施していない理由（複数回答，３つまで）

職場体験活動やインターンシップを受け入れた経験のある企業が，その受入を中断するのは，学校からの支援要望が途切れたり，生徒等が集まらないことが主な理由であると言われている。生徒の視野を広げ認識を深めるための指導を伴わない状況では，例えば，消費者の目に触れやすい最終製品（最終財）の製造・販売ではなく，最終財を生産するために必要となる部品や加工品等（中間財）の企画・製造等に関わる中小企業などでの体験を希望する生徒が少ないのは当然であろう。また，生徒を受け入れた際に与える作業や仕事が，学校側の教育意図に沿い，生徒の発達の段階にふさわしい内容であるかどうかの判断がつかず，不安に陥っている企業も多い。こうした企業側の戸惑いは，キャリア教育とは何か，どのような目標を設定して生徒を受け入れればよいのかなどについて，学校側が十分説明し得ていないことによって生じたものであろう。学校と企業等との円滑な意思疎通を可能とするコミュニケーションのチャンネルづくりとその活性化が今後更に必要である。

③ 保護者の理解を深めることの重要性

ここで，産業界におけるキャリア教育への理解を深めるための重要な方策の一つとしてそれぞれの学校に在籍する子どもたちの保護者がキャリア教育を正しく理解する機会を十分に確保する必要があることを指摘したい。

まず，保護者は消費者でもあるという事実に目を向けよう。消費者からの期待は企業行動を左右する大きな要因であることは言うまでもない。また，企業に勤める保護者が少なくないという現実も再認識すべきである。企業人も家庭に戻れば家庭人としての役割があり，保護者としての重要な役割を担う企業人も多い。各学校において，保護者がキャリア教育を正しく理解し，その必要性をめぐる認識を高めるための取組を充実させることは，産業界からの支援を活性化する上でも高い効果が期待できる。

この点をめぐって，独立行政法人労働政策研究・研修機構と日本キャリア教育学会が平成19年１月に子どもを持つ30～50代の全国の保護者1,372名を対象に行った共同研究プロジェクト「子どもの将来とキャリア教育・キャリアガイダンスに対する保護者の意識」調査の結果は示唆的である。本調査結果を分析した報告書（労働政策研究報告書No.92）は「第７章今後のキャリア教育・キャリアガイダンス施策への示唆」において，次のように指摘している。

> 日本のキャリアガイダンスの特色でもある「職場体験学習」について，現状では，保護者の間でかなり賛同者が多い一方，その効果について疑問をもつ保護者層が中高年齢層を中心に若干みられた。それらの年齢層では，基礎学力を重視すべきだとする考え方もみられており，職場体験学習を中心としたキャリア教育と読み書き計算を中心とした基礎教育といった対比が，今回の調査でも観察できたことになる。（第７章１(2)）

本調査は，キャリア教育への保護者の理解が高まりつつある現状を多角的に示しつつ，保護者の間には誤解も根強く残っている現状も浮き彫りにしており，上の引用はその一部である。学校においては，このような誤解を丁寧に解消していくことが求められている。

④　キャリア教育支援を行う企業側のメリット

学校が行うキャリア教育への支援は，企業にとってもメリットのある活動であり，産業界におけるその認識は確実に高まってきている。例えば，東京商工会議所が平成22年に行った「企業による教育支援活動に関する調査」において，「教育支援活動を実施することによって，自社にどのようなメリット・効果があるとお考えですか。以下の９項目の『はい』または『いいえ』に○をつけてください」との設問に対する回答は，表３－３に示したとおりとなった。

表３－３　教育支援活動による貴社への効果（教育支援実施企業のみ）

	平成22年調査				平成18年調査
	はい		いいえ	不明	はい
	企業数(社)	回答率(%)	企業数(社)	企業数(社)	回答率(%)
社会貢献としての認知度の向上	329	80.2%	47	34	66.9%
社内の人材活性化	207	50.5%	150	53	20.6%
自社の知名度の向上	276	67.3%	84	50	30.3%
自社の生産性や売上の向上	51	12.4%	289	70	—
家庭，地域，学校との関係構築	351	85.6%	29	30	36.7%
将来に向けての人材確保対策	247	60.2%	116	47	28.9%
その他	自由記述				2.2%

※今回調査は，項目毎に「はい」または「いいえ」を選ぶ方式。平成18年調査においては，項目（「自社の生産性や売上の向上」は除く）の中から複数（無制限）を選ぶ方式。

回答した企業の多くが「家庭，地域，学校との関係構築」(85.6%）と「社会貢献としての認知度の向上」(80.2%）を効果として挙げているが，知名度の向上や，将来の人材確保への期待も高い。また，「社内の人材活性化」に効果があると考える企業が５割を超えたことにも注目すべきだろう。キャリア教育への支援が社内の人材を育成する手段としても効果を発揮すると考える企業は，平成18年時の調査からは30ポイント以上増加している。更に，「自社の生産性や売上の向上」を効果として挙げる企業は少なく（12.4%)，キャリア教育への支援を短期的・直接的な営利方策の一環として捉える企業は少数派であることがわかる。

(2) キャリア教育への期待

キャリア教育に対する産業界からの期待は高い。例えば，平成19年５月７日，日本経済団体連合会教育問題委員会に設置された教育と企業の連携推進ワーキング・グループは「教育と企業の連携推進に向けて」（中間まとめ）を公表し，「基本的考え方」において次のように述べている。

> 産業界は，これまでにも，教育のあり方について各種の提言を行うとともに，地域社会の一員として，あるいは社会貢献の一環として，各社の方針に基づき，社会とのかかわりを意識させるプログラムの提供，学ぶべき知識の質・量の拡大に対応したプログラムの提供に取り組んできた。特に，総合的な学習の時間やキャリア教育の導入など，企業の人材やノウハウを学校教育に積極的に活かす機会は増えつつあり，次世代を担う人材の育成に引き続き協力する方針である。（１．基本的考え方）

また，日本経済団体連合会は平成22年１月26日，日本労働組合総連合会とともに「若年者の雇用安定に関する共同声明」を公表し，「すべての学校教育段階において，働くことの意義を含めたキャリア教育を拡充する」ことを「政府に求める対応」に盛り込んだ。

更に，経済同友会の「学校と企業・経営者の交流活動推進委員会」は，平成22年６月22日に「より良き教育現場の実現に向けて－交流活動実践10年の思い－」を公表し，「教員に望む」において，教員への強い期待を示している。キャリア教育への熱きメッセージとして理解して良いだろう。

> グローバル化が進み，多様な価値観が混在する現代社会において，若者の多くは，将来の夢が描きにくく，自分に自信を持てなくなっている。これは，私たちが学校現場に出向いて感じることの一つである。この課題は社会全体で解決すべきことであるが，毎日，生徒に声を掛け，生徒を身近に知る立場にある先生の存在は大きい。親にも相談できない相談を受けることもあろう。そんな時には，先生自身の経験や生徒の知らない世界について語り，どうあるべきかについて方向を示し，生徒に考えさせて欲しい。（第２章１）

このように，キャリア教育は産業界からも強い期待を受けて推進されるものである。各学校は，キャリア教育の実践にあたって，産業界と積極的に連携・協力すべきである。教育基本法第13条は，「学校，家庭及び地域住民その他の関係者は，教育におけるそれぞれの役割と責任を自覚するとともに，相互の連携及び協力に努めるものとする」と定めているが，産業界との連携も一層推進される必要がある。無論，その際には，それぞれの学校におけるキャリア教育の目的やねらい等をあらかじめ明確にし，それを産業界に対して説明するとともに，外部に任せきりにすることにならないよう，各学校の教職員が主体的にかかわることが当然求められる。

第４節　近年の若年者雇用の動向とキャリア教育

(1)　近年の若年者雇用の動向

①　若年者を取り巻く構造的な変化

近年の日本では，急速な少子高齢化の進展によって社会的な構造変化が起きている。少子化に伴い，労働力人口は，平成10年頃から減少し始めており，平成21年の労働力人口6,606万人は，ピーク時の平成９年と比べて約200万人減っている。この傾向が続けばおよそ20年後には，現在の東京都の人口に匹敵する約1,070万人の労働力人口が減ると推計されている（厚生労働省「雇用政策研究会報告」平成19年12月）。日本の少子化傾向が，産業や企業経営に及ぼす大きな影響を見越し，既に長期的な視点に立ったグローバルな人材の採用や育成，生産拠点の海外展開などを始めているのが実情である。工業統計をみても，平成20年から21年の１年間に，全国で１割以上，約２万８千もの事業所が海外移転や統廃合によって減少している。キャリア教育においてもグローバル人材の育成の観点からの取組が求められる。

②　若年者雇用はここ２年で急激に悪化

ここ10年間の若年者の雇用をみると，景気の緩やかな回復を背景に，少子化の影響も受けて若年者の就業者数が減少していたため，総じて就職内定率は上昇傾向を示していた。しかし平成20年秋の「リーマン・ショック」を期に，多くの企業は採用計画の見直しや採用人員の削減を余儀なくされ，新卒の採用にブレーキがかかった。それ以降，日本の雇用状況は大きく悪化し，平成22年になって有効求人数は持ち直し始めたが，就業者数も失業率も回復していない。例えば，平成21年４月の文部科学省と厚生労働省の共同調査「平成21年度大学等卒業予定者の就職状況調査（平成22年４月１日現在）」によれば，大学の就職率は91.8％で前年同期を3.9ポイント下回り，調査が始まって以来，最も大きな減少率となった。景気回復局面にあってもなお，就職率は減少を続けているのが現実である。

③　若者の就労状況とその背景

15歳から24歳までの若年者の完全失業率は９％台であり，全年齢の約５％に比べて格段に高い。また，中学，高校，大学の卒業後３年以内に離職する割合は，それぞれ約７割・４割・３割となっており，依然として社会問題となっている。若年の非正規労働者も増えており，15歳から24歳までの雇用者のうち３割を占めるまで拡大している。この背景には，世界的な金融不安や，経済のグローバル化等の構造的な問題等が横たわっているが，今日の若年者の就労をめぐる現状は，それのみで説明できるわけではない。

東京商工会議所が平成22年４月の新入社員を対象として実施した「中堅・中小企業の新入社員の意識調査」（平成22年５月）によれば，新入社員は，「仕事の内容がおもしろそう」（50.4％）と思って入社し，できれば「定年まで働き続けたい」（37.9％）と考えている。また，これから仕事をしていく上で最も不安に感じるのは「仕事に対する自分の能力」（76.1％）であった。「社会人としてのマナー」（47.6％）や「会社の雰囲気になじめるかどうか」（26.5％）よりも，自分の能力に関する不安が大きいことが示された。この結果からは，入社後に期待される能力や職務の実際が把握できない不安の強さ，すなわち，社会人として働くことの現実が見えないまま入社している若者の姿を読み取ることができる。学校におけるキャリア教育と，企業等におけるキャリア形成支援を含めた現職教育・訓練プログラムとの接続が必要であろう。

⑵　若年者雇用に及ぼすキャリア教育の影響

①　雇用のミスマッチの実情

日本では企業の99.7％は中小企業であり，雇用についても，７割近くを中小企業が占めている。中小企業は、若年者の雇用をめぐる厳しい状況が続く中にあっても、常に人材の確保に悩まされており，年々その困難さが増している。例えば，高校卒業者の充足率（就業者数÷求人数×100）の推移をみると，大企業と中小企業は，常に大きな開きがある。平成21年３月卒の実績では，中小企業の充足率は35.5と大企業の70.5に比べて半分である。10年前は，中小企業61.5，大企業83.1であったことから，中小企業と大企業の差の拡大傾向が把握できる。

「超氷河期」といわれる平成23年の新卒市場においても，従業員が300人未満の企業では，求人倍率は4.41倍の売り手市場であるが，従業員数が5,000人以上の企業においては，0.47倍の買い手市場となっている（リクルートワークス研究所「第27回ワークス大卒求人倍率調査」平成22年）。先進諸国の中でも中小企業の比率が高い日本において，この状況の改善は急務である。

無論，中小企業にも優れた企業は多い。にもかかわらず，中小企業に人材が集まらない理由としては次の２点が考えられる。まず，経営状況等が平均値よりも劣った企業の割合が，大企業に比べて相対的に高く，そのような企業イメージが中小企業全体のイメージを作り上げていることである。もう一つは，就職を希望する生徒や学生が良い中小企業を見つけるためのコストと時間の負担に耐えられないからである。

現在，経済産業省ではこの問題の解決のため，採用意欲のある中小企業等を掘り起こし，求職者への情報発信や採用活動の支援を行うウェブサイト「雇用創出企業」を，同省中小企業庁では「人材橋わたし」をそれぞれ開発・運用するなど，この問題の解消に取り組んでいる。高等学校等においては，進学を希望する生徒を含めて，このような情報ツールも活用しつつ，多角的な視点から中小企業を理解させる取組が必要であろう。

② 厳しい雇用状況下におけるキャリア教育の意義

本節(1)で整理したように，近年の若年者雇用は厳しい状況に置かれている。私たちは，このような状況にある中，キャリア教育の取組が意義をもつことを一層認識すべきである。まず，内閣府が平成19年に行った調査（第８回世界青年意識調査の国内調査分）に注目する。この調査は層化二段無作為抽出法によって抽出された18～24歳の1,090人を対象として個別面接の形式で実施された。

今回取り上げるのは，「学校におけるカリキュラムの１つとして，実際に働く体験をしたり，起業の模擬体験をしたり，企業に勤める人から働くことについての講義を受けたりするなど，学生（児童・生徒を含む）のころに行った職業に対する体験的活動（＝以下「体験的キャリア教育」と呼ぶ)」をめぐる回答結果である。

この問は，全対象者のうち，「フルタイム就労者（正社員・正職員)」と「それ以外の者（学生，アルバイト就労者，無業者等）で就労意向や希望職種がある者」に対象を限定して設定された。フルタイム就労者に対しては「体験的キャリア教育が現在の職業に就く際に役に立ちましたか」と質問し，フルタイム就労以外で就労意向や希望職種がある者に対しては「体験的キャリア教育が今後就きたいと考えている職業を選ぶ際に役に立ちましたか」と質問した結果，得られた回答をまとめたのが図３－３・図３－４である。

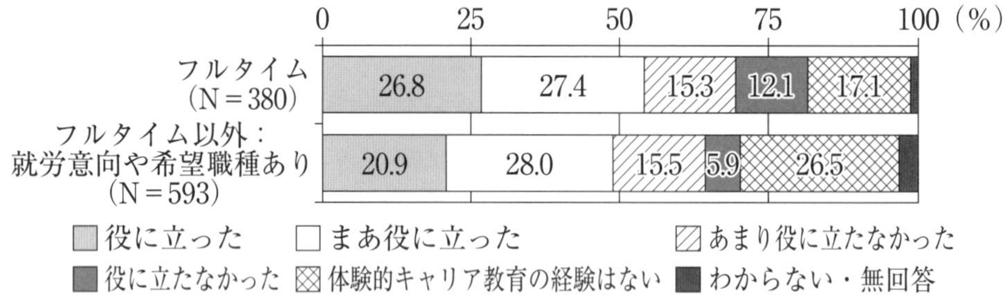

図３－３　体験的キャリア教育の効果（全体）

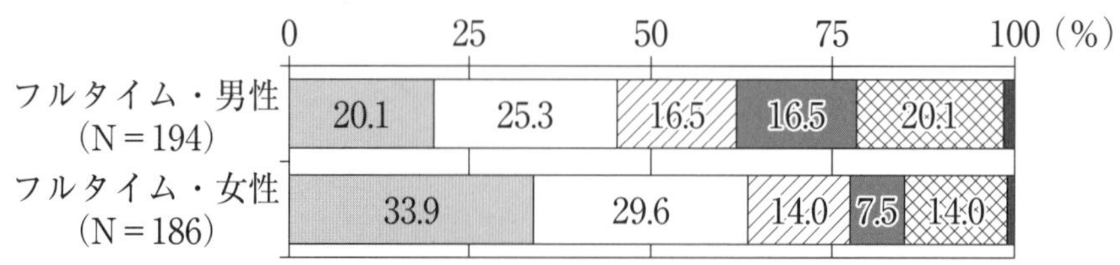

図３―４　体験的キャリア教育の効果（フルタイム就労者・男女別） ※凡例は図３－３に同じ

図３－３からは，a）フルタイム就労者の方が在学中に体験的キャリア教育に参加した割合が高く，b）体験的キャリア教育は職業に就く際にも，就きたい職業を選ぶ際にも役立っている，という傾向を読み取ることができる。また図３－４からは，c）フルタイム就労者に限定した場合，女性の方が男性よりも体験的キャリア教育の経験率が高く，d）フルタイム就労者のうち体験的キャリア教育が役立ったと考えるのは女性に多い，という実態が浮き彫りにされる。

これらの結果から，体験的キャリア教育は，学校から職業への円滑な移行にとって有効であり，正社員・正職員への就職が相対的に困難な傾向にある女性にとってはその効果が一層高い，と指摘することができよう。

次に，企業との連携によるキャリア教育の取組に対する企業自らの評価に注目したい。

東京商工会議所が平成22年に実施した「企業による教育支援活動に関する調査」の結果，回答した企業の約65％が教育支援活動を実施しており，前回調査（平成20年）と比べ２ポイント上昇している。景気が低迷する中でも，教育支援活動は定着化が進んでいることは，本調査によっても明らかとなった。なお，企業による教育支援活動の大半は，職場体験活動・インターンシップの受入れとなっている。

本調査では，このような教育支援活動を実施している企業自身が，当該活動に参加する生徒等に対してどのような効果があると捉えているのかについて回答を求めている。その結果，実施企業の多くは教育支援活動を行うことにより，参加者に好ましい効果があると考えているが，中でも，「望ましい勤労観，職業観の育成」（85.6%），「基本的な社会常識・規範やマナーの習得」（81.2%），「コミュニケーション能力の向上，協調性の習得」（69.8％）に効果があると考える企業が多いことが示された。

企業が新入社員に期待する能力をめぐる調査は数多いが，その全てにおいて「コミュニケーション能力」や「協調性」が常に上位に挙げられることは周知の通りだろう。

例えば，日本経済団体連合会が実施した「新卒採用（2010年３月卒業者）に関するアンケート調査結果」では，「新卒者採用の選考に当たっての重視点」のうち最も多く挙げられたのが「コミュニケーション能力」（81.6％）であり，「協調性」を挙げる企業も（50.3％）に達した（図３－５）。また，東京商工会議所による「2010年新卒者等採用動向調査」においても，コミュニケーション能力」を挙げる企業が63.4％と最も多かったのである（図３－６）。

つまり，企業が新卒者採用において重視する能力は，企業が自ら支援するキャリア教育によっても高められていると考えていると言えよう。更にここで，キャリア教育を通して育成する「基礎的・汎用的能力」は，企業が新社会人に期待する諸能力に関する実態調査の結果から帰納的手法に基づいて開発された「社会人基礎力」や「就職基礎能力」を踏まえて構想されたものであることを再確認する必要がある。キャリア教育を通して育成する力は，企業が新社会人に期待する力と重なる多くの要素をもつ。厳しい雇用状況下にあってもなお，計画的・組織的なキャリア教育は大きな意義のある取組である。今後一層の推進と充実が求められる。

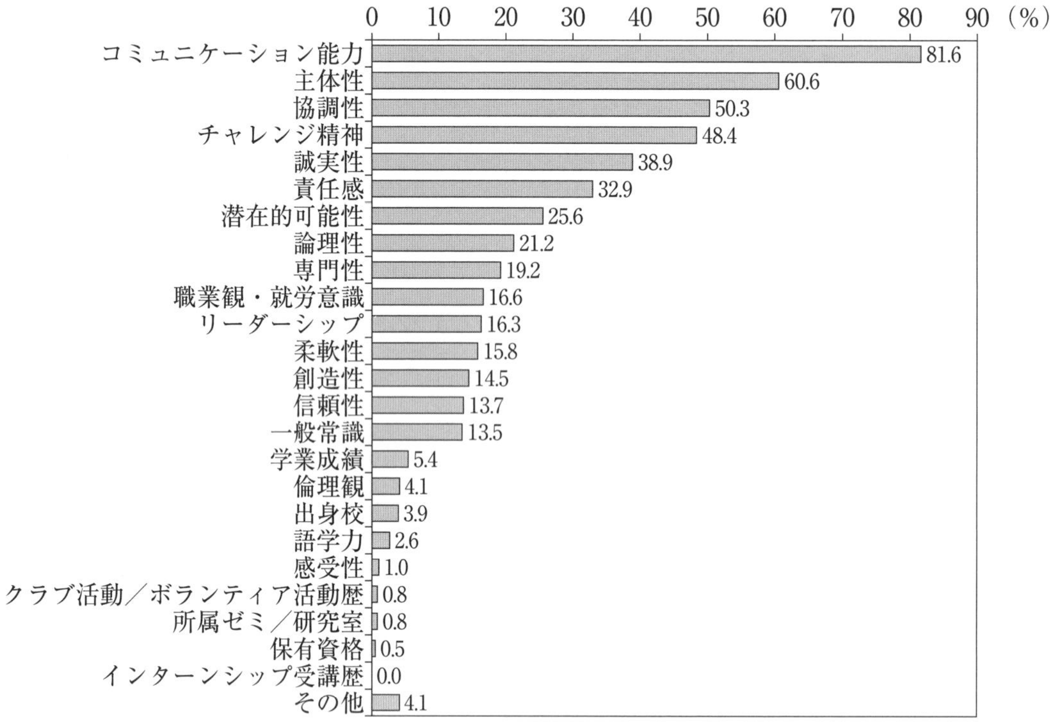

図３－５　2010年３月卒業者の採用選考にあたって特に重視した点（日本経済団体連合会調査）

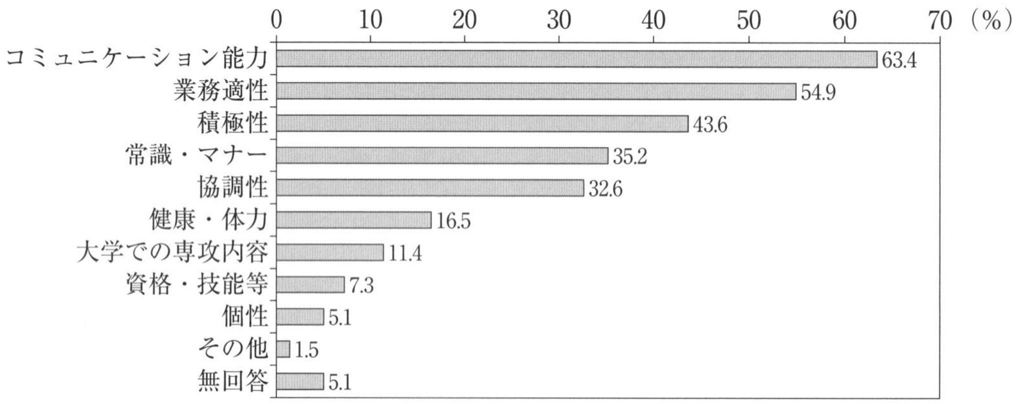

図３－６　2010年新卒者採用にあたって重視したポイント（東京商工会議所調査）

第 4 章

PDCA サイクルを基盤としたキャリア教育の在り方
―基礎的・汎用的能力の育成とその評価を中心に―

第4章　PDCAサイクルを基盤としたキャリア教育の在り方
―基礎的・汎用的能力の育成とその評価を中心に―

中央教育審議会答申「今後の学校におけるキャリア教育・職業教育の在り方について」は（平成23年1月）は，「第2章　発達の段階に応じた体系的なキャリア教育の充実方策」において，「教育活動の評価・改善の実施」の必要性を次のように指摘している。

> キャリア教育の実践が，各機関の理念や目的，教育目標を達成し，より効果的な活動となるためには，各学校における到達目標とそれを具体化した教育プログラムの評価の項目を定め，その項目に基づいた評価を適切に行い，具体的な教育活動の改善につなげていくことが重要である。その際，到達目標は，一律に示すのではなく，子ども・若者の発達の段階やそれぞれの学校が育成しようとする能力や態度との関係，後期中等教育以降は専門分野等を踏まえて設定することが必要である。（第2章2⑵④）

この点については，すでに，文部科学省が平成18年に公表した『小学校・中学校・高等学校 キャリア教育推進の手引』が，目標設定から評価・改善に至るプロセスの重要性を指摘し，次のようなPDCAサイクルを提示していた。

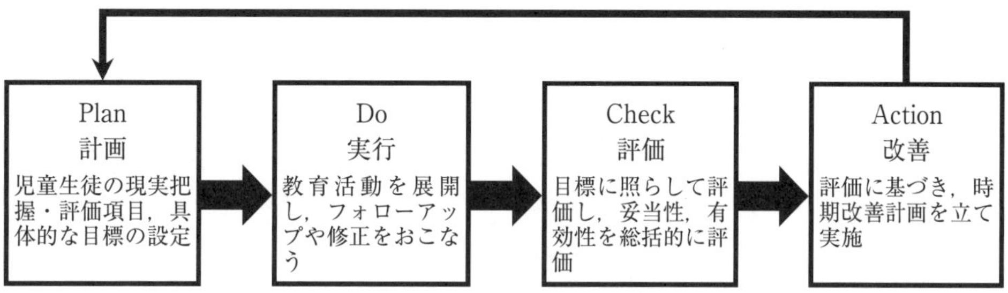

図４－１　教育活動のPDCAサイクル

以下，本章では，各学校における学校や地域の特色等を踏まえた創意あるPDCAサイクルの確立に資するべく，キャリア教育のPlan（指導計画の作成），Do（実践），Check（評価），Action（評価の活用（改善））の具体的な在り方について，それぞれ独立した節を設けて整理する。無論，キャリア教育のPDCAサイクルは，カリキュラムマネジメント，学校経営，家庭や地域社会との連携方策，施設・設備など，様々な側面から総合的に確立されるべきものである。しかしここでは，本報告書の中核的な課題に即し，キャリア発達にかかわる諸能力として提示された「基礎的・汎用的能力」の育成をめぐる実践に焦点を絞って論じ，評価の活用についてその多様性を示すにとどめた。（なお，多様な側面からの計画と評価については，参考となる外国の事例を，巻末に「資料3」「資料4」として掲げた。併せて参照されたい。）

第１節　PLAN：指導計画の作成

キャリア教育は，学校から社会への円滑な移行を通じて，児童生徒の社会的自立を促す教育である。児童生徒のキャリア発達の速度や様相は個人差が大きく，発達には環境の影響も大きいため，各校には自校の児童生徒の発達の段階に応じた目標設定と現状把握が求められる。

指導計画の作成に際しては，まず自校の児童生徒の現状を把握し（現状把握），卒業段階における望ましい児童生徒像（目標）を設定する。目標設定と現状把握ができたら，次に目標と現状との間に存在するギャップ（＝解消すべき問題から導き出される課題）を明らかにし，課題を達成するための全体計画・年間指導計画を作成する。重要なのは，課題はあくまで「目標」と「現状」との間にあるギャップから導き出されるものであり，他校における課題の模倣をしたり，各教員の前任校との比較の視点から課題を設定したりしても，効果的な指導計画の作成には至らないということである。この一連の流れは下図のように示すことができる。

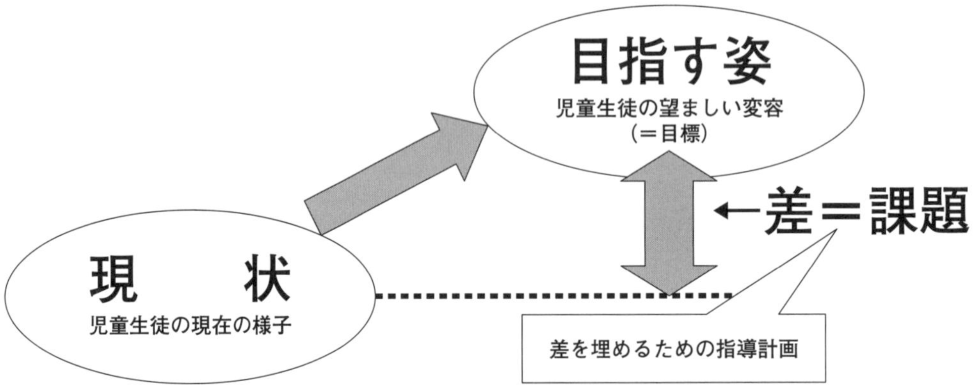

図４－２　現状，目指す姿（目標），課題との関係

本節では以下の流れに沿って指導計画を作成するまでのプロセスを示す。

(1)　児童生徒の現状を把握する

①　定性的な把握　　②　定量的な把握

(2)　児童生徒の目指す姿（目標）を明確にする

①　内部統合の視点　　②　外部環境の視点

③　目指すべき児童生徒の姿（目標）の作成　　④　目標の共有

(3)　全体計画・指導計画の作成

①　全体計画の作成　　②　年間指導計画の作成

(1) 児童生徒の現状を把握する

キャリア教育では，子どもたちの発達の段階が重視される。したがって，キャリア教育を推進するには，自校の児童生徒の現状把握が欠かせない。現状把握を行うことによって，一連の活動が子どもたちの課題の解消につながっているかどうかを検証することができ，教員間では子どもたちの発達に対する共通の認識を持つことができる。現状把握には大きく分けて定性的な把握と定量的な把握の２つの方法がある。

① 定性的な把握

ａ．直接的な把握

児童生徒の発達は一人一人異なるため，個々の発達の段階を把握する必要がある。各児童生徒の発達の段階を把握するには以下のような方法がある。（以下本節では，実践事例を挙げながら具体的な方策の例を示すこととするが，記載される事例はあくまでも「例」であり，それぞれの学校における方策を考える上での参考として活用していただきたい。）

> **秋田県立十和田高校**
> 全教職員が手分けして一人あたり数名の生徒の面談を担当。普段はなかなか人には話さない将来の夢やその理由，それに向けた準備について自分の言葉で語る機会を設けた。
> **大田区立大森第二中学校**
> 職場体験前に全教職員が手分けして２年生全員の面談をおこなった。なぜその体験先を志望したのか，体験で何を学ぶのかなど，生徒自身の言葉で語る機会を設けた。

ｂ．間接的な把握

教職員の感じている児童生徒の長所や短所を言葉にして可視化する。児童生徒と接していると短所にのみ目が向きがちだが，長所にも目を向けた言語化・可視化が必要である。

> **Ａ中学校**
> - 長所：素直で純朴であり，挨拶もしっかりできる／同居の家庭が多く，家族から躾など多くの教訓を受けている／清掃，係活動や指示されたことなど，任された仕事は確実にやり遂げる／個よりも集団を大事にし，諸活動において集団としての力を発揮できる
> - 短所：言われたことはやるが自発的・主体的な学習につながらない／将来目指す職業が限定的（教員・公務員・医者・弁護士）／目標の内容を聞くと簡単に到達しそうな目標設定をしており背伸びをしない傾向にある／悩みを自分で解決する傾向にあるが，「さらけ出すことのできない弱さ」を感じている生徒が多い

また，子どもたちの長所・短所などの特徴については，学校種を超えた共有化も必要である。例えば，秋田県南外・西仙北地域では，中学校区単位で，校区内の小学校・中学校の教員がＫＪ法を用い児童生徒の長所・短所を紙に書いて共有している。このような工夫により，小学校卒業までに指導すべき事柄や，中学校で必要な指導の内容を明らかにする

ことができ，その共有化も可能となる。

②　定量的な把握

２件法・３件法・多肢選択法・評定法などの手法を用いたアンケートによる定量的な把握は，児童生徒の個別の状態だけでなく全体的な傾向を把握するのに適している。児童生徒が自己の将来についてどのように考え，現在どのような力を身に付けていると考えているのか（過去に身に付けた力），まだ経験していなかったとしてもどのようなことだったら「できそうだ」と思えるのか（未来に対する予測や確信），把握する方法がある。

鹿児島県立串木野高等学校におけるアンケート（一部抜粋）

アンケートの目的：本校生徒が，「キャリア発達に関わる諸能力」をどの程度身に付けているのかを把握し，本校が今後，継続してキャリア教育を実践していくために，どのような取組を行っていかなければならないかを判断する上での指標とする。

キャリア教育に関するアンケート項目の一部	評価
自分の個性を活かした人生設計を考え生きがいや社会的役割を理解している	１２３４
お互いに支えあい，分かり合える友人がいる	１２３４
新しい環境や人間関係になじみ，自分の生活に生かすことができる	１２３４

アンケート結果からは，自己理解を深める取組や対人面での能力形成につながる学校行事の不足が明らかになり，次年度以降の「学習プログラム」の改善に反映された。

町田市立町田第一中学校におけるアンケート（一部抜粋）

アンケートの目的：職場体験の場面は対人能力を身につける絶好の機会。この数少ない機会を最大限に生かすことのできる，事前事後の活動を検討するため。

進路に関する生徒アンケート項目の一部	評価
人の話に耳を傾けて聞き，相手の気持ちを理解すること	１２３４５
正しいあいさつの仕方や礼儀作法で目上の人（大人）と接すること	１２３４５
目上の人（大人）に自分の考えをしっかりと伝えること	１２３４５

アンケートの結果から，自己評価が高い生徒は能力にもよい影響が出ていることが確認された。この結果は，事前の対人能力を上げるための活動の充実につながった。

この他に，インターンシップ等の体験的な学習の終了後に受入先関係者に子どもたちの様子を評価してもらう方法なども考えられる。また，すでに学校等が実施している学校評価や既存の調査等も積極的に活用し，多様な視点から児童生徒の現状を把握して指導計画や活動そのものに反映していくことが求められる。例えば，生徒が望む授業形態についての調査「次のような授業について，あなたはどう考えますか？【設定項目】生徒同士の話し合いのある授業／生徒同士の教え合いや学び合いのある授業／先生の講義中心の授業」などの結果を活用している事例もある（神奈川県川崎市立高等学校）。

(2)　目指すべき児童生徒の姿（目標）を明確にする

キャリア教育の開始にあたっては，各校のキャリア教育目標を具体的な言葉で表す必要がある。経営理念が学校ごとに異なっているように，キャリア教育の目標も学校理念や児童生徒の実状，地域の状況に応じて異なる。そのため目標は次のような2つの視点を踏まえ，設定することが望まれる。

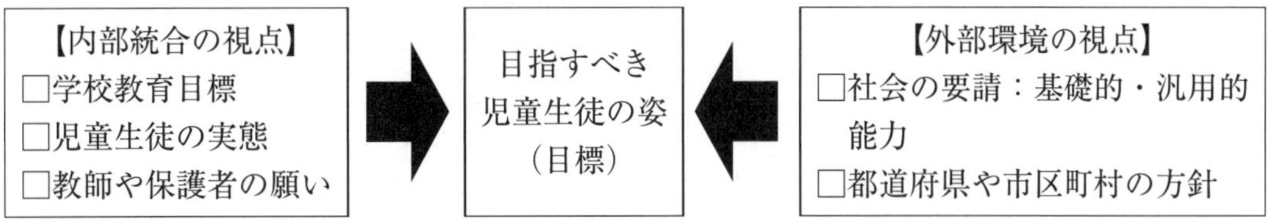

図４－３　各学校におけるキャリア教育の目標設定に必要な２つの視点

①　内部統合の視点

キャリア教育は，一人一人のキャリア発達や個としての自立を促す観点から，従来の学校教育の在り方を幅広く見直し，改善していくための理念と方向性を示すものである。つまり，元来その一部は学校教育の中で目指してきたものであるということができる。

そのため，目標については新たな切り口を用いて設定するものではなく，既存の学校教育目標や経営目標などの目指す理念や方向性をもとに検討することが重要である。ベースとなる理念が明らかになったら，次は現在の子どもたちの状況や教師・保護者の願いの検討をおこなう。これは，学校の理念は創立以来変わっていなかったとしても，子どもたちの課題は生育環境によって異なると考えられるからである。

このように第一の視点としては，学校経営理念・学校教育目標をベースにしながら，児童生徒の実態，教師や保護者の願いを学校内部の情報として整理する視点が必要である。

②　外部環境の視点

従来の学校においては，往々にして教員自身の問題意識やあってほしいと願う児童生徒の姿をもとに「目指す児童生徒像」が設定され，目標とされてきた。しかし，キャリア教育は，学校から社会への円滑な移行を目指している。そのため，「目指す姿」は教師の願いだけでなく社会からの要請も考慮される必要がある。子どもたちの社会的・職業的自立に向けて基礎的・汎用的能力が示された背景には，社会からの要請を学校の教育目標に取り入れていこうという背景がある。これらの能力は，社会で必要とされる力として，各校のキャリア教育目標の作成時に取り入れることが求められる。

また，基礎的・汎用的能力は，社会的・職業的自立を図る上ですべて必要となる能力であるため，どれか一つに限定して育成することを前提に構想されたものではないことも併せて確認しておきたい。学校・学科や地域の特色や子どもの実態に応じた焦点化や重点化は必要であるが、それが安易な簡略化につながることはあってはならない。

③　目指すべき児童生徒の姿（目標）の作成

「内部統合の視点」および「外部環境の視点」について自校の素材が集まったら，次に児童生徒の目指す姿を言語化する。目標を言語化する際は，以下の点に留意することが望ましい。

- 目標は「児童生徒の目指す姿」として卒業時点の状態を想定して表現されている
- 内部統合の視点（学校教育目標・実態・教師や保護者の願い）が含まれている
- 外部環境の視点（育成すべき基礎的・汎用的能力の視点）が含まれている
- 児童生徒ができるようになったかどうか（アウトカムの視点）で言語化されており，検証が可能である

④　目標の共有

キャリア教育が無数の「断片」の提供にとどまっていたり，場面間につながりがなかったりと教育活動全体を通じた取組にならないという課題は，多くの学校で聞かれている。また，教職員によるキャリア教育の目的のとらえ方や認識の差が，児童生徒への支援の差となっているケースもある。学校の教育活動全体を通してキャリア教育を推進するためには，校長がキャリア教育の意義を十分に認識し，キャリア教育を学校経営計画の中核に据えることが求められる。

目標の設定や共有は，教職員が子どもたちへの願いを言語化し，教職員間で共有する絶好の機会であると捉えることもできる。児童生徒の実態や目指す児童生徒像を議論する場を校内研修として設けるなどし，目の前の学習活動が，基礎的・汎用的能力のどの部分を担い，他のどの学習活動とつながっていくのか，そういった視点を教職員が持ち，子どもたちに自覚させていくことで教育活動全体を通したキャリア教育は起動するものである。

(3) 指導計画の作成

① 全体計画の作成

目標と現状との間に存在するギャップ（＝課題）を明らかにしたら，次はそのギャップから導き出された課題を達成するための全体計画を作成する。学校全体としてキャリア教育の目的や内容と進め方・検証方法について「キャリア教育全体計画」を作成し，何をいつまでにどのような方法で実施するのかを具体的に学校内外に明示する。

平成○年度　A中学校　キャリア教育全体計画（例）

PLAN

内部統合の視点	キャリア教育目標	外部環境の視点

学年ごとの目標		
1年生	2年生	3年生

基礎的・汎用的能力を参考にしつつ設定
【例】○○ができている／○○ができそうだと思える

DO

各教科等における指導内容						
各教科	道徳	総合的な学習の時間	特別活動			その他の教育活動
			学級活動	学校行事	生徒会活動	

生徒の課題やニーズに応じた重点化された指導のねらい

CHECK

キャリア教育の評価方法
アウトプット評価とアウトカム評価の具体的方策の提示

ACTION

改善策の検討方法
「何を」「いつまでに」「どんな方法で」「どの程度改善するか」

推進組織（例）			
計画と評価・改善	保護者・地域との連携	学校種間の連携	校内研修

役割・連携による成果

②　年間指導計画の作成－文脈学習の視点の重要性

従来の進路指導を中心とする学校教育の取組においては，目標に向けて発達課題の達成を支援する系統的な指導・援助といった意識や観点が希薄であった。そのため取組が全体として脈絡や関連性に乏しく，児童生徒の内面の変容や能力の向上に十分結びついていない傾向があった。こうした課題を解決するためには，これまでの「点」の活動を「面」へ展開する，文脈学習（contextual learning）が求められる。学びに文脈を作るには，学校行事や体験的な活動，調査・分析，発表・討論の機会を用い，各教科・道徳・総合的な学習の時間・特別活動などにおいて，日常生活の中から課題を発見し問題解決的な学習を取り入れるなど，意図的なつながりをもたせることが望ましい。文脈学習の視点とは以下を指す（参考文献：Dale P. Parnell, *Why Do I Have to Learn This?*, Cord Communications, 1995）。

○学習目的とのつながり

「何を」学ぶかだけではなく「なぜ」学ぶべきかを伝える。

○過去の学習や教科間のつながり

新しい学びが既存の学習経験の上に構築されるよう，児童生徒の既存の知識や過去の学習と結び付ける。学習間のつながりをつくる。

○日常生活とのつながり

学習を現実社会での具体的な場面と関連づける。児童生徒が，日常的な問題を解決するために知識や能力を使用できる経験機会をつくる。

○将来の役割とのつながり

児童生徒の将来の役割（働くこと，市民，家族の成員，生涯学習者など）につなぐ。

さらに授業においては，本章第２節に詳述されるように，学校と社会との連続性を重視することが求められる。連続性を持った育成・指導とは，まず児童生徒自身の気付きを促し，日常・社会生活における課題を解決するための技能の獲得を目指し，さらに実際にやってみて振り返るといった流れをもつ。このような流れを通じて，児童生徒は学校での学びと日常・社会生活との間のつながりを理解する力を身に付けることができるであろう。

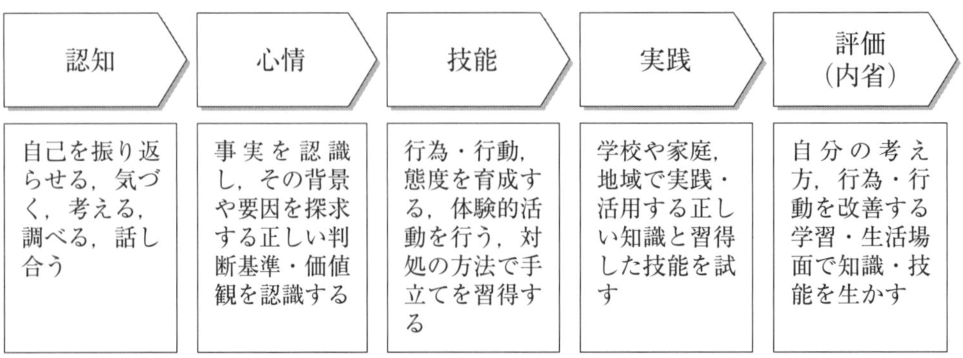

認知
心情
技能
実践
評価（内省）
自己を振り返らせる，気づく，考える，調べる，話し合う
事実を認識し，その背景や要因を探求する正しい判断基準・価値観を認識する
行為・行動，態度を育成する，体験的活動を行う，対処の方法で手立てを習得する
学校や家庭，地域で実践・活用する正しい知識と習得した技能を試す
自分の考え方，行為・行動を改善する学習・生活場面で知識・技能を生かす

図４－４　連続した学習の流れの一例

品川区教育委員会『市民科指導の手引き』平成18年を参考に作成

第2節　DO：実践

(1)　教育活動全体を通したキャリア教育

①　基本となる二つの視点

学校教育活動全体でキャリア教育を推進するために，重視される視点が二つ考えられる。

- 目指す姿，身に付けさせたい力の明確化
- 既存の教育活動の振り返りと活用・改善

前節で整理したように，キャリア教育においては，子どもたちの現状を基に，子どもたちを取り巻く環境等を視野に入れ，それぞれの発達の段階を把握することが求められる。その上で，一人一人がその発達課題の達成を通して，将来，社会人・職業人として自立していくために必要な基礎的・汎用的能力を身に付けさせる必要がある。各学校においては，学校・学科や地域の特色，子どもたちの実態などに応じて，学校ごとの焦点化・重点化が求められる。学校教育という有限の期間の中で実践できることには限りがあるからこそ，「今」「この学校で」「この子どもたちに」といった視点から，優先順位を持つことが大切である。

またキャリア教育は，一人一人のキャリア発達や個としての自立を促す観点から，従来の学校教育の在り方を幅広く見直し，改善していくための理念と方向性を示すものであるという視点を大事にしたい。既存の教育活動を生かしながら，不足する活動を補う手順を踏むことによって，この教育が学校現場にスムーズに浸透するものと考えられる。

図４－５は，身に付けさせたい能力やその実践が可能となる単元等を検討するため，既存の単元一覧表をキャリア教育の視点から振り返り，基礎的・汎用的能力の育成に特に関連の深い単元等を特定する作業の過程を示す一例である。

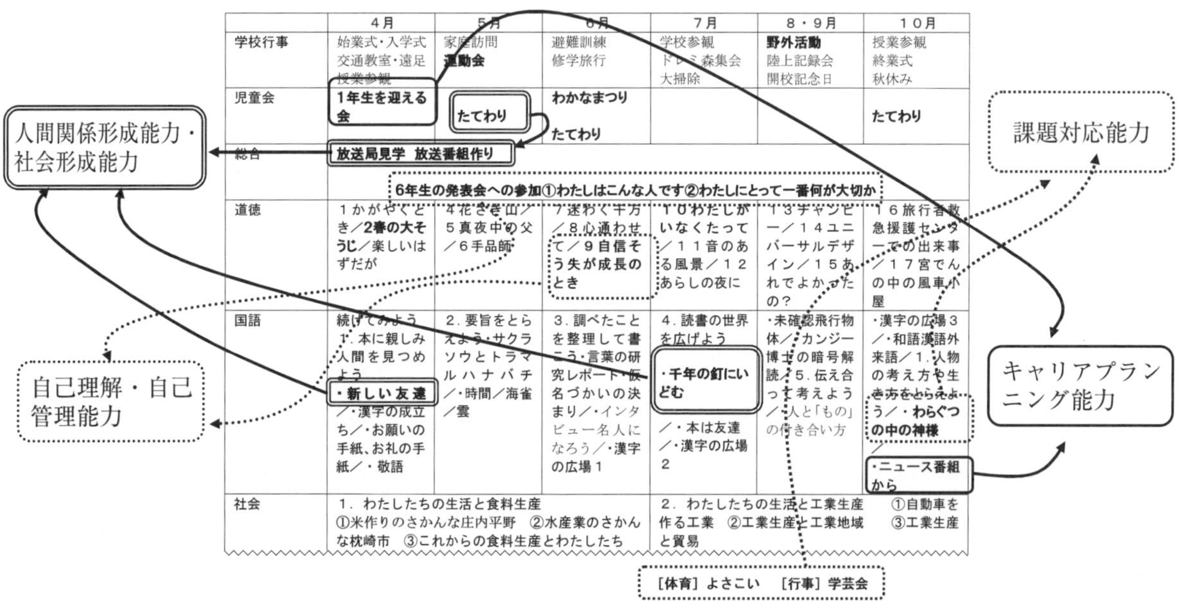

図４－５　単元一覧表（小学校５年）と基礎的・汎用的能力との関連の検討作業過程の一例

② 教科等に内在するキャリア教育の「断片」の意識化

第1節で述べたように，日常の教育活動においては，文脈学習（contextual learning）の視点を持つことが必要である。今，学んでいることが，社会でどのような意義を持つのか，どのように活用できるのかを折に触れて指導することにより，「学ぶこと」「生きること」「働くこと」の意義を理解し，自分が「したいこと」「しなければならないこと」「できること」を考え，次のステップの「学ぶこと」の意欲につながるものといえる。

教科等におけるキャリア教育の視点は三点考えられる。

・内容に関すること

・指導手法に関すること

・生活や学習の習慣・ルールに関すること

単元や題材等の内容が，職業や社会生活等に強く関連する場合，社会的・職業的自立の基盤となる基礎的・汎用的能力を育成する視点からの指導は，当該単元・題材等のねらいを実現するための有効な手立てともなり，キャリア教育の視点からの積極的な取組が強く期待される。例えば，小学校に限定していくつかの例を挙げれば，「伝記を読み，自分の生き方について考える（国語・第5学年及び第6学年）」「食料生産・工業生産に従事している人々の工夫や努力（社会・第5学年）」「集団や社会の一員として自分の役割や行動の仕方について考える（生活）」「自分の成長を自覚するとともに，家庭生活への関心を高め，その大切さに気付くようにする（家庭）」「働くことのよさを感じて，みんなのために働く（道徳・第1学年及び第2学年）」「ものづくり，生産活動などの体験活動（総合的な学習の時間）」「希望や目標をもって生きる態度の形成（特別活動・学級活動）」など，教科，道徳，総合的な学習の時間，特別活動を通して多様な取組が考えられる。

また，次に挙げる事例のような単元や題材の特性を生かした工夫も効果的であろう。

○国語では，ディベートの題材において，立場によるものの見方や考え方の違いを理解させるとともに，他の考えを基に，自分の考えを再考する能力を身に付けさせている。（A中学校）
○社会では，「ハンバーガーショップの経営者になってみよう」という題材を用いて，経済活動や職業について意欲的に考えさせている。（B中学校）

指導手法に関しては，コミュニケーション力が未熟であるとか，計画性に乏しいなど，基礎的・汎用的能力の視点から見た子どもの実態を受けて，具体的な方法を工夫することになる。例えば，繰り返し発表の機会を設ける手法や話し合い活動を重視する手法，少人数のグループ活動によって明確な役割分担を行う手法など，実態に応じた多様な取組が考えられる。これについては，子どもたちの実態と共に，それぞれの教科等の目標や特質を十分に踏まえ，全校的な協力体制の下で実践する必要がある。

また学校では，子どもたちの実態を受けて，日常の生活や学習についての習慣を指導しているはずである。時間の遵守，準備物の徹底，あいさつや発言・傾聴のルール，片付けの仕方など，多くの教育活動において，多様な約束ごとや規範が指導されている。これも，将来の社会的・職業的に必要な諸能力の視点で整理すれば，キャリア教育の大切な「断片」の一つであることを全教職員で共通理解したいものである。

③　教育課程における明確化・体系化

しかし同時に，キャリア教育実践の機会となり得る教育活動を詳細に見いだす作業（キャリア教育の「断片」候補の「洗い出し」）の徹底だけでは，体系的なキャリア教育の実践に結び付かないことも認識しておく必要がある。

例えば，キャリア教育を通して育成する基礎的・汎用的能力の一つである「課題対応能力」には，情報を正しく理解するための能力が含まれるが，この力を育成する機会となり得る教育活動は数多い。中学校を例にとれば，「国語」における「読むこと」では，本や文章などから必要な情報を集め目的に応じた情報を読み取る力の育成は主要課題の一つであるし，「社会」の「地理的分野」における地域に関する情報の収集や処理，「理科」における観察や実験の過程での情報の検索や処理などもその具体例となろう。また，授業中に板書された課題文を正しく読み取ることなどまでを視野におさめれば，情報を正しく理解するための能力の育成に寄与し得る教育活動は無数にある。これらの膨大な数の教育活動を，例えば一覧表型式に整理したとしても，それがそのままキャリア教育の実践に結び付くわけではない。なぜなら，その一覧は，キャリア教育の実践の機会として活用し得る可能性が高い場の羅列に過ぎず，キャリア教育の一環としての教育意図に基づく指導実践の計画にはなっていないからである。また「洗い出し」の作業を丹念にすればするほど，キャリア教育の「断片」となり得る機会はほとんどすべての教育活動に見いだされることとなり，「これまでどおりの教育のままでよい」という誤解を助長する結果にもなりかねない。

このような「洗い出し」の作業によって列挙された単元等のうち，学校ごとに設定したキャリア教育の目標や他の教科等との関連性を勘案しながら，社会的・職業的自立に向けその基盤となる能力や態度を育てるためのキャリア教育の一環として，どこに焦点を当てようとしているかを検討し，基礎的・汎用的能力を高めようとする教育意図に基づいて実践する具体的な単元等を特定していくことが，体系的・系統的な指導にとって不可欠である。平成23年1月に中央教育審議会がとりまとめた答申「今後の学校におけるキャリア教育・職業教育の在り方について」は，「各教科・科目等における取組は，単独の活動だけでは効果的な教育活動にはならず，取組の一つ一つについて，その内容を振り返り，相互の関係を把握したり，それを適切に結び付けたりしながら，より深い理解へと導くような取組も併せて必要である」と指摘しているが，キャリア教育の一環としての意図を持たない取組のままでは，教師のみならず，その指導を受けた児童生徒も「内容を振り返り，相互の関係を把握したり，それを適切に結び付けたり」することは困難であろう。

表４－１は，基礎的・汎用的能力中の課題対応能力に焦点化して，全教育活動とのかかわりを整理したある小学校の例である。

表４－１　ある小学校における「身に付けさせたい能力と全教育活動との関連」

<table>
<tr><td rowspan="23">うごく力</td><td rowspan="11">何事もやり通す力</td><td rowspan="11">□より高い目標を設定し，目標達成に向けた計画を立案し，ねばり強く目標の達成に取り組むことができる計画実行能力を高めることができるようにする。
【基本的な流れ】
やるべきことを実行する力の育成
↓
目標設定，計画立案，実践，自己評価サイクルを取り入れた日々の授業</td><td colspan="2">[より高い目標を設定しようとする態度を身に付けさせるために]</td></tr>
<tr><td>生活科</td><td>[内容] (9)これからの成長への願いをもって，意欲的に生活することができるようにする。</td></tr>
<tr><td>総合的な学習の時間</td><td>５生かす力
学んだことをもとに，これからの自分の在り方を考える力</td></tr>
<tr><td>道徳</td><td>１主として自分自身に関すること
低学年(2)自分がやらなければならない勉強や仕事はしっかりと行う
中学年(2)自分でやろうと決めたことは粘り強くやり遂げる
高学年(2)より高い目標を立て希望と勇気をもってくじけないで努力する
(5)真理を大切にし進んで新しいものを求め工夫して生活をよりよくする。</td></tr>
<tr><td>学級活動</td><td>(2)日常の生活や学習への適応及び健康安全
ア希望や目標をもって生きる態度の形成</td></tr>
<tr><td>学校行事</td><td>(2)文化的行事
平素の学習活動の成果を発揮し，向上の意欲を高める</td></tr>
<tr><td colspan="2">[計画立案能力，計画実行能力を身に付けさせるために]</td></tr>
<tr><td rowspan="2">全教育活動</td><td>学習計画の提示と計画実行，活動後の自己評価活動</td></tr>
<tr><td>学習計画の作成と実施，自己評価活動</td></tr>
<tr><td>理科</td><td>[目標] (1)(2)
５・６年　見いだした問題を計画的に追究する</td></tr>
<tr><td>総合的な学習の時間</td><td>３追求する力
計画的に学習を進めていく力・問題解決に粘り強く取り組む力</td></tr>
<tr><td rowspan="12">課題を乗り越える力</td><td rowspan="12">□これまでの自分の在り方を反省し，取り組み方を修正したり，改善に向けて進んで努力したりしていくことができるようにする。
【基本的な流れ】
評価規準を明確にした授業，学校の生活や学習の約束の理解と徹底
↓
自己評価，相互評価の機会の提供
↓
自己評価結果を生かした改善の機会の提供</td><td colspan="2">[自己評価能力を高めさせるために]</td></tr>
<tr><td rowspan="3">全教育活動</td><td>評価規準を明確にした評価の充実と児童との評価規準の共有</td></tr>
<tr><td>自己評価，相互評価の機会の重視</td></tr>
<tr><td>学校の生活や学習の約束の徹底</td></tr>
<tr><td rowspan="2">道徳</td><td>１主として自分自身に関すること
低学年(3)よいことと悪いことの区別をしよいと思うことを進んで行う
(4)うそをついたりごまかしたりしないで素直に伸び伸びと生活する
中学年(3)正しいと判断したことは勇気をもって行う
(4)過ちは素直に改め正直に明るい心で元気よく生活する
(5)自分の特徴に気付きよい所を伸ばす
高学年(3)自由を大切にし自律的で責任のある行動をする
(4)誠実に明るい心で楽しく生活する
(6)自分の特徴を知って悪い所を改めよい所を積極的に伸ばす</td></tr>
<tr><td>４主として集団や社会とのかかわりに関すること
低学年(1)約束やきまりを守り，みんなが使うものを大切にする
中学年(1)約束や社会のきまりを守り，公徳心をもつ
高学年(1)公徳心をもって法やきまりを守り，自他の権利を大切にし進んで義務を果たす</td></tr>
<tr><td colspan="2">[改善に向けて進んで努力していく態度を身に付けさせるために]</td></tr>
<tr><td>全教育活動</td><td>評価結果を次の学習や活動に生かす指導</td></tr>
<tr><td>総合的な学習の時間</td><td>５生かす力
学んだことをもとに，これからの自分の在り方を考える力</td></tr>
<tr><td>学級活動</td><td>(1)学級や学校の生活づくり
ア学級や学校における生活上の諸問題の解決
ウ学校における多様な集団の生活の向上</td></tr>
<tr><td>児童会活動</td><td>[内容] (1)児童会の計画や運営</td></tr>
<tr><td>クラブ活動</td><td>[内容] (1)クラブの計画や運営</td></tr>
</table>

※この小学校を所管する教育委員会では，課題対応能力を「うごく力」ととらえなおしている。

また，中学校区内の小学校と中学校が連携して，９年間のキャリア教育の体系化を図る取組も見られ始めた。ここでは，中学校区において「身に付けさせたい能力と全教育活動」を整理し，教職員や子どもが共通認識に立ってキャリア教育に取り組んでいる仙台市の加茂中学校区（加茂中学校，虹の丘小学校，加茂小学校，野村小学校）の事例を紹介する。この中学校区では，一人一人の子どもたちの発達の段階を小学校・中学校の教員が連携して把握し，相互参加による職場体験発表会などを通じて地域の子どもたちに身に付けさせたい能力を協議し，地域でキャリア教育に取り組んでいる。

表４－２　仙台市立加茂中学校区　キャリア教育における共有取組事項（一部抜粋）

低学年	中学年	高学年	中学校１年～２年前期
共同声明①「明るいあいさつと笑顔を大切にします」 かかわる力［考えや気持ちを伝え合い協力できる力］			
○身近な人に笑顔であいさつができる。	○友達，家族，先生方に自分から笑顔であいさつができる。	○相手にとって気持のよいあいさつを考え，進んで実行できる。	○相手や時と場に応じた気持のよいあいさつを考え，進んで実行できる。
［検　　証］学校評価「あいさつ」，第６学年総合「１日職場体験」，小中サミット ［指導の場］朝のあいさつ運動，授業の終始のあいさつ，職員室の入退室時のあいさつ			［検　　証］学校評価，第１学年総合「１日職場体験」 ［指導の場］朝・帰りのあいさつ，授業終始のあいさつ，職員室の入退室のあいさつ，部活動でのあいさつ
共同声明②「他人に対する礼儀を大切にします」 かかわる力［自分や他の人のよさや個性を理解できる力］			
○お世話になった人に「ありがとう」を言うことができる。	○他の人の親切に気付き「ありがとう」を言うことができる。	○周りの人の優しさに気付き「ありがとう」を言うことができる。	○自分に対する周りの人の「思い」や「願い」を理解し，優しさや厳しさに対する感謝の気持ちを行動や言葉で表現することができる。
［検　　証］学校評価「言葉遣い」，第６学年総合「１日職場体験」・小中サミット ［指導の場］「ありがとう」運動，校内(教室，保健室，職員室)における日常生活の場			［検　　証］学校評価，第１学年総合「１日職場体験」 ［指導の場］校内における日常生活の場，部活動
共同声明③「やるべきことは責任をもってしっかり行います」 いかす力［働く意味を考える力］			
○宿題や掃除，給食の仕事を手順にそってていねいに行うことができる。	○決められた時間，宿題や掃除，給食当番における自分の仕事に集中し，役割を果たすことができる。	○宿題や当番活動，委員会活動において，やるべきことに進んで取り組み，仕事を効率的にていねいに行うことができる。	○宿題や当番活動，委員会活動において，自分の役割を果たしながら，進んで友達の手助けをしたり，よりよい仕事になるように工夫したりすることができる。
［検　　証］学校評価「清掃，当番活動，家庭での手伝い」，第６学年総合「１日職場体験」 ［指導の場］昼清掃時における月１回の教職員参加一斉清掃日の設定			［検　　証］学校評価，第１学年総合「１日職場体験」 ［指導の場］清掃，係・委員会・当番活動，日常の授業

(2)　各教科等における実践の基本的な考え方

①　教科・科目におけるキャリア教育の実践

教科・科目におけるキャリア教育を実践するにあたって最も重要なことは，当該教科・科目の単元等のねらいに即した指導計画の作成である。キャリア教育を実践するにふさわしい単元等の特定と，その特性を生かした取組が期待される。

中央教育審議会が，その答申「今後の学校におけるキャリア教育・職業教育の在り方について」（平成23年1月）において，次のように述べている点は特に重要であろう。

> キャリアを積み上げていく過程においては，目標とする進路が達成できない場合や，途中で変更せざるを得ない場合が多々あるにもかかわらず，経済・社会・雇用の仕組みについての知識や様々な状況に対処する方法を十分に身に付けていない若者が多いと指摘されている。例えば，労働者の権利に関する知識の理解状況は，高等学校卒業後に進学を予定している者より就職を予定している者の方が低く，生徒・学生では将来希望する働き方が分からないと考えている場合の方が比較的低いという状況が見られる。
> このため，今日の社会が分業によって相互に支え合って成り立っているといった経済・社会・雇用等の基本的な仕組みについての知識や，税金・社会保険・年金や労働者としての権利・義務等の社会人・職業人として必ず必要な知識，男女共同参画社会の意義や仕事と生活の調和（ワーク・ライフ・バランス）の重要性等，キャリアを積み上げていく上で最低限必要な知識について，自らの将来にかかわることとして理解させることが必要である。
> その際，小学校では，社会生活における物事の決定の仕方やきまりの意義について理解を深めさせるとともに，中学校以降は，知識として学ぶことと体験を通して学ぶことの両面から，現実社会の厳しさも含めて一人一人の将来に実感のあるものとして伝えることが特に重要である。また，後期中等教育や高等教育の段階では，学校から社会・職業への移行準備の時期であることを考慮して，特に，例えば，雇用，労働問題，社会保障について理解を深めさせ，関連する知識を確実に修得させることが必要である。（第2章2⑵②）

ここで指摘されるように，小学校における「社会」「生活」「家庭」，中学校における「社会」「技術・家庭」，高等学校における「公民」「家庭」などの教科においては，キャリア教育との関連性の高い単元が特に多い。

無論，教科・科目を通したキャリア教育は，上に指摘されるような社会・経済の仕組みや労働者としての権利・義務等についての理解の促進の側面にとどまるものではない。基礎的・汎用的能力の育成の機会としてふさわしい単元等は，多くの教科・科目に存在する。その具体例については，第5章第2節における詳しい解説を参照していただきたい。

② 道徳における実践

道徳教育はキャリア教育の基盤として，また，その中核的な実践の場のひとつとして極めて重要である。まず，学習指導要領総則における道徳教育に関する規定を引用しよう（表4－3）。これらの規定が示すように，道徳教育において「自己の生き方についての考えを深め」ること（小学校），「道徳的価値に基づいた人間としての生き方についての自覚を深め」ること（中学校），及び，「人間としての在り方生き方に関する教育を学校の教育活動全体を通じて行うこと」（高等学校）は，中心的な課題である。

また，小学校・中学校での道徳の時間においては，各教科，外国語活動，総合的な学習の時間及び特別活動における道徳教育と密接な関連を図りながら，計画的，発展的な指導によってこれを補充，深化，統合することによって，生き方についての考えや自覚を深めさせることが目標の柱のひとつとなっている。とりわけ，内容のうち「主として他の人とのかかわりに関すること」「主として集団や社会とのかかわりに関すること」には，キャリア教育とも関連の深い項目が特に多い。そのような機会の活用が求められる。

表４－３　学習指導要領総則における道徳教育に関する規定

<table>
<tr><th>小学校</th><th>中学校</th><th>高等学校</th></tr>
<tr><td colspan="2">学校における道徳教育は，道徳の時間を要として学校の教育活動全体を通じて行うものであり，道徳の時間はもとより，各教科，外国語活動（小学校のみ），総合的な学習の時間及び特別活動のそれぞれの特質に応じて，児童［生徒］の発達の段階を考慮して，適切な指導を行わなければならない。</td><td>学校における道徳教育は，生徒が自己探求と自己実現に努め国家・社会の一員としての自覚に基づき行為しうる発達の段階にあることを考慮し人間としての在り方生き方に関する教育を学校の教育活動全体を通じて行うことにより，その充実を図るものとし，各教科に属する科目，総合的な学習の時間及び特別活動のそれぞれの特質に応じて，適切な指導を行わなければならない。</td></tr>
<tr><td colspan="3">道徳教育は，教育基本法及び学校教育法に定められた教育の根本精神に基づき，人間尊重の精神と生命に対する畏敬の念を家庭，学校，その他社会における具体的な生活の中に生かし，豊かな心をもち，伝統と文化を尊重し，それらをはぐくんできた我が国と郷土を愛し，個性豊かな文化の創造を図るとともに，公共の精神を尊び，民主的な社会及び国家の発展に努め，他国を尊重し，国際社会の平和と発展や環境の保全に貢献し未来を拓く主体性のある日本人を育成するため，その基盤としての道徳性を養うことを目標とする。</td></tr>
<tr><td>道徳教育を進めるに当たっては，教師と児童及び児童相互の人間関係を深めるとともに，児童が自己の生き方についての考えを深め，家庭や地域社会との連携を図りながら，集団宿泊活動やボランティア活動，自然体験活動などの豊かな体験を通して児童の内面に根ざした道徳性の育成が図られるよう配慮しなければならない。その際，特に児童が基本的な生活習慣，社会生活上のきまりを身に付け，善悪を判断し，人間としてしてはならないことをしないようにすることなどに配慮しなければならない。</td><td>道徳教育を進めるに当たっては，教師と生徒及び生徒相互の人間関係を深めるとともに，生徒が道徳的価値に基づいた人間としての生き方についての自覚を深め，家庭や地域社会との連携を図りながら，職場体験活動やボランティア活動，自然体験活動などの豊かな体験を通して生徒の内面に根ざした道徳性の育成が図られるよう配慮しなければならない。その際，特に生徒が自他の生命を尊重し，規律ある生活ができ，自分の将来を考え，法やきまりの意義の理解を深め，主体的に社会の形成に参画し，国際社会に生きる日本人としての自覚を身に付けるようにすることなどに配慮しなければならない。</td><td>道徳教育を進めるに当たっては，特に，道徳的実践力を高めるとともに，自他の生命を尊重する精神，自律の精神及び社会連帯の精神並びに義務を果たし責任を重んずる態度及び人権を尊重し差別のないよりよい社会を実現しようとする態度を養うための指導が適切に行われるよう配慮しなければならない。</td></tr>
</table>

③　総合的な学習の時間における実践

総合的な学習の時間は，横断的・総合的な学習や探究的な学習を通して，「自己の生き方を考えることができるようにする」（小・中学校），あるいは，「自己の在り方生き方を考えることができるようにする」（高等学校）ことを目的のひとつとするものである。総合的な学習の時間の特性である「横断的・総合的な学習や探究的な学習」を生かした実践が期待される。この点については，『中学校学習指導要領解説総合的な学習の時間編』における次の指摘に留意する必要がある。

> 総合的な学習の時間では体験活動を重視している。しかし，ただ単に体験活動を行えばよいわけではなく，それを問題の解決や探究活動の過程に適切に位置付けることが重要である。（中略）体験活動の具体例としては，例えば職場での体験を通して実社会を垣間見ることにより勤労観・職業観をはぐくむ職場体験活動なども考えられる。この体験活動は，特別活動として実施する勤労生産・奉仕的行事として行うことも考えられるが，総合的な学習の時間に位置付けて実施する場合には，問題の解決や探究活動に適切に位置付く学習活動でなければならない。（中略）これまでは，好ましくない事例として，運動会の準備や応援練習などに総合的な学習の時間を利用することが見られた。総合的な学習の時間と特別活動との目標や内容の違いを踏まえ，それぞれの時間にふさわしい体験活動を行わなければならない。（中学校学習指導要領解説　総合的な学習の時間　第４章第２節）

例えば，人間関係形成・社会形成能力を培う目的を設定し，街づくりについての事前学習を深めて，インタビューに取り組み，それまでの学習を生かして，オリジナルの街づくりを考案し，提案する。級友の意見や教職員の指導により修正を加え，学年全体に提案する。学年の友人や専門家のアドバイスから新たな課題を発見する。このように教職員や外部人材の指導によって，探究的な学習をスパイラル状に有機的につなぐことが，総合的な学習の時間の目指す探究的な学習の姿といえよう。

④　特別活動における実践

特別活動においては，望ましい集団活動を通して，「自己の生き方についての考えを深め，自己を生かす能力を養う」こと（小学校），「人間としての生き方についての自覚を深め，自己を生かす能力を養う」こと（中学校），「人間としての在り方生き方についての自覚を深め，自己を生かす能力を養う」こと（高等学校）が，目標の重要な一角を占めている。特別活動は，道徳や総合的な学習の時間と並んで，キャリア教育の中核的な実践の場のひとつである。

特に，小学校・中学校・高等学校を一貫して，学校行事の「勤労生産・奉仕的行事」は，職場体験やインターンシップなどの体験的なキャリア教育の機会としても積極的に活用できる。また，中学校における学級活動，高等学校における「ホームルーム活動」では，「適応と成長及び健康安全」「学業と進路」が重要な柱となっている。このような活動を通したキャリア教育の取組が強く期待される。

特別活動におけるキャリア教育を実践するに当たっては，特別活動の特質及び方法原理である「望ましい集団活動を通して」の部分に特に留意する必要がある。ここには，学級・ホームルームを単位とする活動からより大きな集団による活動まで含まれるが，子どもたちは，このような様々な集団に所属し，その中で互いに理解し合い，高め合い，個人と個人，個人と集団，集団相互が互いに作用し合いながら，集団活動や体験的な活動を進め，それぞれの生徒が全人的な発達を遂げ，また所属する集団自体の改善・向上を図っていくことが求められる。特別活動を通した望ましい人間関係の形成は，特別活動の目標の一つでもあると同時に，キャリア教育にとって不可欠な人間関係形成・社会形成能力の向上にも直接的に寄与するものである。

さらに特別活動の指導計画の作成においては，各教科，道徳，外国語活動及び総合的な学習の時間などの指導との関連を図ることが求められている。キャリア教育の体系化を図る上で，特別活動の活用は極めて重要である。

(3) 個別支援の意義と進め方

子どもたちの発達は，それぞれの生活の条件や経験，接する人や情報などから大きな影響を受ける。一人として同一の発達のプロセスをたどる子どもはいないといってもよいだろう。キャリア教育の実践において，一人一人の児童生徒を対象とした個別支援は欠くことができない。学級（ホームルーム）や学年などの集団を対象とした指導や支援（ガイダンス）が教育活動全体として充実されるべきであることは言うまでもないが，それに並行して，個別の支援（キャリア・カウンセリングや一人一人への働きかけ）の拡充が求められる。

学校におけるキャリア・カウンセリングは，発達過程にある一人一人の子どもたちが，個人差や特徴を生かして，学校生活における様々な体験を前向きに受け止め，日々の生活で遭遇する課題や問題を積極的・建設的に解決していくことを通して，問題対処の力や態度を発達させ，自立的に生きていけるように支援することを目指すものである。そのためには，一人一人の課題をまずしっかりと受け止めてカウンセリングを進めていく姿勢が求められ，生徒が安心して自分の悩みを表現したり，質問したりできるような温かな態度が特に重要である。そのため，教師自身が，一人一人の子どもとコミュニケーションを図る能力を向上させることが不可欠である。

キャリア・カウンセリングは，進学や就職等が近づいてから集中して行われるべきものではない。特に年度当初は，新たな学校やクラスへの適応に関する様々な問題が生じる時期であり，一人一人の子どもが，自己の長所と今後の成長の可能性を見いだせるようなキャリア・カウンセリングが必要である。また，職場体験活動やインターンシップなどの事後においては，一人一人が体験を通して達成すべき課題は何であったのか，課題の達成に向けた取組はどうであったのかなど，活動を振り返らせて内省を促すと同時に，それぞれのよいところを探し伸ばしていく姿勢を持つことが教師に求められる。

第3節　CHECK：評価

キャリア教育に関する評価（Check）とは，あらかじめ設定された計画（Plan）に基づく実行（Do）がどのような成果を上げたのかを検証することである。このような評価は，取組の改善（Action）を行うために必要な活動であり，実行（D）と改善（A）をつなぐ役割を果たすものである。本節では，このような評価についての基本的な考え方と評価を実施する方法について述べる。

(1)　キャリア教育実践の評価の考え方

①　何のために評価が必要なのか－目的と評価のプロセス

すべての教育的活動は，児童生徒に対して一定の教育的効果をもたらすことを期待して行われている。キャリア教育においても同様である。では，実際に児童生徒にはどのような変化がみられるのであろうか。それを明らかにして，教育的効果を検証することが評価の目的である。

PDCAサイクルの考え方からみれば，キャリア教育の実践に関する評価は，単独で存在するものではない。計画に基づく実践を通して児童生徒にみられた変化を検証し，それを教育活動の改善につなげるために評価が必要となる。

評価を中心としてPDCAサイクルをみると，下図のようになる。これは，いわば評価を実施するプロセスを示したものともいえよう。本節の冒頭で，評価（C）は実行（D）と改善（A）をつなぐ役割を果たすと述べたが，そのような評価を実施するには，計画（P）段階において，評価指標を定めるとともに，評価の実施計画を盛り込んでおくことが必要である（第1節(3)を参照）。このように，評価（C）を計画（P），実行（D），改善（A）の中に一連の活動として位置づけて，はじめてPDCAサイクルが回っていくことになる。

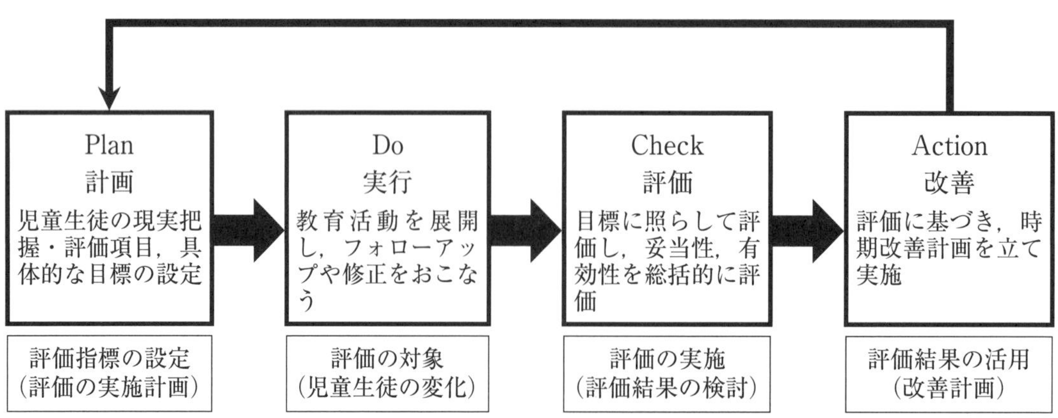

図4－6　評価からみたPDCAサイクル（評価実施のプロセス）

② 何を評価するのか－児童生徒の成長・変容

児童生徒は日々の学校生活を通して成長し，変容していく。学年進行や時間の経過にともなうこのような変化は，教員や保護者が感じるとともに，本人自身も感じているはずである。評価の直接的な対象は，このような児童生徒の変化である。教員の印象や本人の感覚も大切であるが，評価として実施する場合は漠然とした印象を示すのではなく，一定の基準に基づいてとらえた変化を明確に示すことが求められる。これについては，評価の方法の中で述べることとする。

ところで，評価結果について，なぜそのような変化が生じたのかをよく吟味することが大切である。児童生徒が期待する方向に変化していた場合，取組や働きかけがうまく機能したと考えることができる。しかし，そのような変化がみられなかった場合，どのような原因が考えられるかを検討することによって，改善（Action）へとつなげることができる。したがって，評価の直接的な対象は児童生徒の変化であるが，この変化を通して，全体計画・指導計画の適切性や，取組の実施方法・運営の適切性，より具体的には教員の働きかけなどを間接的に評価することが重要である。

③ 何で評価するのか－アウトプット評価とアウトカム評価

評価を行うには「ものさし」が必要になる。具体的な評価指標づくりについては後述するが，これまで行われてきたアウトプット評価に加えて，アウトカム評価を実施することが求められるようになってきた。

Outputとは，産出物や作品（数），出力という意味であり，Outcomeとは成果という意味である。たとえば，校内組織の運営管理を評価する一環として，職員会議について評価する場合，年間に何回職員会議を開催したかという評価がアウトプット評価であるのに対し，重要課題についてどのくらい解決したかという評価はアウトカム評価である。

キャリア教育の実践においては，「２分の１成人式を実施したか」「職場体験活動を何日間実施したか」といった「ものさし」を用いた評価がアウトプット評価である。何を実施したかという評価が中心になっている。これに対して，２分の１成人式や職場体験活動を通して，「児童生徒の意欲・態度や能力がどのように変容し，キャリア発達がどの程度促進されたか」を評価するのがアウトカム評価である。教育の成果を評価しようとしている。アウトカム評価を行うには，取組の目的・目標に即した「ものさし」となる評価指標をあらかじめ設定しなければならない。そのためには，基礎的・汎用的能力のように，児童生徒が身に付けるべき力を評価可能な形で明示し，取組の目的・目標を定める必要がある。このように，一連のPDCAサイクルの中で，児童生徒の達成度を通して，キャリア教育の成果を検証するのがアウトカム評価であるといえる。

⑵ 児童生徒の成長や変容をどうとらえるか

前項では評価の基本的な考え方について述べたが，これ以降は評価の具体的な方法について述べていく。

① どのように評価するか－評価の方法

キャリア教育の実践を評価するための方法は，進路指導における生徒理解の方法と同じであり，何か特別な方法があるわけではない。したがって，計画（Plan）で述べられている児童生徒の現状を把握するための方法とも同じである。現状把握を反復することによって，取組の成果や児童生徒の達成度を確認できるともいえる。

生徒理解の方法という観点からまとめると，次のようになる。さまざまな方法を用いることが可能であるが，重要な点は取組の目的・目標に対応した「ものさし」を用意することである。

表４－４ 評価の方法（児童生徒理解の方法）

評価の方法	具体例	主な把握の方法
検査法	職業興味検査，職業適性検査など心理検査の活用	定量的
調査法	チェックリストやアンケートの活用など	定量的
面接法	二者・三者面談などの面接や日常的な話し合いなど	定性的
観察法	学校生活場面における観察を通した印象など	定性的

② どのように変化をとらえるか－定性的な把握と定量的な把握

第１節⑴で述べられているように，児童生徒の現状を把握する場合と同様，変化をとらえる場合も，定性的な把握と定量的な把握の２つがある。詳細は第１節⑴を参照されたい。上記の表における４つの方法は，それぞれが定性的な把握と定量的な把握の両方を含む場合がある。たとえば，調査でも自由記述を用いれば定性的な把握が可能であり，観察でもチェックリストを用いた組織的観察によって定量的な把握をすることも可能である。しかし，一般的に定量的な把握には検査法・調査法が適しており，定性的な把握には面接法・観察法が適している。ここでも重要な点は，目的・目標に合わせた評価方法を用いることである。

また，児童生徒の成長・変容には，短期的にみられる変化と中長期的にみられる変化がある。著しい効果がみられても一時的な場合もあるし，効果がみられなくても，中長期的に効果が認められる場合もある。特に児童生徒の一人一人に評価の目を向ける場合には，この点も配慮して成長・変容をきめ細かくとらえることが必要である。

(3) 地域や学校及び児童生徒の実態や実践の特徴に応じた評価指標づくり

本項では評価の実施にあたって留意すべき点について述べた後に，評価指標づくりの具体的な方法を紹介する。

① 目的に応じた評価－身につける力

評価は適切な指標を用いて，目的・目標がどの程度達成されたかを把握することである。評価の指標を作成するために何よりも大切なことは，まずキャリア教育の取組を学校経営の理念や教育の目的との関連で適切に位置づけることである。キャリア教育はすべての教育活動を通して展開されるものであり，決して独立した活動ではない。

次に大切なことは，キャリア教育を通して，児童生徒が身に付ける力とはどのようなものか，これを議論して教員組織で共有することである。その際，児童生徒の達成度を評価できるような表現で示すことが必要である。つまり，概念やキーワードを示すだけでなく，基礎的・汎用的能力のように，児童生徒が卒業までに身に付ける力を明確に定義づけることが求められる。

② 地域・学校の特色や児童生徒の実態に応じた評価－カスタマイズの可能性

基礎的・汎用的能力は大きく４つに分けられるが，いずれも社会的・職業的自立を果たす上で共通して身に付ける必要がある能力として提唱されている。しかしながら，これらの能力をどのように組み合わせるかということや，またどの程度身に付ける必要があるかということは，地域・学校の特性や児童生徒の実態によって異なる。発達の段階によっても異なるであろうし，発達の個人差によっても異なってくる。この点を考慮してキャリア教育の目的・目標を設定し，これに合わせて評価を行うことが大切である。

基礎的・汎用的能力に基づいてキャリア教育を展開する場合でも，地域・学校の特性や児童生徒の実態に合わせて焦点化や重点化などのカスタマイズを図ることが望ましい。また，地域や学校にとってわかりやすく浸透しやすいようにアレンジし，定義をとらえなおして，自分たちの言葉で表現することも考えられる。以下に示すのはその一例である。

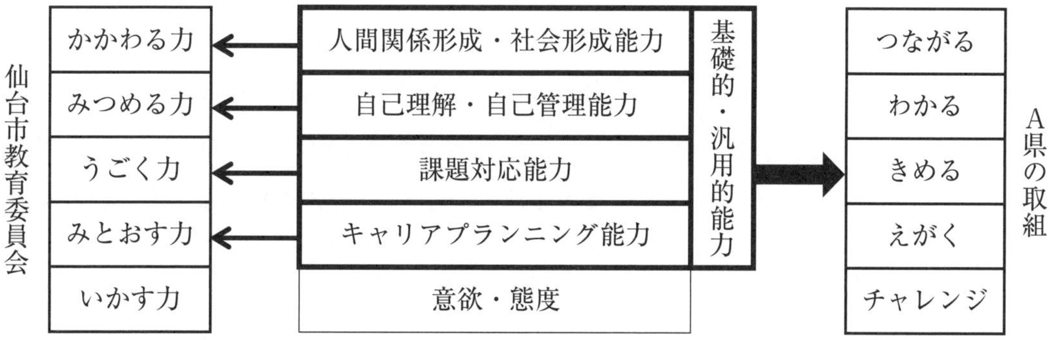

図４－７　キャリア教育を通して身に付けさせる力を独自の用語で設定した例

③　評価指標のつくり方－「ものさし」

以上の準備が整ったら，いよいよ評価指標となる「ものさし」をつくることになる。先述のように，評価を実施する段階で作成するものではなく，全体計画・指導計画と同時に作成することが望ましい。

評価指標をつくるには，基本的に２つの方法がある。ひとつは，独自の評価指標を作成することである。取組の目的・目標が明確になっており，児童生徒が身に付ける力が評価可能な表現で定義されていれば，これを用いて評価項目を作成することができる。たとえば，基礎的・汎用的能力の「人間関係形成・社会形成能力」であれば，定義の表現を用いて次のような項目を作成することができる。

〈人間関係形成・社会形成能力の評価項目例〉

多様な他者の考えや立場を理解できる
相手の意見を聴いて自分の考えを正確に伝えることができる
自分の置かれている状況を受け止めることができる
自分の役割を果たしつつ他者と協力・協働して社会に参画することができる

上記の項目例は定義の表現そのものを用いているので，中学生や高校生には適用できるが，小学校高学年が対象であれば，表現を改める必要がある。たとえば，「友だちの考えがわかる」「友だちの意見をきいたり，自分の意見を伝えたりできる」「家の人や友だちから期待されていることがわかる」「みんなと協力してひとつのことをやることができる」といったような具合である。ここでも児童生徒の実態に合わせて表現を工夫することが求められる。

質問項目に対して，たとえば「よくあてはまる」「ややあてはまる」「あまりあてはまらない」「まったくあてはまらない」といった選択肢を用意すれば，評価指標として用いることが可能である。ただし，統計的にみて信頼性や妥当性が保証された尺度を作成するためには，専門家の協力が必要となる。

もうひとつの方法は，地域や学校で目指すキャリア教育の目的に適合した評価指標があれば，それを用いることである。たとえば，キャリア教育を通して，児童生徒の自己肯定感を高めたいといった場合に，「自尊感情」の尺度を用いることができる。心理学研究の分野においては，「進路成熟度」や「進路不決断尺度」，「対人スキル自信尺度」，「ソーシャル・スキル尺度」など，多数の尺度が開発され，活用されている。この場合にも，専門家の協力が得られることが望ましいが，適切な尺度を選ぶことができれば，比較的容易に活用することが可能である。

(4) 包括的な評価の進め方

最後に，作成されたり選ばれたりした評価指標をどのように用いて評価を実施するかという点について述べる。

① 誰が評価するのか－評価の主体と対象

誰が評価するのかという評価の主体に注目すると，評価の仕方を自己評価と他者評価に分けることができる。自己評価は児童生徒自身の振り返りによるものであり，これが評価の基本になると考えられる。一方，他者評価については，教員が児童生徒の達成度を評価する場合と，他の児童生徒に評価してもらう場合が考えられる。後者の場合，他者評価をフィードバックして自己評価と比較することによって，児童生徒自身が周囲からどのように見られているかを知り，自分の達成度について理解を深めるきっかけとすることもできる。また，自己理解とともに他者理解を深めることを通して，学級づくりに生かすことも可能である。ただし，他者評価の結果は本人が考えているより否定的である場合も想定されるので，慎重な配慮が必要である。場合によっては，キャリア・カウンセリング等の個別の支援が求められることもあるので，この点に留意する必要がある。

いずれにしても，評価主体と対象を組み合わせた複数の評価を実施した場合は，それぞれの評価におけるギャップを検討することによって，新たな気付きを得る機会ともなる。

② 評価実施の時期－事前・事後

評価の実施時期については，一般的にある取組の前後に評価を繰り返す「事前・事後計画」が用いられる。たとえば，職場体験活動の効果を検討したいという場合，一連の事前学習が始まる前に最初の評価を実施し，職場体験活動の終了後にも同じ評価指標を用いた評価を実施することによって，児童生徒の変化をとらえることができる。

効果を検討したい取組が複数ある場合には，同じ評価指標を用いた評価を繰り返すことになる。しかし，評価項目に対する慣れや，また同じアンケートを実施するのかという嫌気が評価結果に悪影響を及ぼす（履歴因子）こともある。したがって，評価間の間隔が数日しかないといったように短期間に評価を繰り返すことは避けるべきであるし，評価の回数が過度にならないように配慮することが必要である。このような事態を避けるには，ある取組の事後における評価を次の取組の事前の評価として用いることも可能である。さまざまな取組が連続している場合には，学年の最初と最後に２回の評価を実施して，変化を見るというやり方も考えられる。また，全体計画・指導計画を立てるための現状把握を事前の評価として位置付けることもできる。児童生徒が適切な構えで評価に取り組めるように配慮しながら，必要に応じた無理のない評価の実施体制を組むことが大切である。

③　多面的・多次元的にとらえる－包括的な評価

可能であれば，ひとつの評価指標に依存しすぎることは避けた方がよい。用いる評価指標が適切かどうかは，さまざまな要因によって異なっている。たとえば，「多様な他者の考えや立場を理解できる」という評価項目を用いて自己評価を行ったとしよう。この場合，自分を評価する基準がより客観的になったり，児童生徒自身の目標が高くなったりすれば，得点が下がることがある。しかも，この場合は得点の低下が成長を反映していることになる。このようなケースでは，なぜ得点が低下したのか，その背景を探ることが重要である。したがって，ひとつの評価指標ですべてを判断するのではなく，複数の指標を用いて多面的・多次元的な評価を行うことが望ましい。

多面的・多次元的な評価を行う際の組み合わせはさまざまである。児童生徒の意識・意欲面と能力面の両方を対象として評価を行う場合や，定性的な指標と定量的な指標を組み合わせる場合，自己評価と他者評価の組み合わせなどが考えられる。また，ポートフォリオの活用による評価も考えられるだろう。

先にこれまでのアウトプット評価に加えて，アウトカム評価を実施する必要性について述べた。これも組み合わせである。たとえば，職場体験活動を５日間実施した場合に，生徒の意識・意欲面の変化を把握して，それに基づき，事前学習の内容や進め方について検討するといったケースは，アウトプット評価とアウトカム評価を組み合わせた例である。

このように，包括的な評価を目指すことによって，多面的・多次元的にキャリア教育の取組を検証し，次の改善へつなげることが可能である。

④　できるところから始める－無理のない評価

評価結果を児童生徒にフィードバックする機会がなかなかみられないのが実態であるが，可能であれば，どのような面が伸びているのかを児童生徒に伝える機会を設けたいところである。また，現実には難しいが，校種間連携に基づき，卒業後にも評価を実施することができれば，中長期的な効果を検討することも可能である。

さて，評価について述べてきたが，ここに示したような評価をすべて実施するには，かなりの負担や困難がともなうと考えられる。評価を綿密に実施しようとせず，できるところから実施していくべきである。また，すべての取組を評価の対象とする必要はない。地域や学校の目的や必要性に応じて，重点的な取組に絞り込んで評価を実施する方法も考えられる。

最初に述べたように，評価の目的は児童生徒の成長・変容を把握することであり，その評価結果に基づいて取組の改善につなげることである。改善が必要と思われる取組を対象としながら，できる範囲で実施していくことが必要であろう。

コラム　注目されるポートフォリオを通した評価と活用

本章第３節では，定性的な評価（例えば面接法・観察法）と定量的な評価（例えば検査法・調査法）の両者を，目的・目標に合わせて柔軟に活用しつつ,それらを含んだ多面的・多次元的な評価が必要であると指摘した。本コラムでは，多面的・多次元的な評価をするためのひとつの重要な方策として注目されるポートフォリオ（キャリア・ポートフォリオ）を通した評価とその活用についてまとめ，あわせて，先進事例として広島県教育委員会による実践を紹介する。

まず，ポートフォリオの意味について確認することからはじめよう。語義的には「紙ばさみ式のファイリングケース」を意味するが，キャリア教育において用いられる場合には，キャリア発達を促すことにつながるさまざまな学習経験や活動の記録，特技・資格・免許などの一覧をファイリングしてまとめたものを指す。

ポートフォリオに収録される具体的な書類としては，例えば，「各学年における中核的なキャリア教育の概要記録と本人の感想」「児童会や生徒会・委員会などの活動の記録」「将来の夢に関する作文やライフプラン」の他，中等教育段階以降では，「職場体験・インターンシップなどの職場における体験的活動の記録」「ボランティア活動の記録」「職業適性検査・職業興味検査等の結果」「アルバイトなどを含んだ職歴」,「各種の免許状，合格証の写しとその一覧」などが考えられる。

次に，このようなポートフォリオの意義と役割について整理しよう。

第一に，ポートフォリオは、その作成と振り返りを通して，一人一人の児童生徒が自己理解を深める上での資料として活用できる。この重要性については，平成23年１月の中央教育審議会答申「「今後の学校におけるキャリア教育・職業教育の在り方について」が，次のように指摘している。

> 一人一人のキャリアは，その人が生涯にわたって遂行する様々な立場や役割の連鎖によって形成される。これまで自分が何をしてきたのか，今何をしているのかを振り返り，それを未来につなげようとする視点は，キャリア教育において不可欠である。このように，キャリア教育において自らの学習活動の過程や成果を振り返ることは重要である。例えば，キャリア教育に関する学習活動の過程・成果に関する情報を集積した学習ポートフォリオを作成し，積極的に活用していくことなどにより，子ども・若者が自らの将来の仕事や生活について考える機会を作ることが必要である。（第２章２(2)④）

また，ポートフォリオは，教職員が当該児童生徒のキャリア発達について，定性的な側面を中核として評価・把握し，個に応じた指導・支援に役立てるための重要な資料となる。また，学校種を超えてポートフォリオを引き継ぐ工夫をすることにより，上級学校は，当該生徒が入学までに蓄積してきたキャリア教育の概要とその生徒のキャリア発達のプロセスを把握することができ，体系的なキャリア教育の実践に資することが可能となる。

ここでは，小学校から高等学校まで一貫して活用するポートフォリオ「わたしのキャリアノート」を導入した広島県教育委員会の事例を紹介しよう。本事例では，各学校のキャリア教育全体計画と年間指導計画，児童生徒本人がまとめたキャリア教育に関する学習の概要（各学年１シート）を県内の共通書式とした上で，学校が独自に判断した関連資料を加えて「わたしのキャリアノート」として活用し，上級学校にも持ち上がらせている。

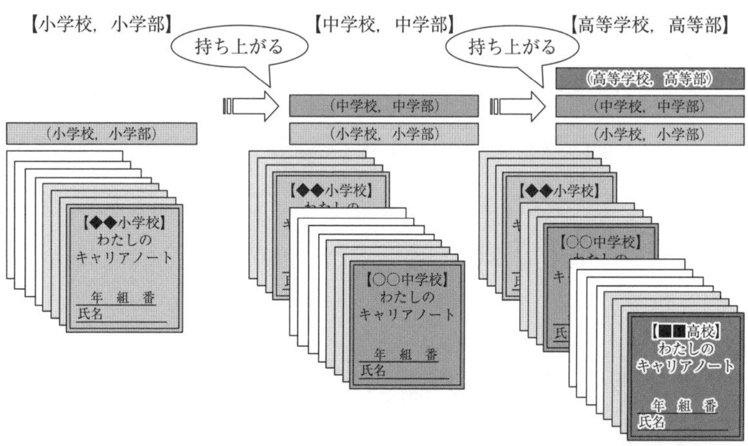

図４－８　広島県教育委員会による「わたしのキャリアノート」の活用イメージ

（http://www.pref.hiroshima.lg.jp/kyouiku/hotline/06senior/2nd/career/02-0%20note.html）

第４節　ACTION：結果の活用

評価によって児童生徒の変容が明らかになったら，次には評価を改善につなげる取組が必要である。評価を活用した次年度の改善策の立案が望まれる。

本節では，以下の６つの視点での活用法を記す。

(1)　指導計画の改訂に生かす

(2)　校内研修に生かす

(3)　運営組織の改善に生かす

(4)　個別的な支援・指導に生かす

(5)　校種間連携に生かす

(6)　地域・社会連携に生かす

(1)　指導計画の改訂に生かす

評価の結果から目標に対して不足している能力や資質が明らかになったら，次にどのような方法でその能力を向上させるのか，そのためにどの活動を強化する必要があるのかを検討する必要がある。現在行われている各学校のひとつひとつの活動が，どのような能力の育成を目指したものなのかを明確にし，どの能力・態度の育成にかかわる取組が不足しているのか，点検・見直しを行うことが必要であろう。多くの学校においては，従来の教科・科目等の教育活動やこれまでの蓄積の中に基礎的・汎用的能力を身に付ける実践がいくつもあるはずである。それらの「断片」を学校の目指す理念や方向性に基づいて意図的・体系的に整理することが必要である。こうした整理をした上で，目指す姿に対して不足している活動を新たに補う必要がある。これは，単に特定の活動のみを実施すればよいということや，新たな活動を単に追加すればよいということではない。例えば，学校の特色となってきた環境教育や起業家教育を子どもたちに必要な能力の視点で見直し，キャリア教育として組みなおした学校もある。学年を縦割りにした合唱祭や体育祭などの学校行事，清掃指導や生徒会活動などの場面においてもキャリア教育の「断片」は広がっている。一方で目指す児童生徒像に貢献していない活動は，次年度以降の実施をやめて他の活動を検討するなど自校の目標と児童生徒の実態に併せて活動に優先順位をつける必要がある。

現状把握の後，自分の力で課題を克服することに焦点をあてたケース（鹿児島県立串木野高等学校）

能力を向上させていくためには，まず自己理解を図ることで，より自分の将来に興味や関心を持たせ，その上でインターンシップを含めた諸活動において，様々な資質・能力の向上を図っていかなければならない。特に自ら調べる学習やそれらをまとめたり発表する機会を多く設け，自分の力で課題を克服していく資質と能力を養っていきたい（後略）

⑵　校内研修に生かす

すべての教職員は，一人一人のキャリアが多様な側面を持ちながら段階を追って発達していくことを深く認識し，明確な方針を持って，それぞれの発達課題を達成できるよう育成・指導する責任がある。教職員がキャリア教育に関与しやすい環境をつくるには，児童生徒の目指す姿など，共通の目標を持った上での協働経験の機会を積極的に設け，経験から一緒に学ぶことが求められる。経験から学ぶには「内省」つまり振り返りが欠かせない。校内研修はこの内省の機会である。具体的な経験（年間を通じた実践）をしたあとで振り返り（校内研修）を行い，そこから得た気付きや教訓を共有し新しい状況に応用する「経験学習のサイクル」を回すことによって，学習し続ける組織をつくることが期待される。

〈評価結果を使った校内研修の目的例〉

・すべての教員の「参加感」「主体性」の醸成
・自校の目標に対する達成の程度についての教員間の目線あわせ
・キャリア教育を媒介としたコミュニケーションルール，共通言語の確立
・現状と目標とのギャップのとらえなおし，キャリア教育目標の再確認
・学年間の接続。他学年から見た児童生徒の変容と課題の共有
・互いの主観の調整や学びあう組織文化の醸成
・キャリア教育の成果が可視化されないことによる教員の息切れ回避

評価結果は児童生徒の現状や変容を示しているため，その結果を共有することは組織的なキャリア教育の推進には欠かせない。上記の例にもあるように，評価結果に基づき各人の認識や理解を共有したり目標と児童生徒の現状とのギャップを埋めるための有効な手立てを共有したりするなど，キャリア教育の校内研修のテーマはいくつも考えられる。校内研修を通じて，すべての教員の主体的な取組を奨励・共有し，参加感を醸成することによって，成果の基準や進める際の情報共有のポイントなどの共通理解を持つことが望ましい。その際，教員の異動や児童生徒の変容を考慮し，定期的な研修の機会を設ける必要がある。

表４－５　学年間の接続・成果の可視化を目的とした１日研修の例

テーマ	内容	形式
キャリア教育を通じて目指す，子どもたちの姿（学年別）を確認，共有する	事前に箇条書きでまとめた各学校別「子どもたちの目指す姿」を一人ずつ発表しながら共有する	学年・全体
１年間の成果を共有する	目標に対する１年間の子どもたちの変容を教員が気付いた数だけ付箋に書き，学年順に壁に貼る	学年・全体
学年間の要望を出し合う	・各学年に対する要望を他学年からのメッセージとして付箋に書き，ホワイトボードに共有する ・要望を，学年の目指す姿の中に反映するかどうか，学年団に持ち帰り，判断する	学年・全体
目指す姿及び学年間の要望から，現状のキャリア教育の課題を明らかにする	資料から課題を箇条書きでまとめる	学年
まとめた課題を全体の場で共有する	模造紙に共有	全体
年間指導計画を立てる（学年別）	改善する活動，加える活動を整理し，ワークシート，模造紙にまとめる	学年

(3) 組織運営の改善に生かす

これまでにも述べてきたように，キャリア教育にはすべての教員が関与する。子どもたち一人一人が発達課題を達成し，将来の社会人・職業人として自立していくために必要な基礎的・汎用的能力を身に付けさせる視点は，すべての教員が持たなければならない。例えば，卒業後の離職率が高い傾向にあったり，不本意な中途退学の割合が高かったり，保護者の雇用不安を身近に感じている子どもたちを抱える学校や地域では，特にきめ細かく温かく支えていくことが期待される。

同時に，各取組を系統的・組織的なものにしていくためには，校長のリーダーシップ（学校づくりのビジョンの提示や教員の役割の明確化，PDCAの遂行支援など），連携の仕組み（学年間，分掌間，地域や企業，保護者との連携など），資源の確保（地域の教育施設や人的資源など），組織文化の醸成が必要である。特に各種の連携を担保する仕組みをつくるには，結節点の役割を担う中核組織が求められる。

中核組織の役割は学校の置かれている環境や学校種，児童生徒の実情，学校規模によっても異なる。そのため，設置を検討する場合，最初に組織の役割を明確にしておくことが望ましい。評価結果に基づき児童生徒の課題を明らかにした上で，取り組むべき内容に沿った組織の役割を明確にし，必要な人材や加えておきたい分掌を検討することが求められる。例えば，小規模校の場合は学校内部の連携は職員室でのコミュニケーションを中心に行い，中核組織は主に学校外部の企業や保護者・地域との間でのやりとりを担うということになるかもしれない。大規模校になると，教科・学年・進路指導・生徒指導など複数の指導の視点を融合させた組織になるかもしれない。中規模校の判断が一番難しいように思われるが，あくまで児童生徒の状況に応じた検討が求められる。いずれの場合も，組織が担う役割を明らかにすること，中核組織とその他の組織との連携をどのようにとるか，決めておくことが大切である。

最後にキャリア教育を推進する組織のメンバーは教職員だけではない点について言及しておく。生徒会や部活動，委員会など生徒自身を推進組織のメンバーととらえ，地域や学校種間の連携といった役割を担うことも考えられる。例えば，消極的なあいさつの改善を課題に，２日間の職場体験に取り組みはじめたある中学校では，当初のねらいが達成されただけではなく，「生き方」や「人とのかかわり」に学習のステージを上げることができた。現在では，「目指す子ども宣言」を小・中学生自身が策定し，共有するに至っている。このように組織間連携を児童生徒の学習機会としてとらえ，推進組織を構築していく視点も求められている。

⑷ 個別的な支援・指導に生かす

先述のように，評価の目的は，児童生徒の成長や変化を把握し，教育的効果を検証することであり，検証の結果を教育活動の改善につなげることである。取組の改善につなげるためには，例えば学級・クラス単位や学年単位でみて，平均値にどのような変化がみられたのかが重要な情報となる。全体的に得点が増加していれば，おしなべて取組の効果が認められたということであり，逆に得点が低下していれば，何らかの理由で効果がみられなかったことを意味しているからである。取組のどのような点が効果をもたらしたのか，あるいはもたらさなかったのか，これを検討することが重要である。

しかし，平均的には変化がみられなくても，大きく得点が増加する児童生徒と，逆に得点が著しく低下する児童生徒が混在していることもある。評価結果の生かし方としては，学級･クラスや学年といった全体的な傾向を検討して取組の改善に結び付けるだけでなく，児童生徒一人一人の状態を把握し，それを個別の働きかけにつなげることも大切である。評価結果を児童生徒に伝える機会が設定されていることは少ないが，可能であれば，どのような側面が伸びているのかを伝え，児童生徒の励みとすることが望ましい。また，得点が伸びている場合でも，低下している場合でも，その背景に何が考えられるのかを吟味し，児童生徒の個別的なケアに生かしていくことが求められる。

得点が伸びている場合，児童生徒の成長・発達の「さらなる一歩」を目指して働きかけることが考えられる。個別的な指導・支援といっても，必ずしも１対１で向き合う必要が常にあるわけではない。例えば，以前は低かったコミュニケーション能力が少しずつ伸びてきているといった児童生徒のケースの場合，「さらなる一歩」を踏み出せるように，教員が授業の中で意図的にその児童生徒を指すといったやり方も考えられる。

一方，得点が低下している場合は，その背景を慎重に検討することが必要である。何らかのできごとによって全般的に意欲が低下しているケースや，不適応の兆候を示しているケースも考えられる。教員は児童生徒の状況を常に把握しているので，得点の変化は担任の教員の印象と一致することが多いが，教員が気付いておらず，児童生徒自身が発することができないでいる危険信号を評価結果によって察知できることもある。得点が低下した背景がよく理解できない場合は，それとなく児童生徒と関わりながら，評価結果の背景を探ることである。可能であれば，直接尋ねてみてもよい。原因がわかれば，対応を考えることができる。可能な範囲で教員が個別にかかわり，児童生徒が意欲的・積極的に学校生活を送ることができるよう支援することが必要である。

キャリア教育は，児童生徒一人一人の発達支援を重視している。評価結果を個別に検討して児童生徒の状況を把握し，それに合った対応の仕方を工夫することが必要である。そのような対応によって，児童生徒のキャリア発達を促進していくことが可能になる。

⑸　校種間連携に生かす

キャリア教育は校種間連携に基づいて実施されることが望ましい。キャリア教育の展開によって，校種間連携が促進されることもしばしばみられる。今のところ，校種間連携は手探りで行われている状態といってよいかもしれない。校種間連携の取組を行った場合には，双方の学校や児童生徒にとって，どのような変化がみられるのかを把握し，それを今後の改善につなげていきたいところである。

しばしば行われている小中連携の取組として，職場体験活動を終えた中学生が小学生の前で体験報告を行うという活動がある。中学生にとって，小学生の前で自身の体験を話すことは，学校内において社会的場面を経験するもうひとつの体験活動でもあり，一定の効果が期待される。また，小学生にとっては，自分が近い将来に職場体験活動に取り組むということを知る機会であり，広い意味での事前学習でもあり，やはり一定の効果が期待される。このような場合，評価結果を検討することによって，より高い効果を生むための改善につなげることができる。たとえば，体育館のような場所に小学生が集まり，大勢の前で中学生が話す方法と，小学生がグループを構成し，中学生がグループの中に入って話す方法が考えられる。どちらの方法が有効かという点は，小学生にとっての効果と中学生にとっての効果で異なるかもしれない。いずれにしても，取組の目的に応じた評価を実施し，改善を検討することが大切である。

校種間連携のあり方は多様であり，児童生徒が直接的に交流することだけが連携ではない。学校区や地域を中心として，小中９年間にわたる系統的・継続的なキャリア教育のプログラムづくりを行っているところもしばしばみられる。このような場合，児童生徒の中長期的な変化をみる好機である。評価の実施に長期間を要するため，ただちに取組の改善につなげることは難しいが，小学校にとっては児童の卒業後のフォローアップともなる。また，小学校から中学校への接続や移行をスムーズにするというような目的の場合には，比較的短期間において，評価結果の検討やそれに基づく改善が可能であろう。

校種にまたがる連携プログラムを遂行している場合，キャリア教育の展開を通して教員の交流が促進されることも多い。その結果として，教員や学校組織全体の活性化にもつながることが期待される。評価については，これまで児童生徒の変化に限定して述べてきたが，実はキャリア教育に取り組む効果が教員や学校組織にも認められることがしばしばある。このような効果が検証されれば，校種間連携をさらに促進する契機ともなるので，必要に応じて，教員を対象とする評価を実施することも考えられる。

まずは校種間連携を試行し，その効果を検証してよりよい取組へと改善していくことが大切である。また，中等教育機関と高等教育機関との連携も少しずつ進みつつあるが，今後はより積極的に展開されることが望まれる。

(6) 地域・社会連携に生かす

キャリア教育は学校だけが取り組むものではなく，地域や社会との連携によって推進することが求められる。今までのところ，地域・社会との連携による取組は，地域探検や職場見学，職場体験活動，インターンシップといった体験学習を中心としており，キャリア教育プログラムを実施する団体や企業も増えてきている。しかしながら，企業を含む地域・社会においては，キャリア教育に関する理解が必ずしも得られているとはいえない。

確かに，多様な事業所等の協力を得て行われる職場体験活動，インターンシップの実施率は伸びてきている。しかしながら，キャリア教育の意義・目的や職場体験活動・インターンシップを通して，児童生徒がどのような力を身に付けることを期待しているのか，学校側のニーズが十分に伝わっていないことが多い。また，体験学習の効果についても，適切な形で示されていることは少ない。企業や団体などの協力を得て，地域・社会連携を促進するには，学校側のニーズを明確に伝え，児童生徒の現状と課題や体験学習の結果としてどのような効果がみられたのかを伝えていくことが必要である。

本章で示されているPDCAサイクルを基盤としてキャリア教育を展開すれば，目的・目標が明確になり，これに応じた評価結果を示すことで，地域・社会連携を促進することも可能なはずである。また，社会的・職業的自立を支援するキャリア教育を展開していくには，第１節(2)で示されている「外部環境の視点」に基づいて社会の要請を取り入れることが大切である。そのためには，地域や企業，団体などを巻き込んでPDCAサイクルを回していくことも有効であると考えられる。

職場体験活動やインターンシップに関しては，学校のみならず，地域・社会が一体となって次代を担う人材を養成していくというミッションとして位置付けられることは確かである。しかし，もはやCSR（企業の社会的責任）という役割に期待して協力を得る時期は過ぎ去ったのではなかろうか。企業においては，職場体験活動やインターンシップのプログラムを新入社員や若手社員の教育の一環として位置付け，積極的に活用するところもみられるようになってきたが，企業にとっての意義や効果を考慮することも大切である。地域・社会との連携に基づく取組については，これが児童生徒に及ぼす効果について検証するとともに，連携先にとっての効果を検証することも必要であろう。これは学校だけではなく，企業と共同で考えればよいことである。キャリア教育実践の評価結果を活用することによって，企業にとってのメリットを見いだすことも可能になるはずである。

学校は地域・社会に協力を依頼し，地域・社会の資源を活用する立場であるととらえられがちであるが，学校もひとつの地域・社会資源である。学校教育が地域・社会に果たす役割や貢献を再認識し，Win-Winの関係に基づいてキャリア教育を展開していく必要がある。そのためには，キャリア教育の評価結果の活用が有効であると考えられる。

《参考》PDCAサイクルを基盤としたキャリア教育の実践事例

事例1　東大阪市意岐部中学校区の事例：小学校に焦点を当てて

東大阪市の意岐部中学校区（幼稚園1，小学校2，中学校1）では，平成16〜18年度において「4領域8能力」に視点を置いたキャリア教育を展開した後，平成19〜21年度には「夢づくり科」を設けて，中学校区に独自の「3領域10視点」に基づく小中9カ年のキャリア教育を推進している。ここでは，平成19年度における立ち上げの経緯と，平成20年度におけるPDCAサイクルに基づく評価の活用という点を中心に取組の概要を紹介する。

1．めざす子ども像と「3領域10視点」(Plan)

意岐部中学校区では平成16年より校種間連携によるキャリア教育に取り組んできた。取組の方向性を確実に共有するため，小中学校の教員が協議を繰り返し，平成19年からは「自分の夢・生き方を創りつづける子」を中学校区共通の目指す子ども像とすることが定められた。キャリア教育が学校区の理念・目的との関係で明確に位置付けられたといえる。

次に，このような子どもに育てていくには，どのような力を身に付ける必要があるのかという点について議論が重ねられた。その結果，さまざまな教育活動をとらえるための独自の枠組みとして，「3領域10視点」がつくられた。表に示したように，「感性としてのキャリア」「態度としてのキャリア」「能力としてのキャリア」の3領域からなる10の視点である。学校区の特徴に合わせて，児童生徒が身に付ける力の枠組みを示した事例といえる。この枠組みに基づいてさまざまな教育活動が点検され，各学年で実施していく教育内容が計画された。評価も学年ごとに必要な時期を検討し，年3〜5回の実施が年間計画に盛り込まれた。

表4－6　意岐部中学校区における「3領域10視点」

領域	10の視点と到達目標設定
	【すこやか】すべての領域・視点のベースとなり，この先の人生を心身共にすこやかに生きていくために「生き抜く力」を身につける
感性としてのキャリア	【自分大好き】様々な状況におかれた子どもたちが，自分自身を見つめ，自分のルーツに誇りを持ち，自尊感情を育む
	【感じる】自然や生き物などから命の尊さを感じとり，芸術などから感性を豊かにし，他者とのふれあいから共感する心を育てる
	【つながる】日々の集団生活や出会いの中から様々なことを学び，協力・信頼する心を育み，自分のルーツや生活を語り合える集団に成長する
態度としてのキャリア	【きっちり】社会性（期限を守る・時間を守る・整理整頓する・適切な言葉遣い・人との信頼関係をつくるなど）を身につける
	【じっくり】目標を持って，粘り強く取り組んでいく
	【やってみよう】苦手なことでも，チャレンジしていける力を育てる
能力としてのキャリア	【学ぶ】自分の生き方・考え方につなげることを，子どもが意識して向き合い吸収する
	【考える】自分の夢や生き方を思い描き，それに向かって計画を立てたり，設計する力を育てる
	【選ぶ】自分が生きていく上で，何かを判断するときに「〜でいい」という消去法や人に流される決め方ではなく「これがいい」という主体的な選択ができる力を育てる

東大阪市意岐部中学校区「平成21年度研究開発実施報告書」より作成

2．「夢づくり科」を中心とした取組（Do）

道徳，特別活動，生活科，総合的な学習の時間が「夢づくり科」（平成19年度は「キャリア科」）にあてられ，この「夢づくり科」を中心としながら，すべての教科と連携したキャリア教育の実践が学年ごとに行われた。ここでは取組内容の詳細は省略するが，たとえば平成20年度の意岐部小学校6年生では「夢づくりマップで自分を探ろう」（4〜7月），平和学習を含む「12歳の卒業論文」（9〜3月）が取組の中心となっている。また，意岐部東小学校6年生の場合は，国語科における「マザーテレサ」（6月）を事前学習として位置付け，一連の平和学習「絆・仲間〜あなたが励ましてくれるから〜」（9〜3月）を中心とした取組を行っている。「夢づくり科」だけでなく，すべての教科にキャリア教育の視点を盛り込み，連携している点が注目される。

3．「3領域10視点」に合わせた評価（Check）

評価の実施に先立ち，評価の指標づくりが行われた。取組の実践が「3領域10視点」に基づいて行われていることから，評価項目もこれに合わせることとし，やはり小中学校の教員が協議を行って案を作成した。各視点5項目の計50項目を作成し，予備調査を実施した後に，各視点3項目の計30項目を用いることとした。尺度の作成にあたってはアドバイザーが協力して因子分析を行い，教員と協議して項目を決定した。

表4－7　「3領域10視点」に対応した評価項目（小学生版）

視点	評価項目
すこやか	好き嫌いなく食事がとれている 物事に積極的に取り組むことができる 人のやさしさ，あたたかさを感じることができる
自分大好き	好きなことがある 自分の学校が好きである 自分には良いところがある
感じる	人と話すことが好きである 絵をかいたり，本を読んだり，音楽をきいたりすることが好きである 自分の気持ちや考えを人に伝えることができる
つながる	新しい人間関係（友だちなど）をつくることができる 自分のなやみを話し合える友だちがいる 自分とはちがった意見がわかる
きっちり	ていねいな言葉を使うことができる あいさつができる 地域での活動やボランティア活動に積極的に参加することができる
じっくり	目標に向かって，続けて努力することができる 家庭学習にじっくり取り組むことができる ひとつのことを最後までやりぬくことができる
やってみよう	係や当番の仕事を進んで行うことができる 委員会活動やクラブ活動に積極的に参加することができる 失敗をおそれず，チャレンジすることができる
学ぶ	学んだことを活かすことができる 知らないことを知った時，うれしい 調べたことを整理し，まとめることができる
考える	いろんな仕事について考えることができる 将来の夢や希望を思いえがくことができる 学んだり，体験したことから普段の生活をふり返ることができる
選ぶ	自分が選んだことを最後までやり切ることができる 自分の将来のことを考え，目標とする人物や仕事を考えることができる 将来の自分の目標とする人を考えることができる

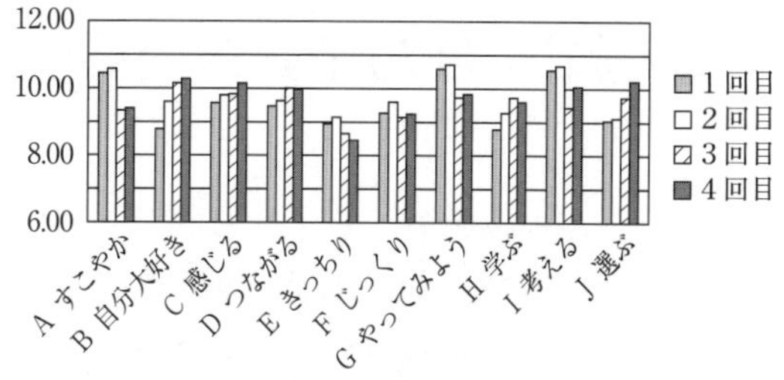

図4－9　意岐部小学校6年生の評価結果（平成20年度）

上記は意岐部小学校6年生の評価結果であり，学年の平均値を示している。評価は1学期（6・7月）と2学期（9・12月）に2回ずつ行われたが，1・2回目は「夢づくりマップ」制作の前後，3回目は平和学習「ヒロシマ修学旅行」の前，4回目は「12歳の卒業論文」“めぐりあい”活動の後で実施された。それぞれの得点は上昇したり下降したりしているが，1回目と4回目を比較すると，「自分大好き」「感じる」「つながる」「学ぶ」「選ぶ」の5視点は得点が増加し，「すこやか」「きっちり」「やってみよう」「考える」は得点が減少していた。

4．評価結果の検討と今後の取組（Action）

意岐部中学校区ではキャリア教育の取組にあたり，評価部会（各校1名）を設置している。上記の評価結果について，評価部会で検討を行った。得点が増加した5視点は，6年生の取組の中で児童が身に付けてほしい力や考えてほしい事柄を反映しており，「夢づくり教育」の成果であることが確認された。検討の結果を踏まえ，現在のプログラムを継続していくこと，得点が低下した4視点については，これを高める新たな取組を積極的に進めていく必要があり，今後の課題であることが確認された。また，得点が著しく低い若干名の児童については，さまざまな問題を抱えていることから，個別にケアしていくことも確認された。

事例２　仙台市教育委員会の事例：中学校に焦点を当てて

仙台自分づくり教育（以下「自分づくり」）は，キャリア教育の仙台版であり，すべての市立学校において実践されている。中でも，仙台市立Ａ中学校（以下「Ａ中」）は市内でいちはやく，平成17年度から５日間の職場体験活動に取り組み，学校教育全体において体系的なキャリア教育を推進している。長期的な目標としては，「社会を支える25歳を思い描いて」どんな社会人・職業人になりたいのか，育てたいのか，そのためにはどんな教育の機会が必要であるのかという視点を大切にしている。ここでは，Ａ中の「自分づくり」の評価について，その開発の経緯や評価結果の活用，今後の課題について紹介する。

１．手作りのキャリア教育

平成17年当時，「自分づくり」の構想はあったものの，市内の先陣を切って取り組んだＡ中学校の苦労は大きかった。今でこそ，本市独自の手引きや職場体験調整のシステム，費用も整備されたが，当時は何もかもが手作りであり，教職員の苦労は容易に想像できる。一方，職場体験後や事後学習後の生徒の感想は教職員を奮い立たせるようなものであった。「はじめて働くことについて考えた。普段は見えなかった大人の努力を見た。先生たちの一生懸命さが伝わってきた。（男子）」「職場体験から帰宅して，無性に父親と話したくなった。（女子）」

２．生徒の発達課題の把握

本市では，短期的な目標（キャリア教育で身につけさせたい諸能力）については，生徒や保護者にも理解しやすいように基礎的・汎用的能力を独自の５能力で表している（図４－10）。Ａ中では，生徒の発達課題の把握とこれまでの「自分づくり」の評価を行うにあたり次の資料を活用している。

仙台自分づくり教育で育てたい能力について

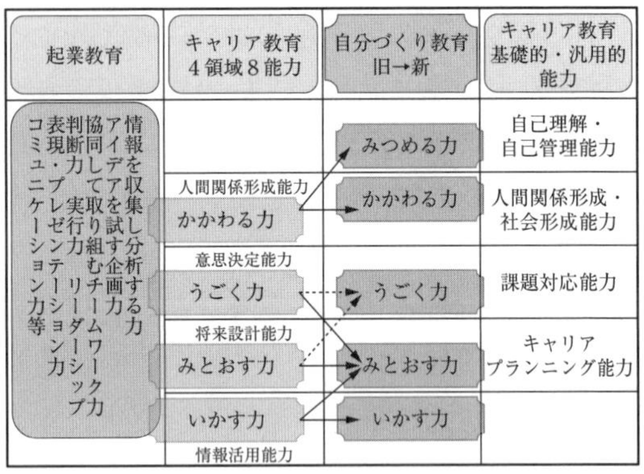

図４－10　自分づくり教育で育てたい能力

①仙台市生活・学習状況調査（市一斉　表４－８）
②Ｑ-Ｕ調査（学校独自）
③自分づくりアンケート（市一斉　２年のみ）
④多様なポートフォリオ（学校独自）
⑤25歳の自分（学校独自ワークシート）
⑥学校評価資料（アンケート）

こういった資料をもとに次のような場面で協議を行う。

①同一学区の小学校教職員との「自分づくり」検討会（市悉皆と学区独自の複数回）
②自分づくり実行委員会（地域住民・諸団体含む）
③学校関係者評価委員会
④学校評議員会
⑤PTA役員会

これらの会議において「自分づくり」の成果や課題を協議し，校内では見ることのできない生徒の発達課題や成長の様子を把握するとともに，「自分づくり」は校内だけではおさまらないものという認識の共有化をねらっている。

表4－8　仙台市生活・学習状況調査項目　抜粋

学校で友達に会うのは楽しい
学校の決まり（規則）を守っている
新しいことを覚えるのは，楽しい
自分の夢をかなえるために，たくさん勉強する
できないことは，何回も練習する
新しいことや，わくわくするようなことを探す
自分が，世の中の役にたてるように，勉強をがんばる
家の手伝いをしている
家での生活について，家の人との約束を守っている
新聞やテレビのニュースなどに，関心がある
人の気持ちがわかる人間になりたいと思う
人の役に立つ人間になりたいと思う
人が困っているときは進んで助けている
自分には，よいところがあると思う
難しいことでも，失敗をおそれないでチャレンジしている
みんなと意見が違っていても，自分の意見を話す
ものごとを最後までやりとげて，うれしかったことがある
将来の夢や目標をもっている
自分の将来を考えると，楽しい気持ちになる
自分の将来について，家の人と話し合っている
将来の可能性を広げるために，勉強をがんばる
将来どのようなことがらを重視して，自分の仕事を選びたいと思いますか（複数回答）
1．能力や適性を生かせる
2．社会的地位や名声
3．自由な時間が多くある
4．高い収入が得られる
5．失業の恐れがない
6．人のために役立ち貢献できる
7．興味や好みに合っている

3.「3年後，10年後を見据えているか」

A中では，初期の段階から，教科・領域横断型の「自分づくり」が実践されてきたが，その取組には，残念ながら学年や年度による濃淡があったことは事実である。これまでの取組の修正にあたっては校長の強いリーダーシップが不可欠であった。「その活動は3年間の発展性を見据えてのことか（校長）」「この取組を10年後の生徒たちにどうつなげたいのか(校長)」こういった教職員への声がけは，機をとらえ，継続されてきた。

一方で校長は，「先生のあの発問で職業観にグッと迫ったね（校長）」「先生の丹念な指導がこの生徒たちの発達課題の達成に結び付いたね（校長）」といった教職員への賞賛も忘れなかったことを申し添える。

①PRは校長の仕事

文中の会議や学校説明会，PTA総会，町内会などいかなる場面でも「自分づくり」を話題にし，啓発に努めるのは校長の役割であったこと。

②つながりは校長の責任

校内で実践される教育活動が有機的につながっているかは，全体を見渡せる立場が主導，点検すべきであり，A中では校長が担ってきたこと。これには，小学校との連携も含まれ，「連携カリキュラム作成」や情報交換には校長同士が率先した。

③つながりの鍵はひと

「自分づくり」の核になる教員は，原則3年間持ち上がらせたこと。この方針によって，A中では入学時に卒業時（3年後）や10年後を思い描いたカリキュラムデザインを作ることができ，教員の意欲や責任感が向上した。

4．今後の課題

「自分づくり」を手立てに校内研究を進め，研究公開を重ねるなど，本市のそれをリードするA中では，新たな取組をはじめている。平成17年度に本市ではじめて本格的にキャリア教育に取り組んだ卒業生が18歳になった。そこで，高校卒業後に義務教育時代のキャリア教育について振り返り，中学卒業後への影響について回答を求めた。今後，20歳，25歳と追跡調査を計画していくが，この評価結果概要（図4－11）をもって，この紹介を終える。

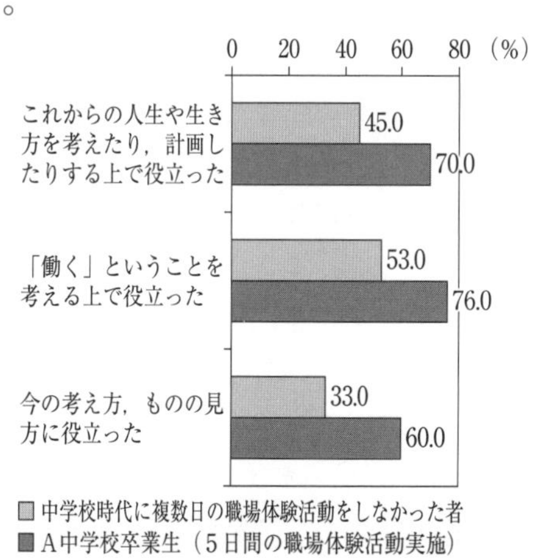

図4－11　仙台自分づくり教育追跡調査「自分づくり教育が中学校卒業後の私に与えた影響・18歳時」（平成22年・仙台市教育委員会）

事例３　秋田県立Ａ高等学校の事例

ここでは進学校である秋田県立Ａ高等学校におけるキャリア教育（Will Project）の立ち上げの実際についてPDCAの順に記す。特にキャリア教育の評価について，その開発の経緯や評価結果の活用方法，その後の課題について取り上げる。

１．生徒のニーズ・課題を把握する

プロジェクト着手当時の校長は，生徒をただ大学に入学させればよいというのではなく，しっかりした目標を持って大学に進み有為な人材として活躍できるように育てる責任があると考えていた。この考え方に基づいて学校では平成18年の夏から「将来構想検討委員会」を立ち上げ，９ヶ月をかけてこれまでの活動の大幅な見直しを行った。委員会では全教職員による議論，生徒への聞き取り，さらには保護者へのアンケート調査などを実施し，学校が抱える現状の課題と今後の方針について話し合った。

話し合いの結果，生徒の現状については，明確な目的意識をもって進学を志す生徒が以前に比べ少なくなってきたこと，自発的な学習習慣が身に付いていない生徒が増加してきたように思われることなどがあげられた。また，教職員からの声として，偏差値重視の指導や課題を与えるだけの指導では，生徒の学習意欲を喚起，維持することは難しく，飛躍的に生徒を伸ばすことには限界があると感じるようになってきていることが明らかになった。

２．学校理念とキャリア教育の目標の接続

キャリア教育を学校で進めていく時の難点の１つとして，キャリア教育の方針と学校の理念との統合がある。Ａ校では，新たに導入されるキャリア教育の考え方をこれまでの学校方針と統合し，基本方針を再定義した。この基本方針は，「目指す学校像と人間像」「目指す生徒像」「指導の柱」の３つの分野に分けて示された（表４－９）。

表４－９　考え方と基本方針

１．「Will Project」の基本的考え方
◎「人を育てる」ことを明確に意識した，人づくりのシステム化を目指す。 ・生徒・職員のモチベーションを高める取組であること。 ・学校を変える起爆剤となるものであること。
２．基本方針
(1)　目指す学校像と人間像 ○学校像：夢と志をはぐくむ学校 ○人間像：様々な分野で日本や地域の中核を担う，心身ともに健康な人間 ※地域の進学校としての立場を堅持し，生徒の能力や特性を最大限伸ばし，生徒が自らの夢の実現に向かって歩んでいくための土台をつくる。
(2)　目指す生徒像 ①礼儀を含め，基本的生活習慣が確立している生徒 ②自己の可能性に挑戦する気概を持った生徒 ａ　確かな学力を身につけた生徒 ｂ　主体的に学び活動する生徒 ｃ　明確な将来目標と達成意欲を持った生徒 ③心と体を鍛え，健康で心豊かな生徒
(3)　指導の柱 Ⅰ．基本的生活習慣を確立する。 Ⅱ．己を知り，他を知り，社会を知ることで，学びの意欲を高める。 Ⅲ．学習指導の改善 Ⅳ．文武両道の堅持

出典：Ａ高等学校「高等学校におけるキャリア教育のあり方に関する調査研究　平成19年度実施報告書」（１年次）より抜粋

３．目標設定と評価

測定可能な目標を作成することは困難を極めた。各活動と目標とのつながりはわかりにくく，測定することが可能な目標にはなっていなかった。この課題を解消するために，学年修了時点における望ましい生徒の状態を整理することにした。基本方針（表４－９）に基づき，学習領域・進路領域・自己／社会性／生活領域と３領域に分けた望ましい生徒の状態をあげていった（表４－10）。

次にこれらの項目をカード状にし，カード

が配置されたテーブルを囲む形で，推進チームの教員たちで目標や，学年ごとの基準を話し合い，身に付けるプロセスに沿ってカードの並べ替えを行った。あえてカードの状態にしたのは，キャリア教育に関与する教員間で共通言語と目標を持つためである。並べ替えを行うにあたっては，最初に高校３年間で目指したい姿をあげ，そのゴールにたどり着くまでのプロセスを学年ごとに並べ替えた。カードに記載がないものの必要だと考えられる項目についてはカードを追加し，必要ないと判断したものは削除した。最終的に「必要なし」と判断した項目については，学校の活動を通した支援は難しいものの，卒業後または家庭内の教育で身に付けることを推奨する項目として分類した。

さらに，これらを学校内部の視点だけでおこなうと偏りが生じるため，学校外部からの視点として２名のアドバイザーによる過不足の指摘をおこなった。最終的に120の項目が選択され，項目数は多いものの，これらの項目による調査を毎年２月に実施することが決定した。

４．評価結果の検証と活動への反映

「生徒に主体性を持たせたいのにそうはなっていないのではないか」――調査結果からは生徒らが自身で選択し，決定することに自信が持てていない様子がうかがえた。さらに教員による話し合いの結果からは，推進委員会と学年部や担任間で時間的な余裕がないため，活動の主旨や進め方が十分に伝わらないことがあるということ，せっかく多くの社会人講演会が開催されているのだから，話を聞いた後に生徒が議論したり考えたりする内省を促す時間も必要だといった意見があがった。これらの調査結果を受け，平成20年度以降の改善策として以下が校長から提示され，教員間で共有された。

「自己決定感」を養う取組を考えてもらいたい。
→現在計画されている総合的な学習の時間や特別活動を中核とした取組にとどまらず，学習指導や部活動における指導を含め，すべての取組の中に「内発的学習意欲を支える三要素（自己効力感・自己決定感・他者受容感）」を導入し，取組の見直しと改善を図る。

この改善の方向性が出された後，授業改善の取組（授業の中で生徒の学習意欲を喚起する，主体的に考えさせる）や，生徒たちの内省を促す時間の設置についての検討が進められた。

表４－10　目標設定カードの項目（抜粋）

学習	進路	自己・社会性・生活
生徒は以下のことを実行できる自信があります	生徒は以下のことを実行できる自信があります	生徒は以下のことを実行できる自信があります
書く力・読む力・聴く力・伝える力をを伸ばす方法を知っている	自分の興味のある仕事に就くために準備すべきことを知っている	正しい決断にしたがって行動し，間違った決断は修正することができる
学習	進路	自己・社会性・生活
生徒は以下のことを実行できる自信があります	生徒は以下のことを実行できる自信があります	生徒は以下のことを実行できる自信があります
勉強の仕方や効率のよい勉強時間の使い方を知っている	自分の興味や能力を理解し，それらが自分の仕事や大学の選択にどのように役立つかを理解している	自分の決断を評価し判断できる
学習	進路	自己・社会性・生活
生徒は以下のことを実行できる自信があります	生徒は以下のことを実行できる自信があります	生徒は以下のことを実行できる自信があります
一生役に立つ学習の習慣や学習スキルを獲得できた	基本的な力（数学，読書など）がやりたい仕事とどのように関連しているか知っている	自分で決断できる
学習	進路	自己・社会性・生活
生徒は以下のことを実行できる自信があります	生徒は以下のことを実行できる自信があります	生徒は以下のことを実行できる自信があります
ノートの取り方を改善できる	卒業後の計画を立てることができる（雇用機会，大学，職業訓練，奨学金など）	奨学金やその他の財政面での援助に関する情報を入手できる
学習	進路	自己・社会性・生活
生徒は以下のことを実行できる自信があります	生徒は以下のことを実行できる自信があります	生徒は以下のことを実行できる自信があります
自分でやり始めた課題をもっと沢山こなすことができる	自分の興味のある特定分野の中で様々な職業を探索できる	生活必需品にかかる費用を把握している
学習	進路	自己・社会性・生活
生徒は以下のことを実行できる自信があります	生徒は以下のことを実行できる自信があります	生徒は以下のことを実行できる自信があります
欲求不満を感じても，自分の勉強または仕事の成就まで粘り強く続けることができる	自分の将来の選択肢について情報を集め，それとつながる仕事の世界を理解している	就職までの学費，その他の費用について見通しを立てることができる
学習	進路	自己・社会性・生活
生徒は以下のことを実行できる自信があります	生徒は以下のことを実行できる自信があります	生徒は以下のことを実行できる自信があります
いくつかの，興味を引かれる学問的分野を持っている	将来の仕事において役に立つと思われる，免許・資格取得の計画を立てることができる	自分がどのような職業に一番の興味，適性，能力を持っているか知っている
学習	進路	自己・社会性・生活
生徒は以下のことを実行できる自信があります	生徒は以下のことを実行できる自信があります	生徒は以下のことを実行できる自信があります
受験スキルを向上させる方法を知っている	いくつかの，興味を引かれる職業を持っている	他者を受容することができる，また，自分も他者に受容してもらうことができる

出典：辰巳哲子，2008，「キャリア教育の体系化プロセス―進学校における初年度の取り組み―」『Works Review』vol 3

コラム　キャリア教育のPDCAと進学・就職状況

中学校や高等学校にとって，進学や就職の状況は，その学校の教育成果を示す重要な指標として見なされている。とりわけ高等学校卒業後の進路状況は，その学校への入学を検討している生徒やその保護者にとって大きな意味を持つだけではなく，その学校の社会的な評価を左右するほどの影響力を発揮する。キャリア教育の成果指標として，進学や就職の状況を用いている高等学校は少なくないし，キャリア教育の具体的な到達目標の一部に進学や就職にかかわる具体的な数値を挙げる高等学校も見られる。

無論，卒業後，生徒の希望する上級学校や就職先に在籍できるようになることはその生徒にとって大きな喜びであるし，進学や就職の支援はキャリア教育の重要な要素である。また，キャリア教育推進施策の総体を視野におさめても，フリーターや若年無業者など，学校から社会・職業への移行に困難を抱える若者をできる限り減らしていくことは大きな課題となっている。

しかしここで，中央教育審議会による答申「今後の学校におけるキャリア教育・職業教育の在り方について」（平成23年1月）が，次のように指摘している点は看過されるべきではないだろう。

答申は，「はじめに」において，「その（学校から社会・職業への移行が円滑に行われない状況の〈引用者〉）原因や背景には，学校教育の抱える問題にとどまらず，社会全体を通じた構造的な問題があることが指摘されている。したがって，この問題は，単に個々の子どもや若者の責任にのみ帰結させるべきものではなく，社会を構成する各界が互いに役割を認識し，一体となってあたっていかなければならない」と述べている。学校から社会・職業への移行をめぐる今日の状況は，学校教育が抱える問題にとどまらず，産業構造の変化，就業構造の変化等，社会全体を通じた構造的な問題等の複合的な要因によってもたらされたものである。

それゆえ，国においては，各学校におけるキャリア教育の推進支援にとどまらず，キャリアカウンセリングや就職支援を行う者等による新規学卒者の相談支援の強化や，雇用意欲の高い中小企業と新規学卒者等のミスマッチ解消に向けた取組の強化，専門高校等における実習補助員の雇用等，新規学卒者・若年者の多様な就職支援を推進している。特定の高校の就職率の推移は，その高校単独のキャリア教育の質をそのまま反映するものではなく，様々な社会的要因からの強い影響を受け，また，外部からの支援の程度によっても変容するものである。この点について，答申第2章においても次のような指摘がある。

> これまで行われてきたキャリア教育については，その活動の成果が測定しにくいため，効果や到達目標と関連付けた評価を行うことができていないことが課題として挙げられている。そのため，「進学者数」「就職率」といった進学や就職の状況を成果としがちである。
>
> しかし，このような卒業直後の進路状況の結果は，入試倍率や雇用状況等の外的な要因によって影響を受けやすいなど，社会的・職業的自立に向けて必要な基盤となる能力等を育成することを目的の一つとするキャリア教育の活動の成果を測る指標としては不十分である。（第2章2⑵）

ここで，平成22年3月末における高等学校卒業者の就職率（文部科学省調査）に注目してみよう。学科別の就職率を見ると，「工業」（97.0％）と，「看護」（80.8％）の間には16ポイント以上の差がある。「看護」の就職率の解釈においては，平成14年度から導入された専攻科との接続による5年一貫の看護師養成課程を視野におさめなくてはならない。就職率調査結果が示す「看護」の数値は，専攻科に進学せず，就職を希望した生徒を母数とするものであり，他の学科とは事情が大きく異なる。就職率単独では，このような状況まで示すことはできないだろう。また，都道府県別の就職率をみても，最も高い自治体（98.1％）と低い自治体（75.9％）の間には22ポイント以上の差が生じている。このような地域差を度外視して各学校の就職率を比較すれば，誤った結論を導くことにつながりかねない。

各学校の進学や就職の状況への社会的関心が高いことは事実であり，関連するデータの公開自体は意味のあることである。しかし，そのデータをキャリア教育のPDCAサイクルにどう位置付けるか，とりわけ，目標や成果指標としてどう活用するかをめぐっては，慎重な議論が必要である。

第5章

発達の段階に応じた
キャリア教育実践の進め方

第5章 発達の段階に応じたキャリア教育実践の進め方

今日のキャリア教育推進施策の直接的な契機となった中央教育審議会答申「初等中等教育と高等教育との接続の改善について」(平成11年）は，キャリア教育を小学校段階から発達の段階に応じて実践されるべきものとして提示した。また，「キャリア教育の推進に関する総合的調査研究協力者会議」の最終報告書（平成16年）も，児童生徒の発達の段階や発達課題を踏まえることが，キャリア教育実践の基盤となるという見方を示している。更に，中央教育審議会答申「今後の学校におけるキャリア教育・職業教育の在り方について」は（平成23年１月）においては，発達の段階に応じたキャリア教育の重要性について，一層具体的に次のように指摘している。

> キャリアは，ある年齢に達すると自然に獲得されるものではなく，子ども・若者の発達の段階や発達課題の達成と深くかかわりながら段階を追って発達していくものである。また，その発達を促すには，外部からの組織的・体系的な働きかけが不可欠であり，学校教育では，社会人・職業人として自立していくために必要な基盤となる能力や態度を育成することを通じて，一人一人の発達を促していくことが必要である。(第１章１(1))

そこで本章ではまず，「発達」という概念とキャリア教育との密接な関連性を整理し，その上で，児童生徒にとっての「発達」の意味を踏まえた能力育成の考え方をまとめた。その後，小学校・中学校・高等学校の学校段階に即して，「基礎的・汎用的能力」の育成を主眼としたキャリア教育実践の在り方について，具体例を挙げながら論じている。

なお本章では，学校段階ごとの実践に関する議論をする際，以下の２点に特に留意した。

まず，「基礎的・汎用的能力」の前身とも言うべき「４領域８能力」に基づく諸実践において，学校や地域の特色や生徒の実態等を必ずしも前提としない，固定的・画一的な運用が目立つようになったことを受け，学校や地域の特色に応じた実践の活性化に資することを念頭に置いた。そのため，「４領域８能力」を提示した「職業観・勤労観を育むための学習プログラムの枠組み（例)」(平成14年）のような能力一覧は，固定的な解釈と運用を助長する可能性を勘案し，敢えて作成しないこととした。児童生徒が身に付けるべき能力の具体化の作業は，それぞれの学校が主体となって進められるべきだろう。

次に，中学校・高等学校における進路指導実践の原理として昭和40年代から一貫して継承され，キャリア教育においても強く求められている「教育活動全体」を通じた取組を基軸とすることを念頭においた。本章第２節以降，各教科等の学習指導要領解説から，「基礎的・汎用的能力」の育成に深く関連する部分を具体的に引用したのはそのためである。

第１節　発達の段階に応じた「基礎的・汎用的能力」の考え方

一人一人の児童生徒に役立つ教育活動となるようにキャリア教育を実践するためには，キャリア教育の目的を理解するとともに，キャリア教育が依拠する理論的背景，及び，そこから導き出される児童生徒観と目的の意味を熟知しておくことが不可欠である。本報告書においても繰り返し指摘してきたように，キャリア教育は，全教育活動を通して，「基礎的・汎用的能力」の育成を主軸として，児童生徒一人一人のキャリア発達を促すことを目的としている。

「基礎的・汎用的能力」を育成する活動は一つではない。ある意味で初等中等教育において実践される教育活動の一つ一つはすべて，それぞれの活動の特質に即して「基礎的・汎用的能力」の育成に寄与し，児童生徒の全人格的発達の促進に貢献しているということができる。たとえば，教科教育は，主として知的側面や身体的側面の発達を促すことを通して基礎的・汎用的能力の育成に寄与しているし，道徳教育は，主として道徳性の涵養に焦点を当てる活動を通して基礎的・汎用的能力の向上にも寄与するものである。学校におけるそれぞれの教育実践は独自の目標を持ち，関与する発達的側面が異なるように見える。しかし生徒のうちではすべての活動が相互に関連しあい，相互に影響しあっているのが現実である。キャリア教育も他の教育活動と同一の学校教育の原理に則っており，究極的目標を共有し，児童生徒が経験する他の教育実践と相互に影響し合うことで児童生徒の人格的成長・発達に寄与できるのである。

キャリア教育の実践では，「発達の段階に応じる」ことが特に重視されているが，実は「発達の段階に応じる」ことは初等中等教育全体の原理であり基礎的枠組みであり，基盤となる児童生徒観ともなっている。その意味でキャリア教育の実践は他の教育活動の実践の考え方と同一の基底に立つといえる。ここでは，発達の段階に関して正しく理解する上で不可欠な基礎的概念の要約をしておきたい。

(1)　「発達」という概念

キャリア教育は，他の教育活動と同様，基本的に人間の発達過程に即して展開させるものである。言い換えれば，キャリア教育は，「人間は発達する」という人間観を前提として生涯にわたって展開されるものである。ゆえに「発達」についての理解は，キャリア教育のプログラムの開発はもとより，それを実践する人々が共有すべき態度と能力の基盤であると言えよう。

発達という概念は，生物発生学から出発したものである。また，人間の発達の理解に発生の諸原理を適用したところから派生した学問領域として発達心理学がある。その後多くの研究成果により，発達の諸側面と発達メカニズムや様相，発達を促す要因などについて，多様な理論が提言されてきている。キャリア教育の実践のために発達心理学を習得しなければならないというわけではないが，「発達の段階」が意味する内容を理解するためには，発達の諸原理についての知見は必要であろう。

① 「発達」とは

心理学・教育学の言葉としての発達とは，「個人が時間経過に伴ってその身体的・精神的機能を変えていく過程であり，成長と学習を要因として展開される」（広辞苑）ことを意味する。この定義より，発達は年齢と学習の相互作用によって起こる現象といえる。

② 発達はすべての人に起こる現象

発達の速度や様相は，個人の生育環境，時代，個人の持つ条件や特性によって異なり得るが，すべての人は発達する。

③ 発達は生涯続く過程

現在の発達心理学では，発達とは，受胎から死に至るまでの心身の形態や機能の成長・変化を意味する。発達は一時期の出来事ではない。生涯にわたる時間的流れを背景としている。したがって，人間は生涯発達し続けるという，生涯発達の考え方にもとづいて，それぞれの発達の段階の意味を理解する。

「過程」とは時間的経過だけを意味するのではない。「過程」とは目標に向かって「前進する」という意味を含んでいる。生涯発達心理学において仮定する生涯目標とは，一人一人の自己実現である。自己実現とは一生涯かけて人が目指す課題である。

④ 発達は成長（獲得）と喪失（衰退）とが結びついて起こる過程

発達は獲得と喪失のダイナミックな過程である。獲得・成長のみに見える幼児期や児童期も，実は喪失の側面を持つ。成育環境や個人の持つ条件や特性に対応して発達させられる特徴があると同時に，その他の方向性や可能性は喪失する。その意味で，各段階も目標を設定する意味があり，たとえば，成長段階では多様な経験が子供の可能性を伸ばすための重要な教育的機能となる。

⑤ 発達には漸次性があると同時に，連続的（蓄積的）な側面と不連続（革新的）な側面の両方が機能して起こる過程

発達には，単純な内容から複雑な内容へ，具体的な対象から抽象的な対象へ，概念的レベルの低いものから高いものへ，という方向で，連続的に進行・蓄積され，徐々に変化する側面がある一方で，連続性のない革新的な変化も起こり，その両者が機能して発達は促進される。

⑥ 発達は個人内では可変性がある

個人の生活条件と経験することがらの内容，接する人や情報によって，個人の発達の仕

方や道筋は様々な形態を取り得る。したがって，例えば学校段階や学年としての目標は同じであっても，その目標に達する道筋や行動は個々人で異なり得るので，支援の過程では個々人に注目することが重要となる。

⑦　発達は社会的環境との相互作用の中で起こる

個人の発達は，歴史的，文化的，社会的条件によってきわめて多様であり得る。したがって，どのようにして個人の発達が進むかは，社会的・文化的環境条件とその後の変化・推移によって著しく影響を受ける。その意味でキャリア教育の実践においては，児童生徒の成育環境とその社会の将来像に対して強い関心を向けながら，今すべきことを決める必要がある。

(2)　学校段階における児童生徒のキャリア発達課題

上述したように，個人の発達は生涯にわたる過程である。その発達過程は年齢に伴って自然と起こることではない。年齢と学習の相互作用によって起こる変化である。言い換えれば，年齢に適した学習が実践されることによって発達は促される。キャリア教育の実践において，キャリア発達段階を基本的な考え方とする理由は，キャリア教育の目標である「社会人・職業人として求められる基礎的・汎用的能力の育成」は「年齢と学習」によって連続的に徐々に発達させられるものであるという人間の発達のメカニズムに注目したことにある。

人間の全人格の発達を促すことを目的とする学校制度が，年齢と学習の組み合わせを枠組みとして全教育活動を構成しているのと同じである。特に学校段階は，発達の諸概念を行動化し，効果的に児童生徒の発達を促すために，年齢を基礎とした段階に則って，学校制度を構築し，カリキュラムを構造化している。具体的な教育活動はそれぞれの目標を達成するために，発達の段階ごとの発達課題を設定することによって，発達の連続性と不連続性の両面を実現できるように計画されている。連続的側面は，段階（学年）間が継起的につながっていることを意味し，不連続的側面とは，各段階に質的に異なる飛躍的転換があることを仮定して，段階に固有の課題，すなわち発達課題を設定することをもって，発達を促進することを意味する。

児童生徒にとって発達の段階を考慮する意味は他にもある。それは，学校生活は児童生徒にとっては初めての社会であり，学習を通して発達するという目的を共有する生活に入る。ある意味で，将来実際に自立して生きる社会の原型が学校である。背景は様々であっても年齢が同じであるということで，最も易しい状況で自立するための基盤となる力を発達させられる。このように考えると，小学生の発達課題は，学校という社会の中での様々な学びを通して発達していく過程に即して，自立的に生きるために必要な基盤となる能力を育てることが中核となると言える。

発達の段階についてはいくつもの理論があり，それぞれ特徴がある。しかし，それらの中でも，ドナルド・スーパーの提唱した生涯キャリア発達段階論とそれぞれの段階で達成する課題は，各学校で具体的な目標を考えるので参考になるであろう。たとえば，小学生段階は「空想期」と呼ばれ，その段階の発達課題は自己を大人の世界に関係づけることであり，空想の中で自分の役割を考えられることとしている。空想期の課題の達成は，その次の興味期（好き・嫌いという側面から希望や活動を評価する力を育てるという課題を果たす時期）という土台となり，その次に能力期（できる・できないという能力面から自分や活動を見る力を育てるという課題を果たす時期）へと積み重ね，中学を卒業する頃には，憧れ，興味，能力の三側面から自分と活動を見ることができる力を獲得する，という意味である。スーパーは児童期の心理的発達をめぐる調査研究とアメリカの学校制度を背景にして彼の理論を構築している。

日本においては，基礎的・汎用的能力というとき，それぞれの学校が，何歳ごろに何ができるようになっているのかを把握し，また，何ができるようにしたいのかを明確化する必要がある。その上で，学校・学科や地域の特色を踏まえつつ，各学校段階での他の諸教育活動と照合して，段階別の達成目標を設定し，さらに，児童生徒の内での他の特性（知的な力，社会性，心身の成長の状況，学習を含めた諸活動等）の相互関係を考慮しながら，一人一人の児童生徒の具体的な目標を設定する必要がある。

その際，一つの参考となるのが，平成14年に国立教育政策研究所生徒指導研究センターがとりまとめた研究報告書『児童生徒の職業観・勤労観を育む教育の推進について』が提示した次のキャリア発達についての捉え方（表５－１）であろう。各学校においては，これを固定的な標準として理解するのではなく，それぞれの学校において育成すべき「基礎的・汎用的能力」の目標設定のための議論の糸口の一つとして活用していただきたい。

表５－１　小学校・中学校・高等学校におけるキャリア発達

小学校	中学校	高等学校
進路の探索・選択にかかる基盤形成の時期	**現実的探索と暫定的選択の時期**	**現実的探索・試行と社会的移行準備の時期**
・自己及び他者への積極的関心の形成・発展 ・身のまわりの仕事や環境への関心・意欲の向上 ・夢や希望，憧れる自己イメージの獲得 ・勤労を重んじ目標に向かって努力する態度の形成	・肯定的自己理解と自己有用感の獲得 ・興味・関心等に基づく勤労観，職業観の形成 ・進路計画の立案と暫定的選択 ・生き方や進路に関する現実的探索	・自己理解の深化と自己受容 ・選択基準としての勤労観，職業観の確立 ・将来設計の立案と社会的移行の準備 ・進路の現実吟味と試行的参加

国立教育政策研究所生徒指導研究センター『児童生徒の職業観・勤労観を育む教育の推進について』から一部改訂

第２節　小学校における「基礎的・汎用的能力」の育成

⑴　小学生期のキャリア発達課題

小学校学習指導要領において，教育活動全体を通して行う生き方の指導や勤労観，職業観の形成等にかかわる内容は，かなり充実したものとなっている。例えば，「第１章総則第５指導計画の作成等に当たって配慮すべき事項」には「２⑷各教科等の指導に当たっては，児童が学習課題や活動を選択したり，自らの将来について考えたりする機会を設けるなど工夫すること」とある。

この趣旨について，小学校学習指導要領解説総則編では「これからの学校教育においては，一層変化が激しくなると予想される社会の中で，児童が主体的に対応し，自分らしい生き方を実現していくことができるように，（中略）小学校において，児童の発達の段階に応じて選択能力を育てたり将来の生き方や進路などを考えたりする指導を工夫することが大切である」と述べている。

小学校では，幼児期においてなされる創造的な思考や主体的な生活態度などの基礎を培う指導を踏まえて，児童が自分自身を見つめ，自らの将来について目を向ける機会などを通して，自分のよさや可能性などに気付き，自分らしい生き方を実現していこうとする態度を育成することが重要である。小学校期は，低学年，中学年，高学年と成長が著しく，社会的自立・職業的自立に向けて，その基盤を形成する重要な時期である。そのため児童一人一人の発達に応じて，人，社会，自然，文化とかかわる体験活動を，身近なところから徐々に広げ，丁寧に設定しなければならない。なかでも思春期に入り，自分の将来に目を向け始める高学年段階では，より工夫した実践が必要である。以下，小学校期におけるキャリア発達課題について，低学年・中学年・高学年に分けて具体的に整理しよう。

①　低学年でのキャリア発達課題

低学年では，幼児期の家庭が中心の生活から，「小学校生活に適応させること」がキャリア発達課題として第一に挙げられる。そのためにまず，あいさつや返事をきちんとできるようにすることや，友達と仲良く遊び，助け合うことができるようにすることが重要である。自分の身の回りのことに関心を高め，好きなことを見つけてのびのびと活動するようにしていくことも大切である。

また，係活動や当番活動に取り組ませることによって，自分に割り当てられた仕事や役割の重要性を理解させ，それと同時に，作業や準備や後片付けをしっかりすることの大切さを学ばせたい。職業観の育成の基礎としては，身近で働く人々に対して興味や関心を持たせることも重要である。そのために，生活科での「まちたんけん」など，地域の商店等にでかけ，身近で働く人々を直接見学することなどは重要な体験活動となる。

同時に，この年代は自主性の萌芽が出てくるときでもあり，自分のことはできるだけ自分で行おうとする姿勢を育てたい。一方，自分の好きなもの，大切なものを持つようにすることも重要である。

② 中学年でのキャリア発達課題

中学年では，低学年のキャリア発達課題「小学校への適応」から「友達づくりや集団の結束力づくり」への移行が主な課題となってくる。具体的には，自分のよいところを見つけるとともに，友達のよいところも認め，励ましあうような人間関係づくりを心がけたい。日常の学校生活において互いの役割や役割分担の必要性を理解させることも重要である。

また，中学年では，少しずつ自分の将来への関心が芽生えてくるときでもある。日常の生活や学習が将来の生き方と関係することに気付かせ，将来への夢や希望を持って生活ができるようにすることも重要なキャリア発達課題である。

中学年での職業観の育成のために，身近で働く人々への関心から，世の中にはいろいろな職業や生き方があるということを理解させることが必要である。社会科での「お店調べ」などを通して，低学年で行ったお店の見学だけでなく，実際に事業所の人にインタビューをすることによって，いろいろな職業や生き方について，より関心を持たせることが大切である。また，係活動や当番活動に積極的にかかわらせ，働くことの楽しさを実感させることも重要な課題である。

③ 高学年でのキャリア発達課題

高学年では，小学校のまとめとして「集団の中での役割の自覚」と「中学校への心の準備」が重要な課題となる。そのために，自分の長所や短所に気付き，自分らしさをしっかりと発揮できるような場を用意したい。小学校高学年としての意欲を大切にし，小さい子どもたちの面倒を見るなど異学年集団の活動に進んで参加し，役割と責任を果たそうとする姿勢を育てることも大切である。

また，社会生活にはいろいろな役割があることやその大切さを理解し，仕事における役割や関連性，変化に気付かせたい。同時に，憧れとする職業を持ち，そのために今しなければならないことを考えさせることも重要な発達課題である。

この段階における職業観の育成のためには，身近な産業や職業の様子やその変化について理解し，自分に必要な情報を探せるようにすることが特に重要である。同時に，実際に事業所や職場見学などを通して，働くことの大切さや大変さを実感させたい。その上でこれまで小学校で学んだことや体験したことが，自分の生活や将来の職業と関連があることに気付かせていく必要がある。自分の仕事に対して責任を持ち，自ら見つけた課題を自分の力で解決しようとする姿勢を育てていく。これらの指導を通して，将来の夢や希望を持ち，その実現を目指して努力できる児童を育成していきたい。

⑵ 各教科等との関連

小学校学習指導要領解説では，「道徳」「総合的な学習の時間」「特別活動」のそれぞれにおいて，キャリア教育と関連の深い内容が記されている。もともと「道徳」「総合的な学習の時間」「特別活動」は，「生き方を考えさせる」などを中心的な課題の一つとしており，これらの学習活動はキャリア教育を通じてはぐくむ「基礎的・汎用的能力」を身に付けさせる上で，極めて重要な役割を果たすものである。

また，平成23年１月にとりまとめられた中央教育審議会「今後の学校におけるキャリア教育・職業教育の在り方について（答申）」は，「各教科・科目等における取組は，単独の活動だけでは効果的な教育活動にはならず，取組の一つ一つについて，その内容を振り返り，相互の関係を把握したり，それを適切に結び付けたりしながら，より深い理解へと導くような取組も併せて必要である」と指摘しているが，そのための重要な役割が「道徳」「総合的な学習の時間」「特別活動」に期待されているのである。

これを前提として，以下では各教科の学習指導要領解説をもとに，「基礎的・汎用的能力」を構成する４つの能力別に，教科とそれぞれの能力の関係を例示する。なお，以下の引用及びその説明はあくまで例示であり，各学校においては児童・地域等の実態に合わせた能力の育成方策を考えていかなければならないことを改めて付け加えておきたい。

【人間関係形成・社会形成能力】

【例】 *社会（第２章第１節　１⑴社会生活についての理解，⑶公民的資質の基礎 pp. 10-12）*

> 社会生活についての理解を図り，我が国の国土と歴史に対する理解と愛情を育て，国際社会に生きる平和で民主的な国家・社会の形成者として必要な公民的資質の基礎を養う。
> （小学校学習指導要領　第２章　第２節社会　第１目標）

⑴　社会生活についての理解

社会生活についての理解とは，人々が相互に様々なかかわりをもちながら生活を営んでいることを理解するとともに，自らが社会生活に適応し，地域社会や国家の発展に貢献しようとする態度を育てることを目指すものである。（中略）

⑶　公民的資質の基礎

公民的資質は，平和で民主的な国家・社会の形成者としての自覚をもち，自他の人格を互いに尊重し合うこと，社会的義務や責任を果たそうとすること，社会生活の様々な場面で多面的に考えたり，公正に判断したりすることなどの態度や能力であると考えられる。

人間関係形成・社会形成能力は，人が社会とのかかわりの中で生活し，仕事をしていく上で基礎となる能力である。社会科の学習を通して社会生活についての理解深め，公民的資質の基礎を養うことは，この能力を身に付けさせることにも大きく貢献するものである。上に引用した例に限らず，社会科においてはキャリア教育とかかわりの深い内容が数多い。

> **【例】** *音楽（第３章第３節　第５学年及び第６学年の目標と内容　１目標　p. 51）*
>
> > １目標⑴創造的に音楽にかかわり，音楽活動への意欲を高め，音楽経験を生かして生活を明るく潤いのあるものにする態度と習慣を育てる。
> > （小学校学習指導要領　第２章　第６節音楽　第２各学年の目標及び内容［第５学年及び第６学年］）
>
> ⑴は，児童が創造的に音楽にかかわり，音楽活動に対する意欲を高め，音楽経験を生活に生かす態度と習慣を育てることについて示したものである。高学年の児童は，論理的な思考力が高まると同時に，美へのあこがれや探求心も高まってくる。また，社会性の発達に伴い，集団の中で協力し合って一つのものをつくり上げたり，友達の表現のよさを認めたりすることができるようになる。

価値観の多様化が進む現代社会においては，様々な他者を認めつつ，他者と協働していく力が必要である。その意味で，音楽の授業において多くの友達と共に合唱や合奏，音楽づくりを行い，協力して一つのものを作り上げることは児童にとって有用な経験となる。特に高学年の児童にとっては，社会性が一層発達するときでもあり，音楽活動を通して，友達のよさを理解する力（認める力），他者に働きかける力などを高めていきたい。

> **【例】** *図画工作（第２章第２節　１⑶［共通事項］の内容　pp. 12-13）*
>
> 児童は，材料に触れて形の感じや質感をとらえたり，材料を見つめながら色の変化に気付いたりするなど，直観的に対象の特徴をとらえている。同時に対象や自分の行為などに対して自分なりのイメージをもっている。そしてこれらを基に発想や構想，創造的な技能，鑑賞などの能力を働かせて，具体的な活動を行っている。このような，形や色などの特徴をとらえたり，イメージをもったりする能力は，表現及び鑑賞の活動の基になるとともに，対象からの情報を的確にとらえ，それを主体的に判断するコミュニケーション能力の基盤となるものであり，この内容を〔共通事項〕とした。

図画工作の〔共通事項〕は，表現及び鑑賞の活動の中で，共通に働いている資質や能力であり，児童の活動を具体的にとらえ，造形的な創造活動の基礎的な能力を培うための視点として新たに加わった事項である。自分の感覚や活動を基に，形や色などの造形的な特徴をとらえること，様々な事物や事象について自分なりのイメージを持つことなどは，形や色，イメージなどを言葉のように使いながら生活や社会と豊かにかかわるコミュニケーション能力の基盤としても極めて重要である。

【自己理解・自己管理能力】

> **【例】** *理科（第２章第１節　理科の目標　pp. 7-8）*
>
> ○　見通しをもって観察，実験などを行うこと
>
> 児童が見通しをもつことにより，予想や仮説と観察，実験の結果の一致，不一致が明確になる。両者が一致した場合には，児童は予想や仮説を確認したことになる。一方，

両者が一致しない場合には，児童は予想や仮説を振り返り，それらを見直し，再検討を加えることになる。いずれの場合でも，予想や仮説の妥当性を検討したという意味において意義があり，価値があるものである。このような過程を通して，児童は自らの考えを絶えず見直し，検討する態度を身に付けることになると考えられる。

「自己理解・自己管理能力」は自分が「できること」「意義を感じること」「したいこと」について，社会との相互関係を保ちつつ，今後の成長のために進んで学ぼうとする力である。上記のように理科において，意欲的な観察・実験の活動を行うことは，その結果においても自らの活動の結果としての認識を持つことになる。つまり，児童自らの意欲的な観察・実験は，児童の主体的な問題解決の活動となり，これは自己理解・自己管理能力を養うための貴重な機会となりうるのである。

【例】*体育（第２章第２節　2(1)オ　ボール運動系　pp. 17-18）*
ボール運動の学習指導では，互いに協力し，役割を分担して練習を行い，型に応じた技能を身に付けてゲームをしたり，ルールや学習の場を工夫したりすることが学習の中心となる。また，ルールやマナーを守り，仲間とゲームの楽しさや喜びを共有することができるようにすることが大切である。

現在のように変化の激しい社会にあっては，多様な他者との協力や協働が強く求められている。そこでは，自らの思考や感情を律する力や自らを律する力がますます重要となっている。例えば，上記のようにボール運動などを通して，自己の役割の大切さを理解し，行動することはキャリア形成や人間関係形成における基盤となることがらである。

【課題対応能力】

【例】*国語（第１章３　(2)学習過程の明確化　p.７）*
自ら学び，課題を解決していく能力の育成を重視し，指導事項については学習過程を明確化した。例えば，「書くこと」では，書くことの課題を決める指導事項や，書いたものを交流する指導事項などを新設し，学習過程全体が分かるように内容を構成している。「読むこと」では，音読や解釈，自分の考えの形成及び交流，目的に応じた読書という学習過程を示している。

「課題対応能力」は，仕事をする上での様々な課題を発見・分析し，適切な計画を立ててその課題を処理し，解決することができる力である。このことは，上記のように今回の学習指導要領の改訂においても重要視されていることである。国語においては，学習過程を明確化することにより，自ら学び，課題を解決する能力の育成を重視するとしている。

【例】*算数（第２章第１節　1(4)算数的活動の楽しさや数理的な処理のよさに気付く　p. 21）*
例えば，算数を日常の事象と結び付ける活動，ものづくりをするなどの作業的な活動，実際の数や量の大きさを確かめたりするなどの体験的な活動，九九表に潜むきまりを発見するなどの探究的な活動，解決した問題からの新しい問題づくりなどの発展的な活動等々を通して，児童が活動の楽しさに気付くことをねらいとしている。

算数においては，単に知識や技術を学ぶだけでなく，体験的な学習を通して学んだことを実際の生活の中で生かしたり，計算のきまりを自ら発見したりする学習は特に重要である。これは，将来仕事をする上で，様々な課題を発見・分析し，それを処理し，解決することができる能力の基礎となると考えられる。

【キャリアプランニング能力】

> **【例】***生活（第３章第２節　生活科の内容　pp. 29-30）*
>
> > １内容⑷公共物や公共施設を利用し，身の回りにはみんなで使うものがあることやそれを支えている人々がいることなどが分かり，それらを大切にし，安全に気を付けて正しく利用することができるようにする。（小学校学習指導要領 第２章 第５節生活 第２各学年の目標及び内容［第１学年及び第２学年］）
>
> この内容では，公共物や公共施設を支えている人々がいることが分かるようにすることも求めている。支えている人々とは，公共物や公共施設で職員として働く人はもとより，例えば，図書館で図書の読み聞かせをしてくれる人や，博物館などで案内をしてくれるボランティアの人なども含めて考えていくようにする。大切なことは，それらの人々と直接かかわり，親しみをもてるようにすることであり，その気持ちが公共物や公共施設を大切に利用しようとする意識へと高まることである。例えば，繰り返し公園を利用する中で，公園を管理している方とあいさつをしたり会話を交わしたりして親しくなる。一方で，掃除などの管理作業の大変さにも気付くようになる。そのことが「公園を大切にしよう」「公園をきれいに使おう」とする意識として高まるようになる。このことは，みんなで使うものは，自分にとっても，相手にとっても気持ちよく利用して生活するものであるという公共の意識の高まりにつながることを意味する。

キャリアプランニング能力は，社会人・職業人として生活していくために生涯にわたって必要となる能力である。小学校低学年時に，身近な公共施設等を支えてくれている人たちの存在に気付かせ，そのような人たちの活動の一端を理解させることは，社会が人によって支えられているという事実を認識させるための重要な契機となる。このような学習を通して，子どもたち自身も将来そうした社会の一員となる存在であることを，実感を伴って理解させることが重要であろう。

> **【例】***家庭（第２章第３節　D身近な消費生活と環境　p. 50）*
> ア　物や金銭の大切さに気付き，計画的な使い方を考えること。
> 　ここでは，自分の生活とかかわらせて具体的に学習することにより，物や金銭の大切さを実感し，限りある物や金銭を生かして使う必要性や方法を知り，計画的な使い方を考えることができるようにする。
> 　「物や金銭の大切さに気付き」については，家庭で扱う金銭は家族が働くことによって得られた限りあるものであり，物や金銭が自分と家族の生活を支えていることから，それらを有効に使うことの重要性に気付くようにする。
> 　「物や金銭の計画的な使い方を考える」については，児童が衣食住などの生活で使う身近な物に着目し，日常生活の中で有効に活用できているか，使い方に問題はないか，購入した物は自分の生活にとって必要かどうかなどを考えるようにする。

「キャリアプランニング能力」は，「働くこと」の意義を理解し，自らが果たすべき様々な立場や役割との関連を踏まえることが重要である。この学習では，物や金銭の大切さを児童に実感させ，特に家庭で扱う金銭は家族が「働く」ことによってようやく得られたものであることを十分に理解させたい。その上で，限られたその金銭を無駄なく有効に使うことの重要性に気付かせていく。そして，やがては生きていくために自分も「働く」ことが必要になっていくことを認識させる機会とする。

(3) 地域や学校及び児童の特徴などに応じた実践例

基礎的・汎用的能力の具体的内容については「仕事に就くこと」に焦点を当て，実際の行動として表れるという観点から，前記の４つの能力に整理されている。これらの能力をどのようなまとまりで，どの程度身に付けさせるかは，学校や子どもたちの実態によって異なる。そこで，この４つの能力を参考としながら，各学校の課題にあった具体的な能力を設定し，そのニーズにあった取組が大切である。そのためのヒントとして以下の事例を活用してほしい。

① Ａ小学校の事例－特別活動を中心にした自尊感情を高めるための取組－

《地域の状況》 都市部の私鉄駅周辺で昔ながらの地元の商店や住宅が混在する地域にある学校である。創立80年を迎え伝統があり，３代続けて本校に通っているという家庭も珍しくない。 また，地元の町会組織及び商店組合がしっかりとしており，学校の活動に協力的である。保護者も教育に対して大変熱心であり，PTA活動も活発である。一方，熱心さのあまり時に学校に対する苦情となって表れることもある。	**《学校概要》** 児童数310人，学級数11クラス，専科及び算数少人数加配教員を含めて教員数17人の小規模校。近隣の中学校と連携し，小中学校が連携した教育活動を進めている。 **《学校の教育目標》** しっかり学習する子………〔知〕 人に対してやさしい子……〔徳〕 元気でねばり強い子………〔体〕

⇩

《キャリア教育目標》
・自尊感情を持ち，将来への夢や希望を大切にしながら意欲的に生活する

《目指す児童像》
・体験活動を通して「やればできる」という自信を持って行動する児童
・集団の中で自分の役割を自覚し，責任を主体的に果たす児童

《特に身に付けさせたい基礎的・汎用的能力》

人間関係形成・社会形成能力	自己理解・自己管理能力	課題対能力	キャリアプランニング能力
・あいさつや返事，応答の仕方など基本的な生活習慣の確立。 ・遊びや集団生活を通してきまりを守ることや協力する大切さを知る。	・様々な体験的な活動を通して「やればできる」という自信と自己肯定感を持つ。 ・集団の中で我慢をしなければならない場を経験する。	・自ら課題を見つけ，それを達成する喜びを知る。 ・学校行事等を児童自らの手で企画し，協力し合いながら実行する。	・自分の役割や責任を果たし，人の役に立つ喜びを実感する。 ・友達と協力しあって仕事をすることにより集団の多様性を理解する。

⇧

《キャリア教育の目標》《特に身に付けさせたい基礎的・汎用的能力》などの設定の背景と経緯
・本校は，家庭や地域の教育力の高さもあり，全国学力・学習状況調査では常に高い成績を残すなど，学習面では一定の成果をあげている。
・その一方，生活面では，全校の集まりで私語が目立ち，クラスによっては仲間はずれがあるなど生活指導面での課題がある。また，落ち着いて授業に取り組めない児童がクラスに数名おり，学級崩壊の前兆がみられる状況もある。
・このような現状について，キャリア教育推進委員会（校長，教頭，教務主任，キャリア教育主任，各学年主任によって構成）において原案を作成し，年度末の職員会議で３回にわたって次年度のキャリア教育の目標について協議した。その結果，全校で「自尊感情を高めるための取組」を，特別活動を中心にして行うこととした。

《実践例ー特別活動：学校行事や地域・PTAとの連携》	《特に注目すべき点》
全校での集まりでの私語や，クラスでの仲間はずれなど，周りへの思いやりに欠ける行動は，認めてもらえる経験が少なく，そのことによる自信の欠如から起こるものではないかと考えた【＊１】。そこで，特別活動，主に学校行事において，児童の自主性を大切にした実践を行い，子どもたち自身に「やればできる」と自信を持たせ，自尊感情を高めることとした【＊２】。 各学年の児童数が少ないこともあり，主な学校行事はできるだけ学年単独でなく，低学年団（１，２年）中学年団（３，４年）高学年団（５，６年）の複数学年で実施することにした【＊３】。このことにより，特に上の学年の児童は自ずと下の学年の児童の面倒をみることになり，これらの活動により，一人一人に自信を持たせ，自ら行動できる児童を育成したいと考えた。 また，学校独自の自己理解調査を発達の段階にあわせて作成し，適時その調査を行うことで児童の自己理解状況の変化を知ることとした【＊４】。 ◎春の遠足 全校を，低・中・高の３つの学年団に分け，春の遠足はそれぞれの発達の段階に合わせた目的地に行った【＊４】。低学年では，入学したばかりの１年生に対して２年生が張り切ってお世話をするなど上級生になった自覚と自信を持たせることができた。また，高学年ではグループ行動を運動会でのグループと同一にすることにより【＊５】，より人間関係を深めることができた【＊６】。 ◎運動会 「表現」の種目は全て学年団ごとに実施することにした。練習を通して，上学年の子どもたちの運動会への意識が高まった。特に，６年生にとっては，５年生をよく指導し，終了後には多くの子どもたちが涙を流すほどの成就感を持つことができ，「やればできる」という自信にもなった。運動会直後の自己理解調査では明確に自尊感情を高めた児童の割合が高くなった【＊４】。 ◎秋の地域親子運動会 PTAと地域町会に依頼し，秋の親子運動会においても，子どもたちが主体的に活動できる係活動等を用意してもらった【＊７】。準備の段階から，担当の児童が地域の方と直接かかわることのできる貴重な体験をした。また，当日も子どもたちは高学年の児童を中心に良く働き，その姿を地域の方から誉められ，大きな充実感を味わった。 ◎卒業式 これまでの一年間の総まとめとして，６年生だけでなく全校で卒業式に向けての準備に取り組むことにした【＊５】。特に，４年生以上では実行委員会を組織し，計画段階から子ども自身に考えさせ自分たちで卒業式を作っていくという意識を持たせた。当日は，教師の細かな援助があり，大きな達成感をもって終えることができた。地域からも大きな評価を得られたが，「あのような卒業生になりたい」と下級生が実感したことが何よりもの成果であり【＊８】，自己理解調査でも顕著な変容がみられた【＊４】。	【＊１】学校や児童の実態から，その課題解決のための具体策を，キャリア発達の観点から検討した。 【＊２】基礎的・汎用的能力のうち，「自己理解・自己管理能力」の育成に重点をおいた。 【＊３】学校の規模等，学校の実態に合わせた具体的で実践的な取組を考えた。 【＊４】キャリア教育の実践の評価を，具体的な数値で表す工夫をした。 【＊５】キャリア教育を特定の学年だけで行うのではなく，全校的な取組として成果をあげようとしている。 【＊６】基礎的・汎用的能力の４つの能力のうち，当初考えた能力の育成だけにかかわらず，他の能力も同時に育成しようとしている。 【＊７】キャリア教育の目標達成のための取組を学校だけで行おうとしていない。趣旨を丁寧に説明し，地域等の協力を得ている。 【＊８】キャリア教育の成果を単年度で完結するのでなく，常に次年度への意識をもった取組にしている。

《本実践例から得られる示唆ー他校への応用にあたってー》

本実践事例は，児童の実態から基礎的・汎用的能力の４つの能力のうち「自己理解・自己管理能力」に分類される「自尊感情の育成」を中心としたものであるが，「人間関係形成・社会形成能力」や「課題対応能力」の育成にも配慮した取組となっている。

また，学校や児童の実態によっては，活動のポイントを絞ることも考えられるが，この事例では全教育活動と関連させつつ「特別活動」の「学校行事」に焦点を当てている点が特質となっている。

② B小学校の事例

－教科学習をつなぎながら，コミュニケーション力を高めるための取組－

《地域の状況》	《学校概要》
昭和50年代，大都市のベッドタウンとして生まれ変わった地域である。周辺は宅地であるため，木々を人工的に植え，整備された公園等があるものの，自然林や田畑はほとんど見受けられない。 居住する家庭は，ほとんどが若い父母，そして児童，乳幼児といった家族構成であり，自治会組織もなかなか調いにくい状況にある。保護者の教育熱は高く，学校への期待感も大きい。一方で，利己的な苦情が学校に届くこともある。 子どもたちは，学校と家庭以外に社会とのかかわりが少なく，社会的な視野の狭さや円滑な人間関係の構築が保ちにくいといった課題をもち，忍耐力にも弱さが見られる。そこで，特に，確かなコミュニケーション力を身に付け，社会性を培っていくことが重要である。	創立25年という新しい歴史を築いてきた学校である。 世代の幅が狭い地域にあるため，児童数は開校当時より減少傾向にある。 平成22年度現在，児童数850名，学級数30学級，教員数40名の大規模校である。児童は卒業後，校区の中学校，中高一貫教育の私立中学校数校，県立中学校へ進学し，進路先が多岐にわたる。 **《学校の教育目標》** しっかり動き，じっくり学び，みんなで育つ

⇩

《キャリア教育目標》
・自らの夢をはぐくみ，かかわりを大切にしながら，自分の可能性を伸ばす。

《目指す児童像》
・夢やあこがれを抱き，将来に向かって意欲的に生活しようとする児童
・集団の中で自分の役割を自覚し，自己有用感をもちながら責任を果たす児童
・周りの仲間と好ましい関係を保ち，円滑なコミュニケーションを築く児童

《特に身に付けさせたい基礎的・汎用的能力》

人間関係形成･社会形成能力	自己理解･自己管理能力	課題対応能力	キャリアプランニング能力
・遊びや集団生活を通して，きまりを守ることや協力する大切さを知る。 ・教え合ったり励まし合ったりしながら仲間と協力して仕事に取り組む。 ・社会人としての自覚を醸成し，多様な個性や環境を理解する。	・仲間の中で，自分らしさを発揮しながら行動する。 ・集団行動の中で自己規制を行いながら，目標達成に向けて粘り強く取り組む。	・自ら課題を見つけ，それを達成する喜びを知る。 ・学校行事などを児童自らの手で企画し，協力し合いながら実行する。	・自分の役割や責任を果たし，人の役に立つ喜びを実感する。 ・将来の夢や希望，あこがれを持ち，そのために今何をすべきかを考える。

⇧

《キャリア教育の目標》《特に身に付けさせたい基礎的・汎用的能力》などの設定の背景と経緯
・学力への関心の高い保護者が多い反面，家庭の教育力にばらつきが見られ，基礎学力の定着していない児童も多く，学力差が顕著である。
・取り巻く社会を反映するかのように，異年齢間での遊びや活動がほとんど行われていない。また，何事にも目標をもって積極的に取り組む姿勢や将来設計への意欲などの醸成が必要である。
・このような現状を踏まえ，本校にふさわしいキャリア教育として，6学年すべてにわたり，その発達の段階に応じたキャリア教育の必要性を職員間で合意し，教科学習や地域の特色を有効に活用しながら，体系的に進めていくこととした。

《実践例―「B校ストア」の開店》

児童の状況をふまえ，B校では，あらゆる教育活動の場面に，「かかわること」を適宜取り入れ，確かなコミュニケーション力を育成することに主眼を置いたキャリア教育を進めている。【＊1】

ここでは，５年生の学習活動の事例を紹介する。【＊2】

国語科「インタビューをしよう」
様々な職業の方々に取材することを想定して，インタビューの手だてを考える。教材学習後には，実際に学校長や地域の自治会長に取材を行う。

学校行事「社会見学」
新聞社を訪問し，記者から取材の方法や編集の様子を学ぶ。

国語科「新聞を作ろう」
行った取材内容をまとめ，新聞を発刊し，地域や取材先に配付する。

社会科「日本の自然と人々のくらし」
国内の自然や産業，人々の暮らしについて学習する。その際，国土の自然環境が人々の生活や産業と密接な関連をもっていることを学習する。地形や気候による違いを確認する。

社会科「わたしたちの生活と食料生産」
稲作や水産業が盛んな地域の様子を学び，食料生産について考える。

社会科「情報化した社会とわたしたちの生活」
情報が私たちのくらしに大きな影響を与えていることや情報ネットワークが国民生活を向上させている事例を学習する。

道徳「働くことの意義」
「母の仕事」から働くことの意義を理解し，人々のために役立つ仕事をしようとする意欲をもつ。

総合的な学習の時間「B校ストア開店」
校区に近い国道沿いにある産直市場で店員を務める。価格の設定，商品の陳列，接客などについて学ぶ。【＊3】

総合的な学習の時間「人生の先輩から学ぼう」
地域の達人の伝統産業の技を見聞し，その技術や生活力の価値を感じ，自己の生き方を考える。

【＊4】

《特に注目すべき点》

【＊1】学校や児童の実態から，その課題解決のための具体策を，キャリア教育の観点から検討した。

【＊2】学校の規模等，学校の実態に合わせた具体的で実践的な取組を考えた。

【＊3】基礎的・汎用的能力のうち，「自己管理能力」「課題対応能力」「キャリアプランニング能力」の育成にも寄与する学習である。当初考えた能力の育成だけではなく，他の能力も同時に育成することができる。

【＊4】各教科での学習と道徳・総合的な学習の時間・特別活動との関連を図ることによって，キャリア教育が系統的に実現できる例である。

この実践は，低学年からの積み上げを基盤とし，さらには，６年生とのつながりを考慮して計画されたものである。

《本実践例から得られる示唆－他校への応用にあたって－》

この実践例は，学校や児童の実態に即して，基礎的・汎用的能力について整理された４つの能力のうち「人間関係形成・社会形成能力」を中心に据えた取組の例である。もちろん，他の３つの能力にも配慮し，それぞれを高める工夫が見られる。

ところで，小学校教育のあらゆる場面には，キャリア教育として活用できる多くの教育活動がある。各教科や道徳，外国語活動，特別活動，総合的な学習の時間それぞれの特性を生かしながら，多様な機会を計画的に活用して展開していかねばならない。

ところが，小学校段階でのキャリア教育の見えにくさゆえに，その全体計画や年間指導計画を作成しても，実際には，日常の教育活動の積み重ねにすぎず，計画としては意識化されていても，現実には日常の中に埋没してしまうことが起こりうるのではないだろうか。

この実践事例は，そういったそれぞれの教育活動の中に実は組み入れられているキャリア教育の断片的な一コマ一コマをつなぎ，児童のキャリア発達を促す教育活動として指導者が意識したひとつの取組である。学級担任が児童の学習活動全体を見渡しやすい小学校教育だからこそ，全教員がキャリア教育の視点を意識しながら実践を行うことの有用性を実感するものである。

③　C小学校の事例－交流活動を核とした社会性を高めるための取組－

《地域の状況》	《学校概要》
地方山間部の豊かな自然に囲まれた地域である。近年の過疎化・少子化の影響により，世帯数に比して子どもの数が激減している状況がある。それだけに，地域の方々の子どもや学校への関心度も高い。 子どもたちは，ほとんど，祖父母と同居，あるいは日常的に会うことのできる距離に住んでいる。そのため，家庭教育で身に付く躾や高齢者とのコミュニケーション力は備わり，素直に育っている。 一方で，安定した環境であるだけに，子どもの育ちが小さな閉鎖的な社会でのものとなりがちであるため，特に，自尊感情を基盤としながら他者理解を進め，社会性や課題対応へのたくましさなどを身に付けることが重要である。	創立135年を経た伝統ある学校である。 児童数の減少により，平成15年度から複式教育を余儀なくされ，平成22年度は児童数29人，学級数４クラス，非常勤（専科）を含めて教員数９人の極小規模校となっている。児童は，卒業後，近隣の２小学校の児童とともに，校区の中学校へ進学する者が大半である。 **《学校の教育目標》** かしこく　やさしく　たくましく ・自ら学び，創意工夫する子 ・やさしく思いやりがある子 ・たくましくがんばりぬく子

⇩

《キャリア教育目標》

・自らを発揮し，将来への夢や希望を大切にしながら意欲的に生活する。

《目指す児童像》

・体験活動を通して「やればできる」という自信をもって行動する児童
・未来に夢をもち，臆することなく自らを発揮できる児童
・集団の中で自分の役割を自覚し，責任を主体的に果たす児童
・他者を理解し，円滑なコミュニケーションを築く児童

《特に身に付けさせたい基礎的・汎用的能力》

人間関係形成･社会形成能力	自己理解･自己管理能力	課題対応能力	キャリアプランニング能力
・あいさつや返事，応答の仕方など，対人関係に合わせた言葉遣いができる。 ・開かれた他者との関係の中で適切なコミュニケーションがとれる。	・様々な体験的な活動を通して「やればできる」という自信と自己有用感を持つ。 ・集団行動の中で自己規制ができる。	・自ら課題を見つけ，それを達成する喜びを知る。 ・学校行事などに意欲的に参画し，創意工夫した企画・運営ができる。	・自分の役割や責任を果たし，人の役に立つ喜びを実感する。 ・将来の夢やあこがれを大切にし，それに向かって意欲的に生活する。

⇧

《キャリア教育の目標》《特に身に付けさせたい基礎的・汎用的能力》などの設定の背景と経緯

・本校は，総じて落ち着いた家庭環境に恵まれ，規範意識や道徳性も高い児童たちである。
・異年齢での遊びや高齢者など異世代間の交流も多く，伝統的に異学年の関係性が良好である。
・一方で，小規模校での生活を続ける児童たちにとって，今後より大きな社会に踏み出したときにも，ものおじせずに自尊感情をもって社会生活を営むたくましさや課題への対応力を培うことが非常に重要である。児童や保護者のアンケート調査からも，これからの自分に自信のなさを感じとれる回答が読みとれることなどからも，本校にふさわしいキャリア教育を体系的に進めていく必要がある。
・このような現状をふまえ，年度末の職員会議で次年度のキャリア教育の目標について協議し，その達成のための体系的な取組のひとつとして，体験活動を核として実践を重ねていくこととした。

《実践例－高学年　特別活動「『集い』を創る」》

小さな閉じられた環境で生活し，経験もどうしても限られている中では，自信を持って何事にも向かえる気力や自己有用感をなかなか持ち得ないという現状も否めない【＊１】。そこで，校内に「祭り」という集いの場を設定し，事前の学習指導の場面や特別活動において，交流による体験活動を意図的に取り入れることによって，達成感や成就感を具体的に味わわせながら，たくましく課題に対応して企画・実行する力を高めることとした【＊２】。また，活動は全て縦割りによる異年齢集団（３班編制）で実施した【＊３】。

◎『集い』までに

・**春の遠足**（１～６年生　県立図書館【＊４】，城郭公園など）

（全校児童で同じ目的地を選定する。なお，学習の目的を発達段階に応じて学年別に設定し，集団の中での役割や責任感を養うこととした。）

・**宿泊体験学習**（３～６年生　県南部の漁村にて【＊５】）

（民泊による体験学習。初めて出会う人とのコミュニケーションを通して社会性を獲得しながら，様々な体験活動に挑戦した。）

・**運動会**（１～６年生）

（「子どもが創る運動会」を合い言葉にし，保護者や地域の方々にも理解を促しながら【＊６】，基本的には児童会を中心として児童が召集，進行，準備を行い，紅白のブロック対抗により演技や競技に取り組むこととして実施した。また，この中で取り組んだ「ソーラン」は今やＣ小の名物となり，様々な場面でリクエストをいただき，児童の自尊感情を高めることにもつながっている。）

・**他校との交流活動**（都市にある大規模校の児童，特別支援学校児童）

（地元農家の協力により，農業体験を行う中で，立場や環境の違う児童との交流を行った。児童の視野の広がり，他者理解を進めることにつながっている。）

◎「Ｃ校まつり」

児童の手で作った３体の御輿が運動場を練り歩き，太鼓の踊りや笛太鼓の演奏を披露し，地域の方や保護者に参観してもらう。なお，この踊りや笛太鼓は，６年生が下級生に教えるといった練習を繰り返す【＊７】。そのため，５年生は来年度のために懸命に覚えようと努力していた。

他に，輪投げなどのゲーム活動を展開し，下級生や保育園児，地域の方々を楽しませる。また，低学年児が育てたサツマイモを焼き，皆で味わう。児童は，主体性や企画力を養いながら，人の役に立つ喜びを実感し，充実感を味わうことができた。

◎『集い』のあとに

・**山遊び**

（事前学習としての教科学習，そして，ロープワークの講習後，高学年児童の準備したそり遊びやブランコ，ターザンごっこを実施した【＊８】。）

・**カレーの日**

（お世話になっている地域の方々に招待状を送り，５年生が家庭科の学習で調理したカレーを会食した。なお，６年生が中心になって地域の方々をもてなす。）

《特に注目すべき点》

【＊１】学校や児童のこうした実態から，その課題解決のための具体策を，キャリア発達の観点から検討した。

【＊２】基礎的・汎用的能力のうち，「課題対応能力」の育成を核とした。

【＊３】一つの取組で完結させず，教育活動全般において関連させることに意味がある。

【＊４】例えば，当地方の図書館では，子どもを対象とした図書館ウオッチングにより，書庫の見学や司書体験ができる。こういった地域の事業をうまく活用するのも効果的である。

【＊５】この取組は，「豊かな体験活動推進事業」の中で実施した。

【＊６】キャリア教育の目標達成のための取組として運動会をとらえるとともに，その達成を学校だけで行わず，地域や保護者の協力を得ている。

【＊７】単年度で完結するのでなく，常に次年度への意識をもった取組にしている。

【＊８】地域の豊かな自然をふるさと教材として活用している。また，事前学習では，地域人材を積極的に活用している。

《本実践例から得られる示唆－他校への応用にあたって－》

児童の実態を職員間で十分共有した上での全校的な実践の例である。ただし，特別活動における学校行事の本質についての理解が不十分な場合，それらは一過性の行事となってしまい，教員の多忙感だけが募る結果も招きかねない。そうした課題を克服するためには，その活動を日常の活動（日々の授業や学級経営等）とどう有機的につなぐのかという点に留意する必要がある。本事例では体験活動を意義やねらいの確認につながる教科指導が必ず前後に行われていることを付記したい。

なお，体験の希薄さや狭小な生活環境といった課題は，極小規模校に限定されるものではない。本実践例は，そういった課題に対応し，教育効果を得られる取組であるため，各校の状況に合わせ，単学年の実践として設定したり，学校環境の特色をうまく活用したりしながら，小学校における体験活動の意味をキャリア教育の重要な視点として押さえ，系統的に取り組んでいってほしい。

第３節　中学校における「基礎的・汎用的能力」の育成

(1)　中学生期のキャリア発達課題

中学生期の発達の段階にある生徒は，小学校段階と比べ心身発達上の変化が顕著に表れ，能力や適性，興味や関心等の多様性が進み，個性や価値観の伸長が著しく変化する時期でもある。またこの時期においては身体的，性的な成熟も進み，内面的な成長と共に社会性や自己の生き方について関心も高まる時期であると言える。一方で，中学生は，現実的に進路の選択を迫られ，自分の意志と責任で決定しなければならない。

このような発達の段階にある中学生が，自分を見つめ直し，自分と社会とのかかわりを考え，将来における多様な生き方や進路選択の可能性を理解し，自らの意思と責任において自己の生き方や進路選択ができるような能力，言い換えれば，まさしく社会的・職業的自立に向けて必要な基盤となる能力をはぐくむことは大変重要である。

以下の「表５－２」は，中学生期のキャリア発達の主な特徴を学年ごとに整理したものであるが，ここに例示される特徴は，様々な調査研究等の成果を踏まえて得られた「平均像」をまとめたものであり，それぞれの地域や学校によって実情が大きく異なることは当然である。また，個々の生徒のキャリア発達については，身体的な発達と同様に，一人一人がそれぞれ固有の発達のプロセスをたどるものであることから，「表５－２」を固定的な標準として理解することは誤りである。本表は，キャリア発達の視点から各学年の生徒を理解する上での参考資料，各学年での目標設定の際のたたき台などとして活用されたい。

表５－２　中学校段階におけるキャリア発達の特徴の例

１年	２年	３年
●自分のよさや個性が分かる。 ●自己と他者の違いに気付き，尊重しようとする反面，自己否定などの悩みが生じる。 ●集団の一員としての役割を理解し，それを果たそうとする。 ●将来の職業生活との関連の中で，今の学習の必要性や大切さを理解しようとする。 ●学習の過程を振り返り，次の選択場面に生かそうとする。 ●将来に対する漠然とした夢や憧れを抱いている。	●自分の言動が，他者に及ぼす影響について理解する。 ●社会の一員としての自覚が芽生えるとともに，社会や大人を客観的に捉えるようになる。 ●体験等を通して，勤労の意義や働く人々の様々な思いが分かる。 ●よりよい生活や学習，進路や生き方等を目指して自ら課題を見出していくことの大切さを理解する。 ●将来への夢を達成する上での現実の問題に直面し，模索する。	●自己と他者の個性を尊重し，人間関係を円滑に進めようとする。 ●社会の一員としての参加には義務と責任が伴うことを理解する。 ●係・委員会活動や職場体験等で得たことを，以後の学習や選択に生かそうとする。 ●課題に積極的に取り組み，主体的に解決していこうとする。 ●将来設計を達成するための困難を理解しそれを克服するための努力に向かう。

出典：文部科学省『小学校・中学校・高等学校 キャリア教育推進の手引』平成18年

このようなキャリア発達段階にある中学生期においては，本章第１節で整理したように，「肯定的自己理解と自己有用感の獲得」「興味・関心に基づく勤労観・職業観の形成」「進路計画の立案と暫定的選択」「生き方や進路に関する現実的探索」が特に重要な課題となる。各中学校においては，これらを基盤としつつ，生徒や地域の実態を踏まえ，学校のこれまでの取組などを生かしながら，「基礎的・汎用的能力」に示される４つの能力（「人間関係形成・社会形成能力」「自己理解・自己管理能力」「課題対応能力」「キャリアプランニング能力」）それぞれについて具体的な目標を設定していくことが必要である。

⑵　各教科等との関連

①　「道徳」「総合的な学習の時間」「特別活動」との関連

キャリア教育はすべての教育活動を通して実践されるものであるが，生徒一人一人の「生き方」に直接働きかける「道徳」「総合的な学習の時間」「特別活動」は，特に重要な実践の場となる。また，各教科におけるキャリア教育の取組は，それぞれの単元等の特質に応じた「断片」となる傾向が強いが，それらの学びがより広く深く生徒の内面に生かされるためには，教科間を横断的につなぐ機能が必要となってくる。その役割を中心的に担っているのも「道徳」「総合的な学習の時間」「特別活動」である。

特に「主として自分自身に関すること」「主として他の人とのかかわりに関すること」「主として自然や崇高なものとのかかわりに関すること」「主として集団や社会とのかかわりに関すること」を柱とする「道徳」は，「道徳的価値及びそれに基づいた人間としての生き方についての自覚を深め，道徳的実践力を育成する」ことを目標とするものであり，キャリア教育との関連が極めて深い。さらに，道徳の時間は，各教科，総合的な学習の時間及び特別活動などの指導と密接な関連を図りながら，計画的，発展的な指導によってこれを補充，深化，統合するものとして位置づけられる。

また「望ましい集団活動を通して，心身の調和のとれた発達と個性の伸長を図り，集団や社会の一員としてより良い生活や人間関係を築こうとする自主的，実践的な態度を育てるとともに，人間としての生き方についての自覚を深め，自己を生かす能力を養う」ことを目標とする「特別活動」，とりわけ「適応と成長及び健康安全」「学業と進路」等を内容とする「学級活動」は，キャリア教育の中核的な実践の場である。このような特別活動においてもまた，各教科，道徳及び総合的な学習の時間などの指導との関連を図ることは指導計画の作成上不可欠である。

「横断的・総合的な学習や探求的な学習を通すこと」を目標とする「総合的な学習の時間」が，それぞれの教育活動を通したキャリア教育の実践をつなぐ可能性を持っていることは言うまでもない。総合的な学習の時間においては，各教科，道徳及び特別活動で身に付けた知識や技能等を相互に関連付け，学習や生活において生かし，それらが総合的に働くようにすることが重要であり，各教科等で別々に身に付けた知識や技能をつながりのあるものとして組織化し直し，改めて現実の生活にかかわる学習において活用し，それらが連動して機能するようにすることが求められている。

② 各教科との関連

本報告書第１章において言及した通り，キャリア教育は「生きる力」をはぐくむためのひとつの教育活動である。「基礎的・汎用的能力」も，社会的・職業的自立や社会・職業への移行に必要な「基礎的・基本的な知識・技能」を身に付けさせる上で不可欠な各教科の上に成り立っているものであり，同時に各教科は，それぞれの単元等の特質を生かしたキャリア教育の実践の場としても極めて重要である。

これまでも各教科において多様に展開されてきたキャリア教育であるが，ここでは，「基礎的・汎用的能力」の育成という視点から特に関連する部分に注目し，各教科の学習指導要領解説から具体例を示しながら，各教科とキャリア教育との関連について整理したい。無論，ここで示す各具体例はあくまでも「例」であり，各教科を通したキャリア教育の実践はこれらの「例」に限定されるものでは全くない。それぞれの中学校や地域の特色，生徒の実態などに応じた各学校の創意工夫ある取組が強く期待される。

【人間関係形成・社会形成能力】

人間関係形成・社会形成能力の育成については，「自己と他者」「集団，社会」を意識した視点が必要となる。他者の理解と尊重，多様な他者と協働するためのチームワークやコミュニケーション，社会への参画など，教科との関連も極めて深い。

> *【例】国語（第１章２　国語科改訂の趣旨　p．３）*
> 特に，言葉を通して的確に理解し，論理的に思考し表現する能力，互いの立場や考えを尊重して言葉で伝え合う能力を育成することや，我が国の言語文化に触れて感性や情緒をはぐくむことを重視する。

生徒の言語に対する関心や理解を深め，言語活動を充実することはすべての教科等の指導に当たって配慮すべきことであるが，コミュニケーションの基盤となる言語の能力を培う上では「国語」や「外国語」が特に重要な役割を担っている。また，例えば，「音楽」における「表現」や「鑑賞」の指導に当たっては，生徒が自己のイメージや思いを伝え合ったり，他者の意図に共感したりできるようにするなどコミュニケーションを図る指導が求められている点などに留意する必要がある。

> *【例】保健体育（第２章第２節２　Ｅ球技［第３学年］２態度　pp. 93-94）*
> ⑵　球技に自主的に取り組むとともに，フェアなプレイを大切にしようとすること，自己の

任を果たそうとすること，作戦などについての話合いに貢献しようとすることなどや，健康・安全を確保することができるようにする。(中学校学習指導要領 第２章 第７節保健体育　第２各分野の目標及び内容［体育分野　第３学年］２内容　Ｅ球技)

「自己の責任を果たそうとする」とは，練習や試合の進行などで，記録や審判，キャプテンなどの仲間と互いに合意した役割に，責任をもって自主的に取り組もうとすることを示している。そのため，自己の責任を果たすことは，活動時間の確保につながることやチーム内の人間関係が良くなること，自主的な学習が成立することを理解し，取り組めるようにする。
「話合いに貢献しようとする」とは，チームの課題の解決に向けて，自己の考えを述べたり，相手の話を聞いたりするなど，チームの話合いに責任をもってかかわろうとすることを示している。そのため，相互の信頼関係を深めるためには，相手の感情に配慮しながら発言したり，提案者の発言に同意したりして話合いを進めることなどが大切であることを理解し，取り組めるようにする。

運動やスポーツは，ルールやマナーについて合意したり，適切な人間関係を築いたりするなどの社会性を高める効果が期待でき，キャリア教育の視点を生かした実践が特に期待される。この他，例えば，「美術」においては，他者の立場に立って，伝えたい内容について分かりやすさや美しさなどを考え，表現の構想を練ることが求められており，人間関係を形成する力の育成に大きく貢献するものである。

【例】技術・家庭（第２章第３節　１家庭分野の目標　p. 38）

衣食住などに関する実践的･体験的な学習活動を通して，生活の自立に必要な基礎的･基本的な知識及び技術を習得するとともに，家庭の機能について理解を深め，これからの生活を展望して，課題をもって生活をよりよくしようとする能力と態度を育てる。(中学校学習指導要領 第２章 第８節技術・家庭 第２各分野の目標及び内容［家庭分野］２目標)

「家族・家庭と子どもの成長」では，幼児の成長や家族・家庭に関する学習を進める中で，人間が心身ともに成長し，家族の一員としての役割を果たすことの意義や周囲の人々との人間関係の大切さなどを理解し，よりよい生活を主体的に工夫できる能力と態度を育てることをねらいとしている。

これからの自分と家族とのかかわりに関心をもち，家族の一員としての役割を果たし，家庭における人間関係をよりよくする方法を考えることは，「技術・家庭」における学びとして重要であるだけでなく，人間関係形成･社会形成能力をはぐくむキャリア教育にとっても必要不可欠な要素である。この他，例えば，「保健体育」においては，運動における競争や協同の経験を通して，公正に取り組む，互いに協力する，自己の役割を果たすなどの意欲を育てることが求められ，人間関係形成・社会形成能力の育成上重要な役割を果たすことが期待されており，また，「社会」の「公民的分野」においては，民主政治の推進と，公正な世論の形成や国民の政治参加との関連について考えさせるなど，人間関係形成・社会形成能力を直接的に高めるための機会となっている。

【自己理解・自己管理能力】

自己理解・自己管理能力については，社会との相互関係から自分について知ることの重要性を意識した視点が必要となる。また，自らを律する力や自らを研鑽（さん）する力などは自己管理能力の重要な要素である。

> 【例】*音楽（第２章第２節　2(1)③音楽によって喚起されるイメージや感情　p. 14）*
> 音楽は，その音楽固有の表情，雰囲気，気分や味わいを醸し出している。これが曲想であり，一人一人が自己のイメージや感情を伴って，音楽との相互作用の中で感じ取ることになる。曲想は，音楽を形づくっている要素や構造の働きによって生み出されるものであるから，それらをとらえることによって，曲想をより深く味わうことが可能となる。
> 曲想を感じ取りながら，それを音楽の構造とのかかわりにおいて再度とらえ直すといった活動を繰り返すことによって，生徒の感じ取った内容が質的に深まり，イメージや感情も広がり豊かになる。したがって，生徒一人一人がこうしたイメージや感情を意識し，自己認識をしながら表現活動を進めていくことが大切になってくる。

> 【例】*美術（第２章第１節　１教科の目標　pp. 6－7）*
>
> > 表現及び鑑賞の幅広い活動を通して，美術の創造活動の喜びを味わい美術を愛好する心情を育てるとともに，感性を豊かにし，美術の基礎的な能力を伸ばし，美術文化についての理解を深め，豊かな情操を養う。（中学校学習指導要領　第２章　第６節美術　第１目標）
>
> 「美術を愛好する心情を育てる」について
> 「愛好する心情を育てる」ためには，自分のしたいことを見付け，そのことに自らの生きる意味や価値観をもち，自分にしかない価値をつくりだし続ける意欲をもたせることが重要である。したがって，美術を愛好していくには「楽しい」，「美にあこがれる」，「考える」，「時の経つのを忘れて夢中になって取り組む」，「目標の実現に向かって誠実で忍耐強く自己努力をする」，「絶えずよりよい創造を目指す」などの感情や主体的な態度を養うことが大切である。

生徒の興味・関心を生かし，自主的，自発的な学習が促されるよう工夫することはすべての教科等において必要であり，全教科を通して生徒の自己理解を深めるための働きかけが求められている。上に挙げた「音楽」や「美術」にとどまらず，例えば，「国語」においては読書を通して自己を向上させようとする態度を育てること，「保健体育」では自己の課題に応じた運動の取り組み方を工夫できるようにすること，自らの健康を適切に管理し改善していく資質や能力を育てることがそれぞれ求められており，これらの教科は，生徒の自己理解・自己管理能力を高める上で特に大きな貢献が期待されていると言えよう。

【課題対応能力】

課題対応能力は，情報の理解・選択・処理等，本質の理解，原因の追究，課題発見，計画立案，実行力，評価・改善などを要素とするものであり，情報機器の活用等も含まれる。それらが総合的に作用し「課題発見，課題解決」の能力となって現れてくる。

> **【例】** *数学（第２章第２節　２　Ｂ図形(2)指導内容の概観　pp. 42-43）*
> 今回の改訂では，すべての学年で「観察，操作や実験などの活動を通して」という文言が入っている。これは，不思議に思うこと，疑問に思うこと，当面解決しなければならない課題などをよく観察し，見通しをもって結果を予想したり，解決するための方法を工夫したり，予想した結果を確かめたりするために観察，操作や実験などの活動を通して，図形の学習を行うことをねらいとしている。

> **【例】** *外国語（第２章第２節　英語　３(1)指導計画の作成上の配慮事項　p. 50）*
> 指導に当たり，視聴覚機器を効果的に使うことによって教材が具体化され，生徒にとって身近なものとしてとらえられるようになる。また，生徒の興味・関心を高め，自ら学習しようとする態度を育成することができると考えられる。こういった教育効果をより一層高めることができるものとして，また，生徒が自分の学習の進度に合わせて活用できるものとして，コンピュータの様々なソフトウェアを活用することなども考えられる。
> コンピュータや情報通信ネットワークを使うことによって，教材に関する資料や情報を入手したり，電子メールによって情報を英語で発信したりすることもできる。このような活動を通して，生徒一人一人が主体的に世界とかかわっていこうとする態度を育成することもでき，教育機器は英語教育にとって大切な役目を果たすものとして考えられる。

新しい中学校学習指導要領は，各教科等において，基礎的・基本的な知識及び技能を活用した問題解決的な学習を重視することと当時に，生徒が情報モラルを身に付け，コンピュータや情報通信ネットワークなどの情報手段を適切かつ主体的，積極的に活用できるようにするための学習活動を充実すると共に，これらの情報手段に加え視聴覚教材や教育機器などの教材・教具の適切な活用を図ることを求めている。これらの学習活動は，「基礎的・汎用的能力」の一環としての「課題対応能力」を高めることに直接的に寄与するものである。

上に挙げた「数学」や「外国語」に限らず，例えば，課題の解決に向けて話し合う能力を身に付けさせる「国語」，身近な地域における諸事象を取り上げ，観察や調査などの活動を行い，生徒が生活している土地に対する理解と関心を深めて地域の課題を見いだし，地域社会の形成に参画しその発展に努力しようとする態度を養う「社会（地理的分野）」，歴史的事象の意味・意義や特色，事象間の関連を説明したり，課題を設けて追究したり，意見交換したりするなどの学習を重視する「社会（歴史的分野）」，持続可能な社会を形成するという観点から，私たちがより良い社会を築いていくために解決すべき課題を探究させ，自分の考えをまとめさせる「社会（公民的分野）」，自然の事物・現象の中に問題を見いだし意欲的に探究する活動を通して，規則性を発見したり課題を解決したりする方法を習得させる「理科」，運動の計画の立て方などを理解し，課題に応じた運動の取り組み方を工夫できるようにする「保健体育（体育分野）」など，すべての教科において，それぞれの特質に応じた「課題対応能力」の向上が求められている。

【キャリアプランニング能力】

キャリアプランニング能力は，「働くこと」を意識しながら将来について「考える」「実践する」「学ぶ」「選択する」などの能力であり，自らの将来を展望し設計することに直接的にかかわる能力である。

【例】社会（第２章第２節［公民的分野］２(2)私たちと経済　pp. 103-105）

> ア市場の働きと経済
> 身近な消費生活を中心に経済活動の意義を理解させるとともに，価格の働きに着目させて市場経済の基本的な考え方について理解させる。また，現代の生産や金融などの仕組みや働きを理解させるとともに，社会における企業の役割と責任について考えさせる。その際，社会生活における職業の意義と役割及び雇用と労働条件の改善について，勤労の権利と義務，労働組合の意義及び労働基準法の精神と関連付けて考えさせる。(中学校学習指導要領 第２章 第２節社会 第２各分野の目標及び内容［公民的分野］２内容)

「社会生活における職業の意義と役割及び雇用と労働条件の改善について，勤労の権利と義務，労働組合の意義及び労働基準法の精神と関連付けて考えさせる」については，職業の意義や雇用などについては，それが家計を維持・向上させるだけでなく，個人の個性を生かすとともに，個人と社会とを結び付け，社会的分業の一部を担うことによって社会に貢献し，社会生活を支えるという意義があることについて考えさせることを意味している。また，家計を維持・向上させる上で，雇用と労働条件の改善が重要であることについて気付かせ，産業構造の変化や就業形態の変化，内容の(1)のアの「現代日本の特色」についての学習などと関連付けながら考えさせることが大切である。その際，勤労が国民の権利であり義務であることや職業選択の自由が保障されていることと関連付けて考えさせるとともに，正しい勤労観や職業観の基礎を培うことが必要である。また，労働条件の維持・改善及び経済的地位の向上を図ることを主たる目的として労働者が自主的に組織する労働組合の意義や労働基準法が労働者が人たるに値する生活を営むための最低の基準を定め，労働者を保護しようとしていることと関連付けて考えさせることが必要である。

【例】理科（第３章　２(3)日常生活や社会との関連　p. 106）

生徒の将来とのかかわりの中で理科を学ぶ意義を実感させ，様々な課題に自立的に対応していくためには，理科で学んだことが様々な職業やその後の学習と関連していることや，理科の学習で養う科学的な見方や考え方が職業にも生かされることに触れることが大切である。例えば，授業の中で自然の事物・現象とかかわりのある様々な職業に言及したり，科学技術に関係する職業に従事する人の話を聴かせたりすることなどが考えられる。

【例】技術・家庭（第２章第２節　１技術分野の目標　pp. 14-15）

> ものづくりなどの実践的・体験的な学習活動を通して，材料と加工，エネルギー変換，生物育成及び情報に関する基礎的・基本的な知識及び技術を習得するとともに，技術と社会や環境とのかかわりについて理解を深め，技術を適切に評価し活用する能力と態度を育てる。(中学校学習指導要領 第２章 第８節技術・家庭 第２各分野の目標及び内容［技術分野］１目標)

以上のような技術分野の学習は，工夫・創造の喜びを体験する中で，勤労観や職業観，協調する態度などを併せて醸成するものであり，それは，これからの社会で主体的に「生きる力」の育成を目指して展開されるものである。

一人一人の生徒が，現在及び将来の生き方を考え行動する態度や能力を高め，自らの生き方を考え主体的に進路を選択することができるようにすることは，中学校教育の重要な課題の一つであり，「キャリアプランニング能力」育成のための実践の場は，上に挙げた「社会」「理科」「技術・家庭」にとどまるものではない。例えば，「美術」では，主題を生み出すことから表現の確認及び完成に至る全過程を通して，生徒が夢と目標をもち，自分のよさを発見し喜びをもって自己実現を果たしていく態度の形成を図るようにすることが求められており，「保健体育」では生涯にわたって運動に親しむ資質や能力を育てるとともに健康の保持増進のための実践力の育成と体力の向上を図り，明るく豊かな生活を営む態度を育てることが目標の一部として位置づけられている。

(3) 地域や学校及び生徒の特徴などに応じた実践例

キャリア教育の実践を進める上において，特に留意しなければならない点としては，各校の実態などを踏まえ，学校教育目標の具現化の手立てとなっていることがあげられる。様々な創意工夫ある実践に取り組んで成果をあげている中学校も多いが，キャリア教育の目的や目標が学校のニーズとマッチせず，前年度までの実践の繰り返しに終始するのみの取組も少なくない。各校の実態に応じた，効果的で特色あるキャリア教育を推進していくためにも，以下に掲載する実践事例を参考としていただきたい。

① D中学校の事例－多様な体験学習を主体とした総合的なキャリア教育の実践－

《地域の状況》 学校区は，新駅が設置された新しく活気のある街である。ショッピングセンター等も建設され，新たな事業所等も多い。街全体が新しく新住民も多く，若さと活気にあふれた校区に学校がある。	**《学校の概要》** 生徒数／456名　学級数／12学級 **《学校教育目標》** 一，豊かな心 一，学ぶ力 一，健全な身体

《キャリア教育目標》

あたたかみのある人間関係に立ったキャリア教育の推進
―人間関係をはぐくむための体験学習の推進―

1学年／夢を語ろう！A中生！　2学年／夢を探そう！A中生！　3学年／夢に向かって！A中生！

重点目標
- ①人間関係形成・社会形成能力をはぐくむキャリア教育の推進
- ②社会体験学習の充実と道徳，学級活動を生かした事前・事後指導の体系化
- ③総合的な学習の時間を生かした生き方の指導の推進

《特に身に付けさせたい基礎的・汎用的能力》

人間関係形成･社会形成能力	自己理解･自己管理能力	課題対応能力	キャリアプランニング能力
・体験活動への主体的参加 ・自他の理解の深化 ・社会への興味・関心の拡大	・体験活動による自己理解・相互理解の深化 ・自己の意思と責任による多様な活動 ・自己の役割の理解	・体験活動からの課題発見 ・主体的な課題解決 ・進路選択に向けた活動の展開	・進路選択に向けた具体的な実践 ・学ぶこと・働くことの理解 ・進路選択への価値観

《キャリア教育の目標》《特に身に付けさせたい基礎的・汎用的能力》などの設定の背景と経緯

本校は開校15年目を迎える比較的新しい学校である。校区内の住民の平均年齢も比較的若く，新しく活気のある街である。しかしながら，新住民がほとんどで，地域の一体感や学校への協力体制も希薄である。伝統の浅い学校であるので，教育活動のメインとなる取組がない。その結果，生徒間の人間関係に対する意識や信頼感も薄いものとなり，生徒指導上の課題も多く発生している。

そこで，キャリア教育におけるはぐくむ能力と実践の質に着目し，人間関係形成・社会形成能力の育成と，今後学校の「顔」ともなる体験活動の充実を目指し，本実践に取り組んでいる。結果として，「地域との連携」「体験活動の充実」に成功し，様々な機会で生徒間に思いやりや優しさが見られる場面が多くなってきた。

《実践例－１年生 特別活動「富士山宿泊学習」》

実施時期／５月末
ね ら い／「学級への適応指導」
展　　開／①各自課題を設け，富士山をテーマにした調べ学習の実践【＊１】
②調べ学習を生かした富士山への宿泊学習（１泊２日）
学習テーマに沿って，４つの探索コースを設定【＊２】
③学習内容のまとめと発表
成　　果／調べ学習の取組方の把握【＊３】
学級・学年集団の人間関係形成のきっかけづくり

《実践例－１年生 総合的な学習の時間「職場体験」》

実施時期／11月
ね ら い／「生徒間の人間関係の構築」「適応指導の充実」「保護者・地域との連携」
展　　開／①職場体験で学びたい個々の課題を設定【＊４】
②職場体験の受入先を個々の生徒が見つけ決定【＊５】
③事前訪問を経て３日間の職場体験の実施
④事後訪問及び発表会【＊６】
成　　果／自分で事業所を見つけることによる自信と成長
（パフォーマンス能力の向上）
保護者，地域との連携の強化
事業所の方とのかかわりによる価値観の変化

《実践例－２年生 特別活動「修学旅行による職場体験」》

実施時期／２月（２泊３日）
ね ら い／「職業観・勤労観の理解」「働く意義の体験的理解」
「課題対応能力の向上（学習プロセスの理解）」
展　　開／①修学旅行における個々の生徒の課題の設定【＊７】
②京都修学旅行での職場体験先の探索【＊８】
③京都修学旅行における職場体験先の決定
④修学旅行による職場体験（半日／２日目午前中）
⑤報告書及び礼状作成と発表会
成　　果／課題対応能力の向上
京都の方とのふれあいによる価値観の変化
集団としての人間関係の強化

《実践例－３年生 特別活動「進路を考える会」》

実施時期／７月（半日開催）
ね ら い／「進路意識の向上」「進学への意識の高揚」「進路選択に対する保護者の理解」
展　　開／同日開催
①上級学校訪問の報告会
②進路パネルディスカッション
（パネラー／社会人，大学生，専門学校生，高校生，高校教諭，中学校教諭，保護者）【＊９】
成　　果／進路への意欲・意識の向上
進路選択への保護者の理解と価値観の変容

《特に注目すべき点》

【＊１】富士山をテーマにした学習課題はたいへん豊富である。
【＊２】富士山はNPO団体の活動が盛んで，支援が受けやすい。
【＊３】富士山をテーマにして，課題Ｉ設定－調査－体験－発表の流れをコンパクトに学ぶことができる。
【＊４】職場体験で自分が何を学びたいかを明確に指導する。
【＊５】職場体験先事業所を生徒個人が見つけることにより，地域との接点が広がる。また，事業所とのかかわりの中から動機付けが高まる。
【＊６】実践にかかわってくれた多くの方を招待する。また，地域の方や小学６年生を招待し，評価者を増やす。
【＊７】体験を充実したものとするために個々の課題を明確にする。
【＊８】生徒個々が工夫を凝らして，様々な調査をおこなう。また，１年生職場体験での経験が生徒に生きる。
【＊９】様々な立場のパネラーから意見を聞くことにより，様々な価値観で進路を考えることが理解できる。

《本実践事例から得られる示唆－他校への応用にあたって－》

○体験活動は，３年間の生徒の変容を見通し，活動自体が有機的に接続する指導の流れ

○保護者・地域等外部機関との積極的な連携

○キャリア教育における生徒一人一人の課題の明確化

②　E中学校の事例－道徳・学級活動を主体としたキャリア教育の実践－

《地域の状況》
街の中心部から郊外に位置した昭和後半の新興住宅街にある。生徒数は昭和後半にピークを迎え，現在は減少傾向にある。
市内全体が少子・高齢化傾向にあり，特色的な産業などもなく，全体的に躍動感の少ない地域である。

《学校の概要》
生徒数／331名　学級数／９学級

《学校教育目標》
「生きる力」を持った生徒の育成
―知・徳・体の調和―
・自ら学び，互いに高め合う生徒
・思いやりのある生徒
・心身共にたくましい生徒

《学校の現状》
数年前に生徒指導上の課題が多発した状況がある。課題解決に向けて道徳や学活を中心としたキャリア教育の研修に取り組んでいる。

⇩

《キャリア教育目標》

学校教育目標／「生きる力」を持った生徒の育成―知・徳・体の調和

E中学校／キャリア教育の目標

自分の未来を見つめ，たくましく生きぬく力をはぐくむキャリア教育の推進
―道徳・学級活動におけるキャリア教育の推進を中心として―

人間関係形成･社会形成能力	自己理解･自己管理能力	課題対応能力	キャリアプランニング能力
○あいさつ運動 ○地域清掃活動 ○美化奉仕活動 ○宿泊学習など	○体育祭，文化祭の縦割り活動 ○トイレ清掃 ○生活点検など	○授業の受け方７箇所 ○清掃ガイダンス ○生徒会など	○職場体験学習 ○上級学校訪問 ○卒業生を囲む会 ○進路講演会など

道徳・学級活動の授業を中心にして

人間関係形成･社会形成能力	自己理解･自己管理能力	課題対応能力	キャリアプランニング能力
・様々な体験活動を通して，基本的な生活習慣の重要性や社会性などについて理解できたか。	・学校行事に主体的に参加し，自己の責任や役割について理解し，行動することができたか。	・自らなすべきことを考え，学習活動や奉仕活動等に積極的に参加することができたか。	・自己の進路を主体的に考えつつ，体験活動に参加し，進路選択のための計画を立てることができたか。

⇧

《キャリア教育の目標》《特に身に付けさせたい基礎的・汎用的能力》などの設定の背景と経緯
本校は，数年前に生徒指導上での大きな課題を抱え，問題行動が多発する学校であった。当時は終始，消極的な生徒指導に追われる状況があったが，根本的な解決には至らなかった。
本来の学びの場としての学校の機能を根本から立て直すため，「豊かな心をはぐくむ道徳」と「将来を動機付けにし，いまをがんばれる力をはぐくむキャリア教育」を接続し，キャリア教育の推進に３年前から取り組んだ。
「体験活動を生かす道徳」「生き方を考える道徳」「学級を支える学級活動」「地域・保護者との連携による体験活動」「創意ある体験活動」などの推進により，徐々に生徒に笑顔があふれ，活気ある学校へと変化を遂げてきている。

《実践事例－第３学年における取組を中心に》	《特に注目すべき点》
４月／学活：「学級オープニングプログラム」**内容／(1)-イ，(2)-オ** ・人間関係の構築（エンカウンターなどの実施） ・集団のルールの確認 （ソーシャルスキルトレーニングなどの活用） ・役割と自覚（係り，委員会決定など） ○学年集会：清掃活動ガイダンス【＊１】 ５月／道徳：「何のために働くのか？」【＊２】**内容項目／３-(1)　４-(5)** 学活：「学級の課題を克服しよう」**内容／(1)-ア** ・基本的生活習慣や集団生活の改善への学級討議 ○あいさつ運動【＊３】 ６月／道徳：「私の悩み」－進路について相談しよう－【＊４】 **内容項目／１-(4)，(5)** 学活：「いいところ探偵」・自己PRができるよう自分の長所を調査する　**内容／(2)-イ** ○体育祭：縦割り活動 ７月／道徳：「イチロー選手，石川遼選手，北島康介選手から進路選択を学ぶ」【＊５】**内容項目／１-(2)** ○心を磨くトイレ清掃：素手によるトイレ清掃 ○卒業生を囲む会：異校種の先輩から進路について考える。 ８月／○上級学校訪問：２年次は班別行動で実施。３年では，希望校を中心に訪問する。 ○地域清掃：全生徒が学校より地域に出ての清掃活動 ９月／道徳：「てんびんばかり」―なぜ働くことは大切なのか―【＊６】 ○文化祭：縦割り活動　**内容項目／４-(4)，(5)** 10月／道徳：「あいつの進路選択」―友人の進路選択―【＊７】 **内容項目／１-(5)　２-(3)** ○進路講演会：職業人による進路や生き方にかかわる講話 ○福祉体験：ハンディキャップのある方の講演，インスタントシニア，トラストウォーク，車いす体験などの活動 11月／学活：「中退を考えよう」・中途退学についてデータを参考にロールプレイにより考える。**内容／(3)-ウ** 12月／学活：「受験校についてまとめよう」**内容／(3)-ウ** １月／道徳：「社会の一員として」【＊８】**内容項目／１-(3)　４-(2)** ２月／学活：「卒業に向けて」**内容／(1)-イ，ウ** ・卒業を控え，３年間の軌跡についてまとめる ・お世話になった方々へのお礼 ３月／○３年生を送る会 学活：「拝啓，20歳の君へ」・二十歳の自分へのメッセージ ○卒業式　**内容／(3)-オ**	【＊１】「ひとつ拾えば，ひとつきれいになる」をテーマに清掃の重要性を確認する講演。 【＊２】末期ガン患者に美容を施す美容師のエピソードから「働くこと」について考える。 【＊３】生徒，保護者，地域の方によるあいさつ運動 【＊４】自分の進路に対する悩みを友人と共有化する活動 【＊５】イチロー選手，石川遼選手，北島康介選手の文集を資料として，進路選択について考える。 【＊６】雨でも嵐でも，台風でも，働く鉄道員のエピソードから，なぜ働くのかについて考える。 【＊７】友人の進路選択のエピソードから，自分の進路選択の在り方について考える。 【＊８】職業人以外の人生について，ボランティアなどの多様な視点から考える。

《本実践事例から得られる示唆－他校への応用にあたって－》

○キャリア教育の基本的な活動ステージとなる，道徳，特別活動の重要性

○道徳・学級活動，体験活動などの行事とのかかわりと系統性

○道徳による生き方にかかわる教育の汎用性

○事前・事後指導の重要性と機能的計画

③　F中学校の事例－美術科の授業からアプローチする－

《地域の状況》	《学校概要》
首都近郊の通勤圏にある住宅街に位置する中学校であり，学校の近隣には商店街や大手量販店，デパートの商業施設や行政機関，高校・大学などがある。	生徒数757，学級数20学級 《学校の教育目標》 自 主 性：すすんで学び，考えて行動しよう。 公 徳 心：人の立場を理解し，責任をはたそう。 健康安全：心身を鍛え，たくましく生きよう。

⇩

《キャリア教育目標》

自己の生き方について，主体的に考える力を身に付けさせ，自己の個性や能力・適性を理解し，自らの責任と意思において進路の実現を図らせる。

第１学年：(進路の意識化) 身近な進路情報から将来への関心を高め，進んで自己の進路に目を向けられる生徒の育成。

第２学年：(進路の吟味)上級学校や職業情報を積極的に取り入れ，自己の能力と適性を理解し，自らの進路を考えることのできる生徒の育成。

第３学年：(進路の選択と決定) 自らの生き方を考え，自己に適した進路の選択・決定をし，将来にわたって努力しつづけることのできる生徒の育成

《目指す生徒像》

・お互いに支え・認め合い人権尊重の精神にたった行動のできる生徒。
・基礎的・基本的学力を身につけた生徒。
・自ら学ぶ意欲を持って，自らの生き方を主体的に考え，自らの意思と責任において行動する生徒。
・心身を鍛え，健康で明るく活動する，豊かな心を持った生徒。
・幅広い視野を身に付けた，国際性豊かな生徒。

《特に身に付けさせたい基礎的・汎用的能力》

人間関係形成･社会形成能力	自己理解･自己管理能力	課題対応能力	キャリアプランニング能力
キャリア教育にかかわる多様な活動の中で，自己の個性を表現しながら，他者の個性を尊重することができる。	自己の思いや考えをまとめ，積極的に表現することにより，自己の理解を深め，主体的に生活することができる。	日常生活における様々な活動場面から，課題を発見し，将来のために，いますべきことについて考え，行動することができる。	様々な体験より得られた学びを，自己の生き方に対する考えや観点からまとめ，主体的な進路選択に活かすことができる。

⇧

《キャリア教育目標》《特に身に付けさせたい基礎的・汎用的能力》などの設定の背景

・開校60年を迎えた伝統校であり，保護者や地域住人には卒業生も多く，学校の教育活動に対して協力的な地域に位置する。
・首都圏近郊の通勤圏に位置し，公共施設や商店街，デパートが広がる商業地域に位置し，中学校が行う職場体験などで生徒の受け入れ先となっている。
・地域には市立美術館があり，美術館と連携した公立学校の学生の作品展や美術の授業が行われるなど，美術教育が盛んな地域である。
・生徒を対象としたアンケートの結果，自分の将来を考えることや，現在の学習が自分の将来と結びついていることに対する自覚が希薄であり，日常の学校生活においても自己中心的な傾向が目立ち，生徒会活動において消極的な傾向が目立つ。

《実践例－1年生・美術「職業人を描こう」》

美術課題「職業人を描こう」は，中学校でよく行われている「職業調べ」に美術科からアプローチしたものである。当該課題は，中学校学習指導要領の第6節美術の第1学年に定められた目標の達成を目指すと同時に，働く人を描くという行為によって，生徒はじっくりと職業人を観察し絵画として仕上げていくことを通じて，働くことや職業に対する理解を深めさせようとするものである。なお，本事例では，保護者等の協力を得つつ夏季休業中の美術課題などとして行った。

中学1年生が描いた職業人写生画

展開

〈事前指導　第1時～第2時〉
○美術の授業：題材「職業人の絵を描く」のねらいの確認。
　※学校からの依頼状を描くことを決めた職場の方に渡す【＊1】。
　※保護者への協力依頼【＊2】。
○特別活動（学級活動）
　　　　　　：訪問先へのアポイントの取り方，マナーの練習
　※2年生で行う職場体験活動を展望させつつ実施する
〈夏季休業中〉
○「職業人の写生【＊3】」と「インタビュー【＊4】」
〈事後指導　第3時〉
○美術の授業：作品を示しながら各学級で発表会を行う。
○校内作品展示会

《特に注目すべき点》

【＊1】事業所宛に当該課題に対する協力依頼を作成し，生徒に持参させる。

【＊2】当該課題に対する保護者の協力をあおぐために，保護者会や文書によって当該課題に対する説明と協力の依頼を行う。

【＊3】職業人の写生にあたっては，職業人が働いている様子だけでなく，職業人がいる場所がわかるように，背景も描き込むように指導する。

【＊4】単に写生をするだけでなく，モデルとなった職業人に「仕事の内容」や「社会における職業の役割」などに関するインタビューを行わせ，事後における発表会で自分の感想をまとめさせる。

《本実践事例から得られる示唆－他校への応用に当たって》

働いている人を数時間にわたって描くという行為は，職業や労働に対する理解を深め，将来の職業生活に対する自覚を促す効果がある。中学生は，美術科の好き・嫌い及び美術科への得意・不得意に関係なく「職業人をモデルとした写生」をすることによって美術学習への自己効力感を向上させ，これが進路に関連する自己効力感にも影響を与えることが明らかにされている（山田智之「進路関連自己効力感に影響を与える中学校美術科の取り組みに関する研究」『日本大学大学院総合社会情報研究科紀要』第8号，2007）

また，これらの自己効力感に人間関係形成などの対人スキルが大きな影響を与えていることも明らかにされており，当該課題のような社会人とのふれ合いがある授業展開をする場合，挨拶や礼儀などの対人スキルを向上させる取り組みの重要性を示唆している。このような対人スキルの向上を図るためには，日々の授業の最初と最後の挨拶，号令などの指導も非常に重要であり，特別活動との連携も有効である。

本実践例は，美術科からアプローチするキャリア教育によって，中学生は進路に関わる成長を促進することを示している。このことは，各教科がそれぞれの教科の特性を生かしてキャリア教育にアプローチすることによって，中学生に様々な進路発達を促進することができることを示唆している。

第４節　高等学校における「基礎的・汎用的能力」の育成

(1) 高校生期のキャリア発達課題

高校生期は，自我の形成もかなり進み，身体的にもほぼ成熟し，自立の要求が高まっていく時期である。所属する集団が増加し人間関係もより広がり，そうした中で，様々な役割や期待に応えながら望ましく円滑な人間関係を築いていくことが求められる。しかし，身体的・生理的側面での早熟化が進む反面，ストレス耐性や社会性に未熟さが見られるなど，自分自身に自信が持てない生徒も少なくない。

またこの時期は，大人の社会でどう生きていくかという課題に出会う時期である。自己実現の欲求を持ちながら，自分の人生をどう生きていくか，生きることの意味は何かといった，人間としての在り方生き方を理念的に考える一方で，就職や進学を控え，現実的な検討・対応や具体的な選択・決定が求められる。特に高校生の時期は，自分の将来を具体的に設計しその実現に積極的に取り組む生徒がいる一方，理想を求めることに急いで，とかく現実を否定する傾向も強まるため，不透明な未来にこの時期特有の様々な不安や悩みを抱え，中には，無気力傾向に陥ったり，非行に走ったりする生徒も見られる。

「表５－３」は，高校生期のキャリア発達の主な特徴を，入学時から在学期間半ばごろまでと，その後卒業を間近にするころまでに区分してまとめたものである。ここに例示される特徴は，様々な調査研究等の成果を踏まえて整理されたものであるが，それぞれの学校が立地する地域の状況，学科や設置形態の特色，生徒の実態などによって，実情とのずれが生じることは当然である。「表５－３」は高校生期のキャリア発達の固定的な標準を示すものではない。本表は，キャリア発達の視点から高校生を理解する上での参考資料，あるいは，学年ごとの目標設定のための議論の契機として活用されるべきだろう。

表５－３　高等学校段階におけるキャリア発達の特徴の例

入学から在学期間半ばごろまで	在学期間半ばごろから卒業を間近にするころまで
●新しい環境に適応するとともに他者との望ましい人間関係を構築する。 ●新たな環境の中で自らの役割を自覚し，積極的に役割を果たす。 ●学習活動を通して自らの勤労観，職業観について価値観形成を図る。 ●様々な情報を収集し，それに基づいて自分の将来について暫定的に決定する。 ●進路希望を実現するための諸条件や課題を理解し，検討する。 ●将来設計を立案し，今取り組むべき学習や活動を理解し実行に移す。	●他者の価値観や個性を理解し，自分との差異を認めつつ受容する。 ●卒業後の進路について多面的多角的に情報を集め，検討する。 ●自分の能力・適性を的確に判断し，自らの将来設計に基づいて，高校卒業後の進路について決定する。 ●進路実現のために今取り組むべき課題は何かを考え，実行に移す。 ●理想と現実との葛藤や経験等を通し，様々な困難を克服するスキルを身に付ける。

出典：文部科学省『小学校・中学校・高等学校 キャリア教育推進の手引』平成18年

このようなキャリア発達段階にある高校生期においては，本章第１節で整理したように，「自己理解の深化と自己受容」「選択基準としての勤労観，職業観の確立」「将来設計の立案と社会的移行の準備」「進路の現実吟味と試行的参加」が特に重要な課題となる。各高等学校においては，これらを基盤としつつ，生徒や地域の実態に即し，学校や学科の特色やこれまでの取組を生かしながら，「基礎的・汎用的能力」に示される４つの能力（「人間関係形成・社会形成能力」「自己理解・自己管理能力」「課題対応能力」「キャリアプランニング能力」）それぞれについて具体的な目標を設定していくことが必要である。

⑵ 各教科等との関連

① 「総合的な学習の時間」「特別活動」との関連

平成23年１月にとりまとめられた中央教育審議会「今後の学校におけるキャリア教育・職業教育の在り方について（答申）」は，キャリア教育が全ての教育活動を通して実践されることを前提としながら，「各教科・科目等における取組は，単独の活動だけでは効果的な教育活動にはならず，取組の一つ一つについて，その内容を振り返り，相互の関係を把握したり，それを適切に結び付けたりしながら，より深い理解へと導くような取組も併せて必要である」と指摘しているが，高等学校においてその重要な役割は「総合的な学習の時間」や「特別活動」が中心的に担うものである。

高等学校における総合的な学習の時間は，「横断的・総合的な学習や探究的な学習を通して，自ら課題を見付け，自ら学び，自ら考え，主体的に判断し，よりよく問題を解決する資質や能力を育成すると共に，学び方やものの考え方を身に付け，問題の解決や探究活動に主体的，創造的，協同的に取り組む態度を育て，自己の在り方生き方を考えることができるようにする」ことを目標としている。また，総合的な学習の時間においては，「各教科・科目及び特別活動で身に付けた知識や技能等を相互に関連付け，学習や生活において生かし，それらが総合的に働くようにすること」が求められる。このような教育活動を通して「自己の在り方生き方を考えることができるようにする」ことが，総合的な学習の時間においては重要である。

また「望ましい集団活動を通して，心身の調和のとれた発達と個性の伸長を図り，集団や社会の一員としてよりよい生活や人間関係を築こうとする自主的，実践的な態度を育てるとともに，人間としての生き方についての自覚を深め，自己を生かす能力を養う」ことを目標とする「特別活動」，とりわけ「適応と成長及び健康安全」「学業と進路」等を内容とする「ホームルーム活動」は，キャリア教育の中核的な実践の場である。「ホームルーム活動」を中心として「特別活動」の全体を通じてキャリア教育を実践するに当たっては，社会の一員としての自己の生き方を探究するなど，人間としての在り方生き方の指導が行われるようにすることが不可欠であり，その際，他の教科等，特に公民科や総合的な学習の時間との関連を図ることが特に求められている。

③　各教科との関連

「各教科」におけるキャリア教育の実践は，学習意欲の向上や学習習慣の確立にもつながることが期待されている。また，上掲の中央教育審議会答申においては，高等学校におけるキャリア教育の推進方策の柱の一つとして「キャリアを積み上げていく上で必要な知識等を，教科・科目等を通じて理解させること」を挙げ，次のように指摘している。

> 特に，高等学校の段階は，学校と家庭以外での生活や社会の中での活動が増える時期にもかかわらず，現在の高校生は社会の仕組みや様々な状況に対処する方法を十分には身に付けていないと指摘されており，知識として学ぶことと体験を通して学ぶことの両面から，現実社会の厳しさも含めて，一人一人の将来に実感のあるものとして伝えることが特に重要である。その際，例えば，公民科や家庭科等を通じて，今日の社会が分業によって成り立っており，職に就き，働くことを通してその一端を担い，人々が相互に支え合っていることを理解することや，労働者としての権利や義務，雇用契約の法的意味，求人情報の獲得方法，人権侵害等への対処方法，相談機関等に関する情報や知識等を学習すること，また，人の一生の中で大きな要素となる「仕事」と「家庭生活」の調和の取れたライフスタイルを創造するために必要な知識等を学習することが必要である。その際，これらの知識は，一人一人の将来に直接かかわる実感のあるものとして伝えることが特に重要である。（第３章３⑴②）

また，総合学科においてすべての生徒に原則として入学年次に履修させるものとされ，総合学科以外の高等学校においても学校設定教科に関する科目として開設することができる「産業社会と人間」は，キャリア教育の中核的な実践の場として位置付く。中央教育審議会「今後の学校におけるキャリア教育・職業教育の在り方について（答申）」は，「産業社会と人間」を開設していない多くの高等学校について，「総合学科以外の多くの学校では，総合的な学習の時間や特別活動等の中で行われているのが現状である。しかし，実態としては，この４つの観点を踏まえた学習の内容の一部のみが行われている場合が多いことから，これらの学習を確実に行えるよう，総合的な学習の時間等を効果的に活用していくことが望まれる」との現状認識に立って，「『産業社会と人間』については，実施することの意義を認めている学校・教育委員会がほとんどを占めている。今後，『産業社会と人間』において指導される成果・課題を踏まえて，その充実に向けた取組が進むことが期待され，また，高等学校の教育課程に，『産業社会と人間』又はそれに類する教科・科目等のような中核となる時間を明確に位置付けることについて，更に検討が必要である」と提言している。今後も継続的に検討されるべき重要な課題であろう。このような「産業社会と人間」の目標や内容などについては，高等学校学習指導要領第１章第２款４が次のように定めている。

この科目の目標，内容，単位数等を各学校において定めるに当たっては，産業社会における自己の在り方生き方について考えさせ，社会に積極的に寄与し，生涯にわたって学習に取り組む意欲や態度を養うとともに，生徒の主体的な各教科・科目の選択に資するよう，就業体験等の体験的な学習や調査・研究などを通して，次のような事項について指導することに配慮するものとする。

ア．社会生活や職業生活に必要な基本的な能力や態度及び望ましい勤労観，職業観の育成

イ．我が国の産業の発展とそれがもたらした社会の変化についての考察

ウ．自己の将来の生き方や進路についての考察及び各教科・科目の履修計画の作成

（高等学校学習指導要領　第１章第２款５）

以下では，これらを前提としながら，各教科とキャリア教育との関連について「基礎的・汎用的能力」の育成に特に密接に関連する部分に注目し，各教科の学習指導要領解説から具体例を挙げつつ整理したい。なお，以下に示す具体例はあくまでも例示であり，各教科を通したキャリア教育の取組の機会を網羅的に示すものではない。各学校においては，学科や設置形態の特色，地域社会の特徴，生徒の実態などに応じて，創意ある多様な実践が展開される必要がある。

【人間関係形成・社会形成能力】

人間関係形成・社会形成能力の重要な要素としてコミュニケーション能力があるが，とりわけ，コミュニケーションの基盤となる言語の能力を培うために重要な役割を担うのは，各学科に共通する教科（以下，本文では「共通教科」，引用文の枠内においては［共通］と略す）では「国語」「外国語」，主として専門学科において開設される各教科（以下，本文では「専門教科」，引用文の枠内においては［専門］と略す）では「英語」が重要な役割を担っていることは自明であろう。しかし，生徒の言語に対する関心や理解を深め，言語活動を充実することはすべての教科等の指導に当たって配慮すべきことである。ここでは，「国語」「外国語」「英語」以外の教科に焦点を絞り，人間関係形成・社会形成能力に関連の深い部分を引用する。

***【例】**芸術［共通］（第２章第７節　工芸Ⅰ　４内容の取扱い　p. 90）*

鑑賞において造形的な視点を豊かにもって対象をとらえるためには，言葉で考えさせ整理することも重要である。言葉にすることにより，美しさの要素が明確になったり，言葉を使って他者と意見を交流することにより，新しい価値などに気付いたりすることができるようになるからである。

指導に当たっては，生徒が個性を尊重し合いながら，工芸作品や互いの作品について批評し合い討論する機会を設け，自他の見方や感じ方の相違などを理解し，作品の見方，感じ方を広げ，深めるようにしていくことが必要である。その際，鑑賞レポートを作成するなどの学習も充実させていくことが大切である。

ここで指摘される共通教科「芸術」だけでなく，専門教科「音楽」「美術」においては，他者を尊重し協力する力の育成に働きかける豊かな学習活動を有している。

> *【例】保健体育［共通］（第２章第１節　体育　２目標　p. 16）*
> 体育では，体を動かすことが，情緒面や知的な発達を促し，集団的活動や身体表現などを通じてコミュニケーション能力を育成することや，筋道を立てて練習や作戦を考え，改善の方法などを互いに話し合う活動などを通じて論理的思考力をはぐくむことにも資するものである。この資質や能力とは，それぞれの運動が有する特性や魅力に応じて，その楽しさや喜びを深く味わおうとする主体的な態度，公正に取り組む，互いに協力する，自己の責任を果たす，参画するなどの意欲や健康・安全への態度，運動を合理的・計画的に実践するための運動の技能や知識，それらを運動実践に活用するなどの思考力，判断力などを指している。

また，「体育」は共通教科・専門教科を問わず，コミュニケーションやチームワークに関わる能力を向上させる学習活動が極めて多い。また例えば，共通教科「家庭」における「生活デザイン」では，高齢者の自立的な生活を支援することの意味やコミュニケーションの重要性を理解することができるようにすることが求められるなど，「家庭」においては共通教科・専門教科ともに，コミュニケーションをはじめとする人間関係形成に関わる多くの学習機会がある。

> *【例】情報［共通］（第１部第２章第１節　第１目標　p. 18）*
>
> > 情報の特徴と情報化が社会に及ぼす影響を理解させ，情報機器や情報通信ネットワークなどを適切に活用して情報を収集，処理，表現するとともに効果的にコミュニケーションを行う能力を養い，情報社会に積極的に参画する態度を育てる。（高等学校学習指導要領　第２章　第10節　情報　第２款　第１社会と情報 １目標）
>
> この科目のねらいは，情報社会に積極的に参画する態度を育てることである。その際，情報を適切に活用し表現する視点から情報の特徴や情報社会の課題について，情報モラルや望ましい情報社会の構築の視点から情報化が社会に及ぼす影響について理解させ，情報機器や情報通信ネットワークなどを適切に活用して情報を収集，処理，表現するとともに効果的にコミュニケーションを行うために必要な基礎的な知識と技能を習得させることもねらいとしている。

さらに「情報」においても，共通教科・専門教科とも，情報機器を活用したコミュニケーションに関わる能力の向上に直接的に働きかける様々な学習活動が展開される。

> *【例】商業［専門］（第２章第４節　ビジネス実務　第２　２(1)オフィス実務　p. 21）*
>
> > ２(1)ア　企業の組織と仕事　イ ビジネスマナーとコミュニケーション
> > ３(2)ア　内容の(1)のアについては，企業の組織と意思決定の流れ，職業人としての心構えと良好な人間関係の構築の必要性，仕事の進め方や改善方法などを扱うこと。イについては，訪問，受付案内などの際のマナー及びディスカッションや交渉などのコミュニケーションの技法を扱うとともに，ディベートなどを通してコミュニケーション能力の育成を図ること。（高等学校学習指導要領 第３章　第３節商業　第２款 第４ビジネス実務　２内容，3内容の取扱い）
>
> ア 企業の組織と仕事
> ここでは，企業の組織と意思決定との関係及び企業における意思決定の流れについて理解させる。また，職業人としての望ましい心構えや良好な人間関係を構築することの必要性，職場における人間関係と接し方が仕事に及ぼす影響及びチームとして働くことの意義について考察させる。さらに，年間・月間などのスケジュール表の種類及びガントチャートの活用やPERTによる日程管理を取り上げ，仕事の進め方や改善方法について理解させる。

イ ビジネスマナーとコミュニケーション
　ここでは，「ビジネス基礎」での学習を踏まえ，挨拶，応対するときの表情，受付案内，電話応対，座席配置など応対に関するマナー及び慶事，弔事，贈答など交際に関するマナーを，実習を通して習得させ実践できるようにする。また，ディスカッション，交渉，説明，苦情対応の方法などを，実習を通して習得させ実践できるようにするとともに，ディベートを通して，相手の考えを理解し，それを踏まえて自己の考えを効果的に伝えることができるようにする。

　ここに挙げた専門教科「商業」はもちろんのこと，人に直接関わる職業について学ぶ専門教科「福祉」「看護」等においても，それぞれの専門性を生かしたコミュニケーション・スキルの向上に寄与する豊かな学習機会がある。

【自己理解・自己管理能力】

【例】国語［共通］（第２章第５節　古典Ａ　３内容　p. 65）

　ア　古典などに表れた思想や感情を読み取り，人間，社会，自然などについて考察すること。（高等学校学習指導要領　第２章　第１節国語　第２款　第５古典Ａ　２内容）

　古典などに表れている，様々な思想や感情には現代に通じるものもあれば，異質なものもある。これらに触れることを通して，ものの見方が広くなり，考え方が深まり，豊かな感性や情緒がはぐくまれる。古典を読むことを通して，自らの生活や人生に目を向け，その在り方を深く考える態度を育成することが大切である。

【例】外国語［共通］（第１章第２節　外国語科の目標　p. 8）

　外国語を通じて，言語や文化に対する理解を深め，積極的にコミュニケーションを図ろうとする態度の育成を図り，情報や考えなどを的確に理解したり適切に伝えたりするコミュニケーション能力を養う。（高等学校学習指導要領　第２章　第８節外国語　第１款　目標）

　外国語科の目標は，コミュニケーション能力を養うことであり，次の三つの柱から成り立っている。
① 外国語を通じて，言語や文化に対する理解を深めること。
② 外国語を通じて，積極的にコミュニケーションを図ろうとする態度を育成すること。
③ 外国語を通じて，情報や考えなどを的確に理解したり適切に伝えたりする能力を養うこと。

　（中略）②は，外国語の学習や外国語の使用を通して，情報や考えなどを的確に理解したり適切に伝えたりすることに積極的に取り組む態度を育成することを意味している。具体的には，理解できないことがあっても，推測するなどして聞き続けたり読み続けたりしようとする態度や確認したり繰り返しや説明を求めたりする態度，自分の考えなどを積極的に話したり書いたりしようとする態度などを育成することを意味している。このようなコミュニケーションへの積極的な態度は，国際化が進展する中にあって，異なる文化をもつ人々を理解し，自分を表現することを通して，異なる文化をもつ人々と協調して生きていく態度に発展していくものである。したがって，外国語の学習や実際の使用を通してこの目標を達成しようとすることは，極めて重要な意味をもつ。

　共通教科「国語」や「外国語」や専門教科「英語」における言語活動は，コミュニケーションに関わる能力を向上させるだけでなく，自己理解を深めることにも寄与するものである。また，自己理解の深まりにより，他者理解や社会参画も促進されることが示されている。「基礎的・汎用的能力」を構成する４つの能力は，それぞれが相互に密接に関わっているが，上に挙げた学習指導要領解説の指摘はその具体的な一側面を示す好事例である。

> **【例】** *農業［専門］（第２章第２節　第１目標　p. 17）*
>
> 　農業に関する課題を設定し，その課題の解決を図る学習を通して，専門的な知識と技術の深化，総合化を図るとともに，問題解決の能力や自発的，創造的な学習態度を育てる。（高等学校学習指導要領　第３章　第１節農業　第２款　第２課題研究　１目標）
>
> 　自発的，創造的な学習態度の育成に当たっては，課題の解決を図ろうとする学習の活動全般を通して，創意工夫する面白さと学習の喜びを体験させ，自らの興味・関心につながる学習の意義を理解させ，学習方法を習得させるとともに，学習意欲を喚起し，自律的な学習や工夫する学習及び自ら評価する態度を育成することが必要である。

> **【例】** *家庭［専門］（第２部第２章第１節　生活産業基礎　第２　２⑷職業生活と自己実現　p. 70）*
>
> ２⑷職業生活と自己実現
> ３⑵エ　内容の⑷については，生活産業にかかわる職業人に求められる資質・能力と役割や責任，職業資格を専門科目の学習と関連付けて扱うこと。（高等学校学習指導要領　第３章　第５節家庭　第２款　第１生活産業基礎　２内容３内容の取扱い）
>
> 　ここでは，生活産業の職業人に求められる資質や能力としては，人や生活に対する理解，衣食住，ヒューマンサービスにかかわる専門的な知識や技術，コミュニケーション能力などがあることを理解させる。
> 　また，必要な資質，能力，知識や技術は専門科目の学習を通して身に付けていくことができることを，資格の取得や将来のスペシャリストを目指した学習プランを立てさせることなどを通して具体的に理解させ，専門科目の学習に向けての意欲を高めさせる。また，法令を遵守することはもとより，製品の提供，保育，家庭看護や介護にかかわるサービスの提供などには，より高度な責任が伴うことについても理解させる。
> 　その上で，それらの資質や能力を生かして生活産業のスペシャリストとして働くことが自己実現につながっていくことを，社会人講師の講話や生活産業現場の見学などを通して理解させる。

　職業にかかわる専門教科においては，生徒一人一人の興味や関心を基盤とする学習への動機付けの重要性や，それぞれの産業分野におけるスペシャリストとしての自己実現に向けて意欲的に学習に取り組む必要性が多く示されている。一人一人の生徒が自らの興味・関心への認識を深め，自らの将来を展望しつつ主体的に学習に取り組む力は，すべての教科を通して育成されるものであるが，職業にかかわる専門教科の果たすべき役割はとりわけ大きいと言える。

【課題対応能力】

　学校教育においては，生涯にわたり学習する基盤が培われるよう，基礎的な知識及び技能を習得させると共に，これらを活用して課題を解決するために必要な思考力，判断力，表現力その他の能力をはぐくみ，主体的に学習に取り組む態度を養うことに特に意を用いなければならない。これは，学校教育法第30条第２項に定められ，第62条によって高等学校に準用される。課題を発見・分析し，適切な計画を立てて課題を解決するために必要な力は，高等学校におけるすべての教育活動を通してはぐくまれるものであり，各教科における指導もまたその重要な機会である。それぞれの科目や単元・題材などの特質に応じた多様な取組が期待される。

【例】 *地理歴史［共通］（第２章第２節　世界史Ｂ　２(5)地球世界の到来　p. 46）*

> (5)　オ　資料を活用して探究する地球世界の課題
> 　地球世界の課題に関する適切な主題を設定させ，歴史的観点から資料を活用して探究し，その成果を論述したり討論したりするなどの活動を通して，資料を活用し表現する技能を習得させるとともに，これからの世界と日本の在り方や世界の人々が協調し共存できる持続可能な社会の実現について展望させる。（高等学校学習指導要領　第２章　第２節地理歴史　第２款　第２世界史Ｂ　２内容）

「オ　資料を活用して探究する地球世界の課題」は，これまでに習得した知識や技能を活用して，生徒自らが主題を設定し資料を用いて探究する活動を通して，歴史的な考察方法を習得することを目指している。

【例】 *数学［共通］（第１部第３章第２節　指導上配慮すべき事項　pp. 67-68）*

> ３　指導に当たっては，各科目の特質に応じ数学的活動を重視し，数学を学習する意義などを実感できるようにするとともに，次の事項に配慮するものとする。
> (1)　自ら課題を見いだし，解決するための構想を立て，考察・処理し，その過程を振り返って得られた結果の意義を考えたり，それを発展させたりすること。
> (2)　学習した内容を生活と関連付け，具体的な事象の考察に活用すること。
> (3)　自らの考えを数学的に表現し根拠を明らかにして説明したり，議論したりすること。（高等学校学習指導要領　第２章　第４節数学　第３款各科目にわたる指導計画の作成と内容の取扱い）

(1)は，問題の解決に関することを述べている。

「自ら課題を見いだし」とあるが，課題についてはすでに数学的に表現されているものであっても構わない。大切なことは，一人一人の生徒にとって解決する必要性のある課題であることである。その課題を分析し，解決のための構想を立て，考察・処理するが，場合によっては再度，構想を立て直すことも必要である。結果を得たら，その過程を振り返り，条件がどこに生かされているか，条件を変えると結果はどのように変わるか，見方を変え違うやり方で結果を得ることはできないかなどを検討し，可能ならば新たな課題を設定する。このような一連の活動を通して，主体的に数学を学ぶ態度が育てられるのである。

(2)は，学習した内容を日常生活や社会生活などにおける問題の解決に活用することを述べている。

この場合，日常生活や社会生活などにおける事象の数学的な側面に着目し，数学的に表現（数学化）することが必要である。また，数学的な結果が得られたら，結果を元の事象に戻し，その意味を考えることも必要である。このような活動が，数学的な表現を見直し，そのよさを認識することにつながるのである。

【例】 *理科［共通］（第１部第２章第２節　物理基礎　３(2)様々な物理現象とエネルギーの利用　p. 33）*

様々な物理現象とエネルギーの利用に関する学習活動とを関連させながら，観察，実験を通して，情報の収集，仮説の設定，実験の計画，実験による検証，実験データの分析・解釈，法則性の導出など物理学的に探究する方法を習得させるようにする。各探究活動では，これらの探究の方法を課題の特質に応じて適切に取り上げ，具体的な課題の解決の場面でこれらの方法を用いることができるように扱う必要がある。

【例】 *水産［専門］（第２章第５節　水産海洋科学　第２　２(4)海洋に関する探究活動　pp. 32-33）*

適切な研究課題を設定し，課題を探究する活動を通して水産業や海洋関連産業に関する科学的な見方や考え方，自発的な学習態度の育成を図ることをねらいとしている。
具体的な研究課題の事例として，水産資源量及び漁業生産量の変化と水産物需給への影響，海洋環境の変化が気象や人間生活に及ぼす影響，それぞれの地域で推進される水産業活性化方策の現状や展望，地域の特産物を活用した商品開発など新たな展開等が考えられる。
また，発表の機会を設けるなど，学習や研究活動等の成果を地域や産業界に発信できるようにする。

【キャリアプランニング能力】

高等学校教育の目標を定める学校教育法第51条が規定するように，社会において果たさなければならない使命の自覚に基づき，個性に応じて将来の進路を決定させることは，各高等学校が中核的に取り組むべき課題の一つである。それゆえ，現在及び将来の生き方を考え行動する態度や能力の育成は，高等学校の教育活動全体を通じて取り組まなくてはならない（学習指導要領第１章第５款５(2)）。その際，本項冒頭に引用した中央教育審議会答申が指摘するように，生徒がそれぞれのキャリアを積み上げていく上で必要な知識等を身に付ける機会として「公民」や「家庭」での学習はとりわけ重要である。

【例】公民［共通］（第２章第１節　現代社会　２(2)現代社会と人間としての在り方生き方　pp. 11–12）

ア　青年期と自己の形成
生涯における青年期の意義を理解させ，自己実現と職業生活，社会参加，伝統や文化に触れながら自己形成の課題を考察させ，現代社会における青年の生き方について自覚を深めさせる。（高等学校学習指導要領　第２章　第３節公民　第２款　第１現代社会　２内容）

「自己実現と職業生活」については，現代社会の特質や社会生活の変化とのかかわりの中で職業生活をとらえさせ，望ましい勤労観・職業観や勤労を尊ぶ精神を身に付けさせるとともに，自己の個性を発揮しながら新たなものを創造しようとする精神を大切にし，自己の幸福の実現と将来の職業生活や人生の充実について触れながら考察することが大切である。

【例】家庭［共通］（第１部第２章第２節　家庭総合　２(5)生涯の生活設計　p. 33）

(5)　生涯の生活設計
生活設計の立案を通して，生涯を見通した自己の生活について主体的に考えることができるようにする。（高等学校学習指導要領　第２章　第９節家庭　第２款第２家庭総合　２内容）

ここでは，家庭科の学習を通して自らの生き方を見つめ，生涯にわたる生活設計ができるようにする。
…(中略)…人の一生における就職や結婚などの重要な課題を認識させ，自分の目指すライフスタイルを実現するために，経済計画も含めた生涯の生活設計に取り組ませる。その際，家族や友人，地域の人々と有効な人間関係を築き，より豊かな衣食住生活を営むための知識と技術を身に付けることが，生活設計の基礎となることを認識させ，単なるライフイベントの羅列に終わらないように留意する。また，生活設計の実現には，様々な社会的条件が大きく影響することについても取り上げ，生活設計を通して社会の動きを見つめ，広い視野をもって生活を創造することや不測の事態にも柔軟に対応する必要性を認識させる。

また，職業に関する専門教科においては，それぞれの産業分野におけるスペシャリストとして働くことや，職業人としての将来設計にかかわる具体的な能力を高める様々な学習が展開される。

【例】 *工業［専門］（第２章第１節　工業技術基礎　第１目標　p. 11）*

> 工業に関する基礎的技術を実験・実習によって体験させ，各専門分野における技術への興味・関心を高め，工業の意義や役割を理解させるとともに，工業に関する広い視野と倫理観をもって工業の発展を図る意欲的な態度を育てる。（高等学校学習指導要領　第３章　第２節　工業　第２款　第１工業技術基礎　１目標）

実験・実習を通して，工業に関する広い視野と技術者として望ましい倫理観や勤労観・職業観をもち，工業の諸問題を適切に解決し，工業の発展を図る意欲的な態度を育てることである。

【例】 *看護［専門］（第２章第１節　基礎看護　第２　１内容の構成及び取扱い　p. 9）*

> ア　指導に当たっては，望ましい看護観や職業観及び看護職としての倫理観を育成すること。（高等学校学習指導要領　第３章　第６節看護 第２款　第１基礎看護　３内容の取扱い）

情報化の進展など社会の変化の中で人々の考え方は多様化し，個人の考え方が尊重されるなど，人権の尊重が重要な時代となってきている。このような社会の状況の中にあって，看護に携わる者は，専門職として対象者の様々な要求に的確にこたえる責任と義務があると同時に，人間の生命や人権を尊重した信念，倫理観に従って看護を行っていくことが重要となってきている。

すなわち，この科目の指導に当たっては，看護の専門職業人としての精神的基盤である看護観や職業観及び看護職としての倫理観を育成し，自ら判断し行動できる力を育てるように工夫することが大切である。

【例】 *情報［専門］（第２部第２章第１節　第２　２(1)イ　情報化の進展と情報産業の役割　p. 59）*

情報産業が，社会の情報化を支え，発展させてきたことや望ましい情報社会の形成に重要な役割を果たしていることについて理解させる。また，委託業務の増大や業務の国際化などにより，情報産業の業務内容や業務範囲等に変化が生じていることや情報産業で働く技術者がどのような役割を果たしているかについても理解させる。その際，これからの専門教科情報科の学習に関する目標や指針について考えさせるようにすることが大切である。

⑶　地域や学校・学科及び生徒の特徴などに応じた実践例

自ら学び自ら考えることが重要になってくる高校生期においては「学ぶことの意義」や「学ぶことの価値」を知ることが大切である。自己の判断力や価値観を創るうえで体験活動から学ぶことや，体験することとの関係で学ぶことが重要である。

ここに示した５つの高等学校の実践はあくまでも事例であり，地域の特性や学校の特性に応じて，系統的・継続的に「基礎的・汎用的能力」及び専門性の基礎を伸長していくことが求められる。

①　G高等学校の事例－目的を持った進学と進学後の職業人生を考えさせる学習－

《地域の状況》	《学校概要》
県の中心地まで30分圏内の中核都市。首都圏にも近く，商業施設や大手企業の工場や研究施設，関連企業などがある。商工会議所や青年会議所などの活動も盛んである。 地域に卒業生も多く在住しており，高い要望もあるが，全体的には協力的な環境である。	１学年８クラス，全校24クラスの普通高校で歴史ある伝統校として地域に定着している。 いわゆる「難関大学」への進学率も高く，著名な卒業生を多数輩出している。 **《学校の教育目標》** ・自己探求による高い知識の習得 ・社会に貢献できる心豊かな人格の育成

⇩

《キャリア教育目標》

高校卒業後の人生，とりわけ約40年間におよぶ職業人生を見据えた本物体験を行う。その体験の中で視野を拡大し，自己を見つめ，自己の将来を考える。そしてその実現のために必要な知識や経験をどのようにして得るかを具体的に考える。

《目指す生徒像》

・自ら学ぶ姿勢と学び方を生涯にわたって実践できる生徒
・広い視野とコミュニケーション力を持ち，他者と協力することができる生徒
・自己の個性を把握し，創造力を駆使して積極性に問題解決ができる生徒

《特に身に付けさせたい基礎的・汎用的能力》

人間関係形成・社会形成能力	自己理解・自己管理能力	課題対応能力	キャリアプランニング能力
・社会人として役立つあいさつ，マナー，コミュニケーション力などを身に付ける。 ・他者を受け入れる態度や自己の考えを伝える表現方法などを身に付ける。	・各教科の学習や総合学習の体験を通して自己を客観的に理解し，将来への展望を考える。 ・自己実現に向けた道筋を具体的に立ててみる。	・問題を発見し，分析し，整理し，計画的，合理的に解決するスキルを身に付ける。 ・様々な方法での情報収集と外部の知識も受け入れながら創造的な解決を図る。	・変化する世の中にも対応できる自分作りを主体的に行う必要性を理解する。 ・「働く」意義を理解し，自己の在り方や理想とする将来設計を考える。

⇧

《キャリア教育の目標》《特に身に付けさせたい基礎的・汎用的能力》などの設定の背景と経緯

・県教委から学力推進校の指定を受けており，現状以上の進学実績が求められている。
・大学卒業後の就職や離職の問題を考慮し，高校時代のキャリア学習が大学でも継続できるような配慮を求められている。
・学校を応援する地域や組織が具体的にできあがってきた。
（卒業生や保護者の組織）（行政や企業からなる地域の組織）（大学等進学先からなる組織）
・総合学習で得た知識をさらに探究するオプション講座の開設が可能となった。

《実践例－１年生・総合的な学習の時間》

自己の将来を見据え，関連する様々な知識を習得し，社会での本物体験を行う。体験に至るまでの準備期間には社会で必要なスキルを身に付ける。また体験による情報を報告会により生徒間で共有させることにより各生徒の視野の拡大につなげる。様々な外部による協力とオプションの講座により内容を深化させる。

4月	オリエンテーション　学習の目的と年間スケジュール 講座①「なぜ学ぶのか」【＊1】
5月	講座②「将来に備えて何が必要か」【＊2】 ～自分の理想とする将来を考える～ ・卒業生による講座
6月	講座③「社会人として何が必要か」【＊3】 ～社会人に聞く～　・経営者による講座
7月	職場体験　準備　【＊4】～様々な職業を知る～
8月	職場体験　【＊5】～職業を体験する～
9月	職場体験　報告準備　【＊6】～体験と自己の将来を考える～ オプション講座の設置　【＊7】
10月	報告会　【＊8】～話し方，聴かせ方を学ぶ～
11月	進路指導　面接や次年度選択科目についての検討
12月	講座④「夢を持つこと」【＊9】～自己の将来を前向きに考える～
1月	講座⑤「説得力のある伝え方」【＊10】～自己の考えを伝える方法～
2月	年間報告書の作成
3月	公開報告会【＊11】～関係者を招いての代表者による報告会～ 「なぜ学ぶのか」というテーマから体験を通して学んだこと，将来への影響など年間を通して学んだことを報告する。

《特に注目すべき点》

【＊1】学校としての視野に実社会的な視野を加えて講義する。話の聞き方，メモの取り方なども指導する。

【＊2】年齢の比較的近い卒業生を選んで依頼する。あいさつやマナーに関しても指導しておく。

【＊3】商工会議所へ依頼する。

【＊4】商工会議所，青年会議所へ依頼し，12箇所以上の職場を紹介する。コミュニケーションや身なり，言葉遣いの指導をしておく。

【＊5】複数日体験するが生徒の状況により見学レベルから体験レベルまで用意しておく。

【＊6】報告により情報を共有させる。プレゼンテーションの仕方を指導しておく。

【＊7】商工会議所，青年会議所と連携したイベントなどへの参加による実践。

【＊8】第三者として保護者の評価を加える。

【＊9】商工会議所，青年会議所へ依頼する。

【＊10】文書の見せ方から話し方までプロの技を紹介する。

【＊11】関係者には大学関係者も入れて講評依頼。オプション講座の報告も紹介する。

《本実践例から得られる示唆－他校への応用にあたって－》

単にいわゆる「難関大学」への合格をもって，高校における進路指導を終了とみなすのではなく，大学卒業後の社会で対応できる力の基盤を培うことが重要である。キャリア教育における大学との連携により，将来を見通した系統性のある学習が可能になり，就業まで視野に入れた現実に即した将来展望を持たせることに貢献できる。

また，学校を応援してくれる様々な人や組織を活用する仕組みを作ることにより，学校での負担が少ない形での導入ができる。本事例ではキャリア教育の実践を通して，教員のキャリア教育への関心が高まり，地域のイベント企画参加，商品開発，福祉やサービス企画などがオプション講座として開設された。それにより，より充実した体験的なキャリア教育が行われ，進学や進学後の就職を見越した活動にも好影響を与えている。

②　H高等学校の事例－「地元を知る」ためのコミュニケーションを重視した授業

《地域の状況》	《学校概要》
昨今の厳しい経済情勢から観光を柱とする地域経済も斜陽化。地域再生のための新しい観光の在り方を模索。地元食材の活用や外国人観光客誘致が進められている。地元に企業は少なく，高校卒業後は大学に進学，そのうち半数以上が都会に進学し最終的にふるさとを離れる。	創立は明治期という，地域，普通科の伝統校。文武両道を掲げ同窓生や地元からの信頼も厚くその分期待も大きい。 **《学校の教育目標》** 骨太な生徒 「社会で役立つ人間を育てる。」

⇩

《キャリア教育目標》

地域社会を知ることで自己理解を深める。

地域社会の一員として地元地域の将来について考え役割を担う。

《目指す生徒像》

地元に対する考察から，自らが育ってきた環境を客観的にとらえると共に，学校での学びを自分自身との関係でとらえ，これからどこでどのように生きるかというビジョンを持った生徒の育成。上級学校での自主的学習への移行がスムーズにできる生徒。

《特に身に付けさせたい基礎的・汎用的能力》

人間関係形成･社会形成能力	自己理解･自己管理能力	課題対応能力	キャリアプランニング能力
・相手の話をしっかり理解する。 ・自分の考えをまとめる。 ・自分の考えを正確に相手に伝える。 ・コミュニケーションスキルを身に付ける。 ・チームワークを理解し役割を担う。 ・グループ内やクラス内でリーダーシップを発揮する。	・自己のルーツを知ることで自分が何者なのかを知る。 ・自分の育ってきた地域の産業について理解する。 ・地域の環境や自然・文化・哲学について触れ，他の地域と比較し客観的に考察する。 ・自己を肯定的に捉え将来に向けて主体的に行動する。 ・自己の感情をコントロールをしながら発言し自己発見を進める。	・問題点を発見，分析して適切な計画を立てる。 ・情報収集に関して情報源の特性をとらえる。 ・集団によってアイデアや発想を生み出し具体的な活動につなげる。 ・協働によって課題を克服する。 ・現代社会が抱える課題に対して意欲的に取り組み，従来の考えにとらわれず，前に進むことができる。	・自ら情報を収集し適切に取捨選択し活用する。 ・自分が選択できる条件を整理する。 ・地域の経済や雇用について知り自らの役割について考える。 ・将来何になるか，どのように生きるかという問いや「どこで」という問いに「地域」の視点を加える。

⇧

《キャリア教育の目標》《特に身に付けさせたい基礎的・汎用的能力》などの設定の背景と経緯

・いわゆる「難関大学」への進学を柱に地域を代表する名門高校として発展してきたが，大学入試結果でその後の人生は保証されず，仮にそのような進学が大企業等への就職に結びついたとしても，それが地域の将来や，生徒の幸せにつながるのか疑問を持つ家庭や職員も増えてきた。

・将来社会で役立つ人材を輩出する教育をするべきだという議論が高まり，県の学力向上指定事業を受ける中で，各教科でのグループワークの研究開発に取り組んだ。

・注入型の受け身の授業に慣れきっている生徒に，自分の意見の提示，知識の活用やアウトプットの機会を増やすことによって，教員が示す結論や正解でなく，自分たちの手で主体的に集団のコミュニケーションから生まれる学び本来のプロセスを楽しむ授業が展開できないかという発想から推進された。

《実践例－１年生・現代社会「地域社会についてのグループ学習」》	《特に注目すべき点》
「地域の抱える課題についての討議」【＊１】 まず，個人で考える　３～５時間程度 調べ学習として下記①～⑥を調べて⑦を提案する。 調べる際にはメディアの特性（長所・短所）に配慮する。【＊２】 地域の産業・社会・経済の変化を知る。　（例） ①地域に関わる基礎的なデータ ②地域をとりまく自然環境の特色 ③地域を支える産業，経済や交通 ④地場産業や有名な特産品 ⑤地域で継承される伝統や文化 ⑥地域の自治体における諸政策や国内外との結び付き ⑦地域が抱える課題 ※商工会・役所の地域振興課や商工観光課，都市化計画課，地元企業家，芸術家，歴史研究家などを招いて講話をいただいたり，グループワークに参加していただいたりすると理解が深まる。 次に，グループで考える　３～５時間程度【＊３】 ・各人が自分の強みを持ち寄り意見を言うことで価値を創造していくことが，ここからの学習のスタイルであることを宣言する。 ・自由に意見を出し合う。その際相手の意見は否定しない。 ・キーワードを決めて，それを中心に置き，関連する用語を周囲にちりばめ，お互いを結び付け，その関連を図に示してみる。 ・付箋に自分の意見を書き，全体でその付箋を集めて意見を分類しグループに分ける。この方法でアイデアを搾り出す。 ・上で出てきた意見やアイデアを元にディベートやシンポジウム・ロールプレイングなどを行い，更に理解を深める。 ・どの問題の解決が最優先か順位付けについて意見を述べ合い，理解を深めることもできる。 ⑧解決策を考える 「私の描く地域の未来像」という主題で文章を書くことで考えをまとめる。 どこでどのように生きていくか，客観的，具体的で無理のないストーリーで描かせる。【＊４】 ⑨発表会を行ってお互いの未来像を共有化させる。【＊５】 その際には，ビデオやプレゼンテーションソフトなどを活用したり，得られたデータをGISソフトを使って地図化したりする。 発表会は一般の参加も呼びかける。研究結果についてホームページを作成し学校内外の相手に分かりやすく伝える。	【＊１】現代社会が抱える環境，ゴミ，保育，治安，外国人，医療，災害，文化財，スポーツ，地域活性化などの分野が考えられる。地域が抱える問題点を総合的に捉えることで他の地域との比較の基準を持つことができ，自己理解が深まる。 【＊２】インターネット，図書，テレビ，ラジオ，新聞などの他，アンケートや現地調査なども有効であり情報源の所在について理解させたり，入手した情報を活用する際の情報の信頼性を見極めることの重要性を具体的な事例として理解させたりする。 【＊３】集団のコミュニケーションからアイデアを主体的に導き出す経験をする。順位付けをさせると自らの判断基準を相手に説明しなければならないので議論が深まる。 【＊４】自分がどのように関わるかが触れられていると良い。キャリアプランニング能力が高まる。さらに，自己の問題だけでなく地元経済の持続的発展方法について触れられているとアクションにもつながる。 【＊５】ポスターや地図・年表にして可視化することで成果を伝えることができる。

《本実践例から得られる示唆－他校への応用に当たって－》

・話合いの中で，他人の意見の重要性や視点の違いに気付くことで自己理解が深まる。

・教授型の授業では確保しにくい生徒が自分の考えを表出する回数を増やすことができる。

・情報源について吟味したり，表現方法を検討したり，グループでコミュニケーションをとりながら結論に至る学習活動は，国語，地理歴史，公民，情報などの教科だけではなく，上級学校や社会に出てからの課題対応力につながる。

③　I高等学校の事例－職業興味検査をきっかけとした進路探索活動の活発化－

《地域の状況》	《学校概要》
ローカル線の駅が唯一の交通手段，その駅から徒歩15分程のところに学校は存在する。学校の周りには田畑が広がっており，高齢化が顕著な地域。進学先，就職先が地元では少なく，卒業後，自宅を離れる生徒が多い。生徒の進路は多様である。共稼ぎの家庭が多く，保護者会への出席も悪く，PTA活動はあまり活発ではない。家庭との連携した教育活動が課題としてあげられる。	専門高校と普通科高校を２つ併合して開校した総合学科，720名，６クラス規模。 **《学校の教育目標》** 1．夢をはぐくみ，その実現を目指して，自主的に自己の進路をひらいていく能力を養う。 2．幅広い教養を持ち，国際性に富み，感性豊かな人間を育成する。 3．自ら考え，主体的に判断し行動することのできる人間を育成する。

⇩

《キャリア教育目標》

- ●生徒に「学び方」を習得させ，生涯を通じ，自己研鑽に励む能力・態度を養う。
- ●自己の個性を大切にすると共に，他者の多様な個性を理解し，互いに認め合う他者態度を養う。
- ●変化する社会を見通し，「将来の自分」について考える力を高める。
- ●自己実現へ向けて，自主的，積極的に励む態度を育てる。

《目指す生徒像》

1．規範意識が高く，場をわきまえ，行動できる生徒
2．高い目標を見いだし，その目標実現に向けて，生き生きと活動する生徒
3．自他の生命を大切にし，豊かな人間関係を築ける生徒

《特に身に付けさせたい基礎的・汎用的能力》

人間関係形成・社会形成能力	自己理解・自己管理能力	課題対応能力	キャリアプランニング能力
・職業に関する自分の考え方を周囲に説明することによって，自他の考え方や価値観の違いを知る。	・職業興味検査の結果を的確に読み取る。 ・職業と能力・適性・個性について考える。 ・職業によって適性が違うという多様性について理解し，自分の特性も把握する。	・モデルを使って物事を整理分析し，実際の問題に当てはめるという方法を身に付ける。 ・分かりにくい事象を段階を追って理解していく。	・なりたい自分をイメージする。 ・なりたい自分になるために必要な条件を整理し今後，いつまでに何をしたらよいのか方策を考える。

⇧

《キャリア教育の目標》《特に身に付けさせたい基礎的・汎用的能力》などの設定の背景と経緯

進路について２年生にアンケートを取ったところ「自分の進路が分からない」「自分が何に向いているか分からない」といった回答や「進路を決めていく手順について知りたい」といった回答が多かった。

５月に実施している職業興味検査結果を，生徒に配付するだけで，各生徒の判断にまかせ，十分に活用されていなかった。職業興味検査が科目選択や系列選択に，有効に活用できることを知り，その活用について研修会などを実施し，活用方法などを検討した。職業興味検査を中核に進路探索に活用したところ，科目選択，系列選択のミスマッチも大幅に少なくなった。教師からは，生徒の学校への不適応傾向を示す生徒が減少し，怠学傾向も少なくなったという評価も得るようになった。

《実践例》	《特に注目すべき点》
1年1学期 ・「職業興味検査実施」【＊1】実施後，担任やキャリアカウンセラーから面談などでアドバイスをもらう。 ・「職業調べ」興味ある職業について，仕事内容，資格･免許の有無，就く方法，キャリアパス，就業者数等を調べる。興味ある職業の類似職業も列挙させる。 1年夏休み ・「上級学校の学問調べ」検査結果で興味があると判定された学問分野に，高校での学習内容がどのようにつながっていくのか調べる。希望の学問分野の講座をあげ，高校でどのような学習をしておくとよいか調査レポートを提出する。 ・「職業人インタビュー」興味があると判断された職業に就業している人にインタビューをする。同窓会や保護者の協力をお願いしたり，広告会社等のイベント等を利用したりして，実施する。 1年2学期 ・「上級学校理解」海外の学校，日本の四年制大学･短大・専門学校について理解を深め，自己の希望を実現させる方法を理解する。 ・「科目選択」【＊2】興味・関心，能力・適性を重視して，科目選択を行う。 ・「インターンシップ」働くことの現実に触れる。 2年夏休み ・「上級学校のオープンキャンパス参加」【＊3】どんなことを，どのような教育環境で，どのような方法で学び，どのような専門的能力を身に付けられるのかを実地踏査する。 2年2学期 ・「進路希望調査」進路希望を調査するだけでなく，進路希望をかなえるためのスケジュールを立てる。 2年〜3年春休み ・「スプリングオープンキャンパス参加」進学希望者は志望校の選択を絞り込む。 3年1学期 ・「進路説明会」進路選択の情報提供や手続きの伝達だけではなく，進路先決定後を見据えながら，やっておくことを考えさせることが大切である。内定や合格した後に，生活を乱したり，怠学したりすることを防ぐことにもなる。次の進路先で成果をあげるための，準備期間になることを明確化する。資格取得コンテスト参加の奨励，専門書の読破，課題研究の充実等を提示する。【＊4】 3年夏休み ・「企業見学，オープンキャンパスに参加」進路の選択や，志望を明確にする機会とする。 3年2学期〜3学期 ・「進路の選択・決定」進路の決定時期は生徒それぞれ異なっており，早期に決まる者には準備学習を，遅く決まる者には，明確な進路目標を持たせることが大切である。 3年3学期 ・「振り返り」三年間の進路探索を振り返る。どのような過程を経て，今の進路に歩んだのかを整理させることで，卒業後の活躍の意欲を喚起し，進路先への適応を高める。	【＊1】職業興味検査は，職業興味を知るだけでなく，パーソナリティー，学問への興味の志向性を知ることができ，自己理解を深めることができる。活用の手引きを読み，結果の見方を理解した上で面談にあたる必要性がある。 【＊2】学ぶことは，単に進路実現するための手段ではなく，興味がある学びを通して進路希望を発見することも少なくない。学ぶことの意義を理解させる活動を通して，キャリアプランニング能力をはぐくみたい。 【＊3】希望の進路先以外の情報も入手した上で，進路選択は行うことが望ましく，進学希望以外の生徒にも実施する。進路を選択する能力を高めることはもちろん，異なる進路に進む人に対する理解にもなり，人間関係形成能力の礎となる。 【＊4】高校卒業後の進路先の決定は，社会的・職業的に自立するための通過点であって，終着点ではないことを伝えることが大切である。生涯にわたって，自己を成長させていく態度を培うことになる。

《本実践例から得られる示唆－他校への応用にあたって－》

職業興味検査については正確な理解とフォローアップを怠ると独りよがりな間違った自己理解や価値観の形成につながる恐れがある。検査の結果を有効に活用する方法を学ぶことで，自己理解を深め，今後のキャリア形成にも役立てることができる。

社会心理学における職業選択に当たっての基礎理論を理解することによって内容を深めることができる。どの仕事にも必要となる能力が基礎的・汎用的能力と言えるが，職業に就くには更に専門的能力を身に付けることが必要だということを理解させる。職業に就くための学歴や資格等の知識は，キャリアプランニング能力の基礎となる。

④　J高等学校の事例　―「自分を売り込む」積極参加型オープンキャンパス

《地域の状況》	《学校概要》
地方の中堅都市であり，大きな産業もなく，職種も限定されてしまうことから若干ではあるが人口の流出なども見られる。大学・短大・専門学校などの教育機関も少なく，卒業後に大半の生徒が都会に出て学ぶ。	平成11年に設立された全県一区の総合学科高校。８クラス規模で就職と進学が混在する多様校。進学先も大学・短大・専門学校など幅広い。 《学校の教育目標》 ・確かな学力を身に付け，将来につなげる ・自己の将来に対して積極的に取り組む姿勢を身に付ける

⇩

《キャリア教育目標》

・様々な進路に関する知識を深め，実際に自分の目で確かめ，自分の将来との関わりを考える。
・自己理解を進めた上で将来を具体化させるための道筋を考え，高校卒業後の進路を決定させる。
・社会で役立つコミュニケーション力やマナー，社会常識を身に付ける。

《目指す生徒像》

自己の進路に対して自主的に行動し，興味関心を持って積極的に取り組む姿勢を持つ生徒。
言葉や文章などを中心とした人とのコミュニケーションを円滑にすることのできる生徒。
課題に対して創造的な解決策を考え，計画的に実行することができる生徒。

《特に身に付けさせたい基礎的・汎用的能力》

人間関係形成・社会形成能力	自己理解・自己管理能力	課題対応能力	キャリアプランニング能力
・学校外の人たちとの会話を通して話の聞き方や自分の考えの伝え方を考える。 ・様々なキャリア体験の実施前後の学習の中で社会に必要なマナーやコミュニケーションを学び，円滑な人間関係を構築する。	・過去に学習した自己理解を再確認し自己の進路選択実現に向けて積極的な努力を行う。 ・様々なキャリア体験により得た知識と自分の考えを客観的な視野を通して見ることにより，より深く社会の中の自分を理解，把握する。	・自己の進路に関わる問題点を把握し，積極的な解決策を模索する。 ・質問事項を整理することにより，計画，立案，実行，評価といった過程を学ぶ。	・様々な情報を積極的に活用しながら行動や体験に基づいた計画を考える。 ・自ら進路先へ働きかける体験を通して，将来においても計画的に目標設定ができる力を付ける。 ・様々なキャリア体験を最終的な志望校決定につなげる。

⇧

《キャリア教育の目標》《特に身に付けさせたい基礎的・汎用的能力》などの設定の背景と経緯

入学時点より適性検査を導入するなど，自己理解をすすめながら文理選択・志望系統を決定させている。「地方では志望先に対する情報が限定されてしまう。」「志望校だけでなく，受験までに都会の雰囲気や生活についても具体的に知ることが必要」という話は以前から話されていた。

また，４月に進学したばかりの卒業生が５月に「退学」したり「再受験のために休学」したという話が周囲でも増えている。これらは「産業社会と人間」や「総合的な学習の時間」で将来に対するガイダンスや体験は導入しているが，自ら進路を切り開こうという積極性が欠けていたことの結果と思われる。

これを解決する手段として実際に進学先を見に行かせる活動を導入した。将来の希望や，自己理解，志望先との情報交換を目的としたエントリーシートを個々に作成させ，安易な進路変更を防ぐ手立ても行った。また，その過程においては文章力や表現力を高めかつ社会に必要なマナーやコミュニケーション力を身に付けさせた。

エントリーシートは，構成や活用の仕方により各校の抱える問題点を明確にし，生徒にも伝わりやすい形で提供できる。訪問先との交渉の中で自分の聞く力や伝える力を知り，日ごろの学習の必要性を再認識させることなどもできる。

《実践例－２年生・学校行事「自分を売り込む」積極参加型オープンキャンパス》	《特に注目すべき点》
事前準備　LHR等　※適性検査の結果なども参考に（６～７月） 情報収集　インターネット・受験情報雑誌・入学案内などで調査。 第三者評価　大学基準協会・大学評価学位授与機構などの評価も調査。 「教わること（受け身）・学ぶこと（自立）」という二つの視点から，その上級学校の環境（学ぶ意欲が促進され・その方法もしっかりと習得出来そうか）が偏差値や世間一般の評価ではなく自分に合っているかどうかを判断する。 訪問先決定　具体的な訪問予定上級学校を主体的な選択で絞り込む 訪問日や時間・訪問方法などの決定 質問を考える（何を見に行くのか・何を確認するのかなど） アポイント　訪問予約を取る。(電話で生徒本人が依頼)【＊1】【＊2】【＊3】 担当者の部署，役職，指名，直通の連絡先等を確認 通知文書作成　受け入れのお礼，訪問日時や訪問目的等の確認等（手紙・メール・FAXなど） 事前準備２　LHR等 エントリーシートの作成 ・今までの学習内容　・自己の将来に関する考え ・訪問校について調べたこと　・訪問校と自己の将来との関連 ・質問事項（可能ならば学生へのインタビュー） 場所の確認　訪問校の場所や経路の確認 上級学校訪問当日（平日や文化祭等受入校側の学生がいる日）【＊４】 エントリーシートを使って自己紹介 説明に関する必要事項のメモ 質問 施設見学等 事後　LHR等 礼状作成　訪問後はなるべく早く謝辞を伝える。感謝の気持ち・訪問の感想・今後の決意などを書き記す。手紙を書くのが好ましい。 自分の希望がアドミッションポリシーと一致するか確認する。 事後２　LHR等 報告書作成 報告会　同じような進路の分野を考えている生徒同士で報告会を開きグループでのシェアリング を行う。【＊５】	【＊１】依頼状・礼状の作成は国語などの中でも扱える。訪問先への連絡方法や担当者名をひかえておく。高校教員と上級学校とのコミュニケーションがとれているとスムーズである。 【＊２】大学・短大・専門学校，国公・私立，地方・都会等タイプの違う学校を選ぶとよい。 【＊３】通常の授業が行われている日に見学すると雰囲気が分かる。 【＊４】感想や，話し方や内容についてのアドバイスを受ける。 【＊５】お互いが実際見てきて得た情報を交換しあう。人に説明することによって自分の意志も整理されていく。

《本実践例から得られる示唆－他校への応用にあたって－》

訪問することで，書籍やインターネットでは分からない学習環境や生活環境を知ることができる。行事などの扱いとして，平日に訪問できれば，授業を見学したり聴講する機会にもなる。

教科との関連としては，国語や情報等で授業の目的と照らし合わせ授業の中に組み込むこともできる。何度も文章を書き直すことは，自分について深く考察したり，保護者や周囲と話すきっかけにもなる。自己紹介の文章と将来の希望を志望先に説明するという方法は，「上級学校合同説明会」や「職業見学」といった機会にも行うことができる。このような準備は，啓発的体験に受け身で参加するのでなく，自ら積極的に情報を得ようとする姿勢につながり主体的に進路を選択していく態度につながる。

さらに，アドミッションポリシーの確認にもなるので上級学校との接続教育にもつながる。

⑤　K高等学校の事例－ジョブシャドウイング：仕事観察型体験学習の取組

《地域の状況》	《学校概要》
サービス業が盛んな地方中核都市。商圏もやや広く商品販売額が多い。市街では郊外型の大型店舗の進出で地元商店街は衰退している。高校生の特に女子の事務系採用は減少傾向である。	商業科と総合学科の併設校。6クラスの生徒のうち進学と就職が50%ずつ。創立七十年の商業高校が母体であり多くの卒業生が地元で活躍している。評判は比較的良い。 **《学校の教育目標》** 「自律・誠実・貢献」

⇩

《キャリア教育目標》
高い人間性と専門性を持ったチームプレーができるスペシャリストの育成。
《目指す生徒像》
学校での学びと仕事を結び付け，スキルを身に付けることや，学ぶことの大切さを知り，自主的・主体的に学校生活に取り組む生徒。
《特に身に付けさせたい基礎的・汎用的能力》

人間関係形成･社会形成能力	自己理解･自己管理能力	課題対応能力	キャリアプランニング能力
・性別や年齢･個性･価値観等の多様な他者と協働・協力し自分の役割を果たすことで仕事が進められていることを知る。 ・仕事の種類や会社の仕組みを知る。 ・社会においてチームワーク・コミュニケーションスキルが重要であることを知る。	・社会人の価値観や思考を基準に自らの時間感覚や行動について見直す。 ・入学時より進めてきた服装や礼法の大切さを理解し，マナーやドレスコードなどを社会人として通用するレベルで実践することができる。 ・仕事によって得られるものを知り，働く喜びを感じ社会に出て役割を担う自信と希望を得る。	・高校での学習内容が社会でも活用されていることを知る。 ・問題点を発見し分析して適切に記録し情報を整理することができる。 ・仕事を通して得られる価値や問題点を発見する。 ・自分自身のキャリア形成と体験を結びつけ日々の生活に落とし込むことができる。	・入学以来漠然とイメージしていた社会人や仕事・会社組織について具体的理解をする。 ・グローバル化や情報化・技術革新の現状を知る。 ・３年時，求人票の内容を正確に理解することに繋がる。 ・自分が将来働くことに対するイメージを持つ。

⇧

《キャリア教育の目標》《特に身に付けさせたい基礎的・汎用的能力》などの設定の背景と経緯
・就職課が新３年生の求人依頼で企業訪問をしたところ，厳しい就職環境の中で就職した昨年度の卒業生が３箇月も経っていないのにかなりの数で離職していた。「好きな分野の仕事をさせてもらえない」「会社組織になじめない」といったことが原因らしい。
・数年前から，キャリア教育を進め，インターンシップを導入しているが，アンケート調査をしたところ，「中学校で同様の体験をした」「インターンシップでは任された仕事に打ち込むため，周囲で働いている人が何をしているか観察できない」「会社組織の仕組み」や，「ホワイトカラーの仕事の内容が分かりにくい」といった意見が聞かれた。
・企業側からは社会が求める力と学校の内容や人材育成がミスマッチではないかという指摘を受けた。
・課長主任会では「まだまだ『会社組織』というものに対する理解が乏しいのではないか」「働いている人々が組織の中でどのような思いで仕事をしているか」「『仕事はチームプレーと言われるが，どのように連携・協力しているか』を学ばせる機会をつくるべきだ」という意見が出た。

《実践例－商業科１年生・「ビジネス基礎」の一環としてのジョブシャドウイング》	《特に注目すべき点》
事前指導 【＊１】（５月頃～） 会社の社歴や創業者の思いをうかがう。 なぜこの地にて事業を展開しているのかを知る。 訪問する企業と業界に対する知識を深める。 会社組織の構成 責任と役割分担 社会人として必要な職業観・勤労観 事業所でのマナー（ドレスコード・休憩所での心得・あいさつ・ゴミ処理や下駄箱ロッカーの使い方等） ※仕事を見せていただく方の仕事内容や組織における役割を事前に確認しておく。【＊２】 当日朝 （７月） 簡単な自己紹介をした後，仕事をしている傍らに寄り添い仕事ぶりを拝見させてもらう。【＊３】 働いている人から学ぶ。 会社組織を知り実際の連携を見る。 会社内の環境や使われている機器・施設設備，マナーや顧客に対する配慮なども観察する。 職業人としての職業観・勤労観を直接学びとる。 当日昼 ランチミーティングの機会を活用したインタビュー 　※質問についてはあらかじめいくつか考えておく。【＊４】 一緒に昼食をとりながら，仕事への思いをうかがう。 組織の仕組みを理解し役割分担について深く考える。 事後 （会社の方にも参加していただく）【＊５】 　学校に戻って，見学させていただいた方の仕事内容と事業部・部署の役割や連携体制についてを簡単にまとめる。 　体験したことやまとめたことを，全体に発表することで企業内の連携体制や役割分担を理解する。 理解したこと・感想・感謝の気持ちをまとめ礼状を書く。	【＊１】営業・企画といった仕事が増えているがその内容を実際に学ぶ機会は少ない。この事前学習によっていわゆる「業界」「ライン」「スタッフ」を知ることでキャリアプランニングをすすめる鍵となる。 【＊２】「事業部制組織」など会社組織についての学習となり自分自身のキャリアプランニングにもつながる。 【＊３】通常どおりの仕事を進めていただく。職場のルールを守りながら見学することで自己管理能力を高める。 【＊４】「もしその部署が無かったら」「もしこの部署でミスが発生したら」など質問することで組織に対する理解が深まる。コミュニケーション上の工夫についてもうかがう。 【＊５】各部署に分かれて見学した高校生各人の体験を共有することによって会社の全体像が浮かび上がり組織が理解できる。

《本実践例から得られる示唆－他校への応用にあたって－》

- 「ビジネス基礎」の「内容(2)ビジネスとコミュニケーション」に焦点を絞り，ビジネスにおける基本的なマナー，良好な人間関係を構築することの意義や必要性及びビジネスに対する望ましい心構えや考え方を学ぶと同時に，ビジネスの場面に応じた言葉の使い方などコミュニケーションの基礎的な方法について実社会との関わりを通して学ぶ機会とした。
- グローバル化や情報化の進展の中で現代の企業が求める人材について学び，幅広い学びと柔軟な対応が欠かせないという事実を知ることができる。
- 時間やマナーなど生活面を見つめるので有意義な学校生活を送らせることができる。
- 働いている人を見ることによって勤労に対する考え方や職業理解，仕事に対する責任感，社会が求めるチームワークやマナーを学び取りやすい。仕事をするためには学び続けなければならないことが理解され学習意欲の向上に反映されやすい。学習時間の向上に結び付いた例もある。
- 企業側にとっても通常業務が進められ，高校生からの感想を聞くことで業務や組織・仕事内容を再認識するなど新鮮な体験となっている。

巻末資料

資料一覧

資料1　「今後の学校におけるキャリア教育・職業教育の在り方について」目次
（中央教育審議会　平成23年1月31日答申）

資料2　「今後の学校におけるキャリア教育・職業教育の在り方について」概要
（中央教育審議会 平成23年1月31日答申）

資料3　アメリカ合衆国・ミズーリ州
「地方教育委員会キャリア教育プログラム共通基準」
Common Standards for Career Education Programs
ミズーリ州　初等中等教育省キャリア教育局作成（2006）
http://dese.mo.gov/divcareered/common_program_standards.htm

資料4　ニュージーランドにおけるキャリア教育の評価
Visualising current and future situations
ニュージーランド政府キャリア・サービス局作成（2009）
http://www2.careers.govt.nz/visualising_situations.html

解説　―資料3・資料4について―

キャリア発達にかかわる諸能力の育成の在り方を探ることを中核的課題とする本報告書においては、PDCAサイクルに基づくキャリア教育の在り方についても、児童生徒が身に付けるべき「能力」に焦点を絞って論じた。しかし、本来は、より包括的・総合的な視点から構築された枠組みに基づいてPDCAサイクルが確立されるべきであり、この点については、今後の更なる研究が必要である。

そこで、「資料3」「資料4」では、教育委員会や学校における今後の創意工夫ある取組に資するための参考資料として、包括的・総合的な視点からキャリア教育のPDCAサイクルを構想している諸外国のガイドラインの一部を、事例として紹介することとした。

「資料3」は、キャリア教育の実践・研究の両面で世界をリードするノーマン・ガイスバース（Norman Gysbers）氏の直接的な協力を得て開発されたアメリカ合衆国・ミズーリ州の基準を、「資料4」は、教育実践の評価システムの開発に国を挙げて取り組んでいるニュージーランドの指針を訳出したものである。

資料1

「今後の学校におけるキャリア教育・職業教育の在り方について」

（中央教育審議会　平成23年1月31日答申）

目次

(2) 専門学科における職業教育
① 専門学科における職業教育の重要性
② 専門学科における職業教育の推進方策
③ 職業教育の質の保証・向上と学習成果の積極的な評価
④ 専門学科における職業教育の充実のための環境整備
(3) 総合学科
① 総合学科を導入したことによる成果
② 総合学科の課題
③ 総合学科の今後の在り方
4．特別支援学校高等部におけるキャリア教育・職業教育の充実
5．専門的な知識・技能の高度化への対応と，
高等学校（特に専門学科）・特別支援学校制度の改善の方向性
(1) 高等学校・特別支援学校高等部の専攻科の在り方と高等教育機関との接続の方向性
(2) 専門学科を基にした高等専門学校の設置の可能性
6．専修学校高等課程（高等専修学校）におけるキャリア教育・職業教育の充実
(1) 職業教育の高度化・質の向上と生涯にわたるキャリア形成のための教育の充実
(2) 自立に困難を抱える生徒への対応
(3) 個人の多様なライフスタイルに応じた学習機会の充実

第４章　高等教育におけるキャリア教育・職業教育の充実方策
1．高等教育におけるキャリア教育・職業教育の課題
2．高等教育におけるキャリア教育の充実
(1) 高等教育におけるキャリア教育の基本的な考え方
(2) 高等教育におけるキャリア教育の取組
(3) 高等教育におけるキャリア教育の推進方策
(4) 各高等教育機関における推進のポイント
① 大学・短期大学
② 高等専門学校
③ 専門学校
3．高等教育における職業教育の充実
(1) 高等教育における職業教育の課題と充実に向けた視点
(2) 各高等教育機関における推進のポイント
① 大学・短期大学
② 高等専門学校
③ 専門学校
4．職業実践的な教育に特化した枠組みについて
(1) 職業実践的な教育に特化した枠組みの必要性
① 現在の高等教育における職業教育の位置付け
② 人材育成ニーズと高等教育機関が行う職業教育への期待の高まり
③ 職業実践的な教育に特化した枠組みの整備
(2) 職業実践的な教育に特化した枠組みに関して考慮すべき４つの観点
① 経済成長を支える「人づくり」への対応
② 生涯にわたる学習活動と職業生活の両立
③ 教育の質の保証
④ 進路選択の拡大と職業実践的な教育の適切な評価
(3) 職業実践的な教育に特化した枠組みの構想
5．各高等教育機関を通じた職業教育の充実のための方策・質保証の在り方

第５章　生涯学習の観点に立ったキャリア形成支援の充実方策
1．生涯学習の観点に立ったキャリア形成支援の必要性
2．学校から社会・職業へ移行した後の学習者に対する支援方策
3．中途退学者や無業者等のキャリア形成のための支援方策
4．職業に関する生涯にわたる学習を支える基盤の形成

第６章　キャリア教育・職業教育の充実のための様々な連携の在り方
1．連携の基本的な考え方
2．地域・社会との連携
3．産業界等との連携
4．学校間・異校種間の連携
5．家庭・保護者との連携
6．関係行政機関との連携

資料2

「今後の学校におけるキャリア教育・職業教育の在り方について」 概要
（中央教育審議会 平成23年1月31日答申）

キャリア教育・職業教育の課題と基本的方向性

1．若者の現状・・・大きな困難に直面

産業構造や就業構造の変化、職業に関する教育に対する社会の認識、子ども・若者の変化等、**社会全体を通じた構造的問題が存在。**

◆「学校から社会・職業への移行」が円滑に行われていない。

・ 完全失業率　約9%
・ 非正規雇用率　約32%
・ 無業者　約63万人
・ 早期離職　高卒4割、大卒3割、短大等卒4割

◆「社会的・職業的自立」に向けて様々な課題が見られる。

・ コミュニケーション能力等職業人としての基本的能力の低下
・ 職業意識・職業観の未熟さ
・ 進路意識・目的意識が希薄な進学者の増加

若者個人のみの問題ではなく、社会を構成する各界が互いに役割を認識し、一体となり対応することが必要。

その中で、学校教育は、重要な役割を果たすものであり、キャリア教育・職業教育を充実していかなければならない。

2．キャリア教育・職業教育の基本的方向性

キャリア教育

一人一人の社会的・職業的自立に向け、必要な基盤となる能力や態度を育てることを通して、キャリア（注1）発達を促す教育

● 幼児期の教育から高等教育まで、発達の段階に応じ体系的に実施
● 様々な教育活動を通じ、基礎的・汎用（はんよう）的能力（注2）を中心に育成

職業教育

一定又は特定の職業に従事するために必要な知識、技能、能力や態度を育てる教育

● 実践的な職業教育を充実
● 職業教育の意義を再評価することが必要

生涯学習の観点に立ったキャリア形成支援

生涯にわたる社会人・職業人としてのキャリア形成（社会・職業へ移行した後の学習者や、中途退学者・無業者等）を支援する機能を充実することが必要

家庭、地域・社会、企業、経済団体・職能団体、NPO等と連携
各界が各々役割を発揮し、一体となった取組が重要

（注1）キャリア：人が、生涯の中で様々な役割を果たす過程で、自らの役割の価値や自分と役割との関係を見いだしていく連なりや積み重ね
（注2）基礎的・汎用的能力：① 人間関係形成・社会形成能力 ② 自己理解・自己管理能力 ③ 課題対応能力 ④ キャリアプランニング能力

発達の段階に応じた体系的なキャリア教育

1．基本的な考え方と充実方策

（1）基本的な考え方

① 社会的・職業的自立に向けて必要な基盤となる能力・態度を育成する、幼児期の教育から高等教育までの体系的な取組

② 子ども・若者一人一人の発達状況の的確な把握ときめ細かな支援

③ 能力や態度の育成を通じた勤労観・職業観等の価値観の自己形成・自己確立

（2）充実方策

① **教育方針の明確化と教育課程への位置付け**

② **重視すべき教育内容・教育方法と評価・改善**
・多様で幅広い他者との人間関係の形成等のための場や機会の設定
・経済・社会の仕組みや労働者としての権利・義務等についての理解の促進
・体験的な学習活動の効果的な活用
・キャリア教育における学習状況の振り返りと、教育活動の評価・改善の実施

③ **教職員の意識・指導力向上と実施体制の整備**

2．各学校段階の推進の主なポイント

幼児期
自発的・主体的な活動を促す

小学校
社会性、自主性・自律性、関心・意欲等を養う

中学校
社会における自らの役割や将来の生き方・働き方等を考えさせ、目標を立てて計画的に取り組む態度を育成し、進路の選択・決定に導く

後期中等教育
後期中等教育修了までに、生涯にわたる多様なキャリア形成に共通して必要な能力や態度を育成。また これを通じ、勤労観・職業観等の価値観を自ら形成・確立する

特別支援教育
個々の障害の状態に応じたきめ細かい指導・支援の下で行う

高等教育
後期中等教育修了までを基礎に、学校から社会・職業への移行を見据え、教育課程の内外での学習や活動を通じ、高等教育全般においてキャリア教育を充実する

後期中等教育におけるキャリア教育・職業教育

1．課題と基本的な考え方

（１）課題

高等学校 普通科

進路意識・目的意識が希薄
他学科に比べ厳しい就職状況

高等学校 専門学科

約半数が進学する高等教育との接続を視野に入れた職業教育の充実
専門的な知識・技能の高度化や職業の多様化

高等学校 総合学科

生徒の安易な科目選択、教職員の負担
教職員や中学生・保護者の理解が不十分

特別支援学校 高等部

厳しい就職状況（卒業者のうち就職割合は2割強）

専修学校 高等課程

生徒の実態を踏まえた多様な学習ニーズへの対応

（２）基本的な考え方

卒業時の主な年齢である１８歳は、社会人・職業人としての自立が迫られる時期

生涯にわたる多様なキャリア形成に共通して必要な能力・態度を育成、勤労観・職業観等を自ら形成・確立

2．各後期中等教育機関における推進の主なポイント

高等学校（特に普通科）におけるキャリア教育

・キャリア教育の中核となる教科等の明確化の検討
・就業体験活動の効果的な活用
・普通科における職業科目の履修機会の確保
・進路指導の実践の改善・充実

高等学校 専門学科における職業教育

・基礎的・基本的な知識・技能の定着と問題解決能力等の育成
・長期実習等、実践的な教育活動の実施、実務経験者の登用
・地域や産業圏との密接な連携による学科整備・教育課程編成
・専攻科の在り方と高等教育機関との接続
（具体的基準等の明確化、高等教育機関への編入学等の検討）

高等学校 総合学科

・目的意識等を持たせる教育活動の充実
・中学生・保護者や教職員の理解促進
・多様な学習機会を保障するための教員配置等条件整備

特別支援学校 高等部

・就業につながる職業教育に関する教育課程の見直し
・就業に向けた支援方法の開発、職場体験活動の機会拡大
・専攻科の在り方と高等教育機関との接続

専修学校 高等課程

・幅のある知識・技能や基礎的・汎用的能力の育成
・「単位制学科」や「通信制学科」の制度化の検討

高等教育におけるキャリア教育・職業教育

1．課題と基本的な考え方

（１）課題

・高等教育進学率は約8割に達し、多くの若者にとって、社会に出る直前の教育段階。社会・職業への移行を見据えた教育の改善・充実

・実践的な職業教育の充実や生涯学習ニーズを含む多様なニーズへの対応

（２）基本的な考え方

〔キャリア教育〕

・自らの視野を広げ、進路を具体化し、それまでに育成した社会的・職業的自立に必要な能力や態度を、専門分野の学修を通じて伸長・深化させていく

・キャリア教育の方針の明確化と、教育課程の内外を通じた体系的・総合的な教育の展開

・体験的な学習活動の効果的な活用

〔職業教育〕

・自立した職業人を育成する職業教育の重要性を踏まえた高等教育の展開

・各教育機関が果たす役割・機能の明確化と、それぞれの特性をいかした職業教育の充実

・産業界との連携・対話による、求められる人材像・能力の共有と、職業に必要な能力を育成する教育の充実

2．各高等教育機関における推進の主なポイント

大学・短期大学

・教育課程の内外を通じて社会的・職業的自立に向けた指導等に取り組むための体制整備（設置基準改正。平成23年度から）を踏まえた取組の実施
・各大学・短期大学の機能別分化の下、養成する人材像・能力を明確化した職業教育の充実、実践的な教育の展開
・生涯学習ニーズ等への対応

高等専門学校

・発達の段階に応じたきめ細かいキャリア教育の段階的実施
・専攻科の位置付けの明確化と大学院接続の円滑化の検討
・専攻科所定単位取得者に対する学位授与の円滑化の検討

専門学校

・早期から十分な職業理解や目的意識を持たせたキャリア形成
・「単位制学科」や「通信制学科」の制度化の検討

3．職業実践的な教育に特化した枠組み

①新たな学校種の創設、②既存の高等教育機関における活用を念頭に今後詳細に検討

企業等と密接な連携を図り、最新の実務の知識・経験を教育内容・方法に反映

＜教育課程＞ 企業等との連携による編成・改善
＜授業方法＞ 演習型授業（実験・実習・実技等）を多く実施
＜教員資格＞ 実務卓越性を重視

資料3

アメリカ合衆国・ミズーリ州
「地方教育委員会キャリア教育プログラム共通基準」
ミズーリ州　初等中等教育省キャリア教育局作成（2006）

地方教育委員会
キャリア教育プログラム
共通基準

ミズーリ州
キャリア教育
全児童生徒に不可欠なスキル

Missouri
Career Education
ESSENTIAL SKILLS FOR ALL STUDENTS

ミズーリ州初等中等教育省
キャリア教育局

はじめに

ミズーリ州初等中等教育省キャリア教育局は，このたび「地方教育委員会キャリア教育プログラム共通基準」を開発した。６つの共通基準（common standards）は以下の通りである。

- プログラムの運営と計画
- カリキュラム
- 指導
- 教員研修
- 職業教育履修者団体*[1]
- 施設設備

これらの基準は，基準を達成する上で必要な「キャリア教育の質の指標」とともに，地方教育委員会（日本の市町村教育委員会に相当する）がキャリア教育プログラムを確立し，維持し，評価するための指針となるように策定された。

本共通基準の開発プロセスにおいては，教員及び校長等の管理職から多くの示唆をいただいた。これらの示唆は，本共通基準の開発に際し，州内各地で実践されている優れたキャリア教育実践を反映する上で重要であった。

プログラムの運営と計画

データ収集及び評価のためのシステムが確立され，生徒の高い成果を実現するプログラム開発及びその継続的な改善に必要な情報を提供していること。

本基準に関するキャリア教育の質の指標

（※を付した項目については，後に具体的な評価基準も訳出した）

- キャリア教育プログラムには，保護者，児童生徒，行政，地域社会，企業／産業界からの意見を基に策定された使命（mission），目標，目的が明示してある。（※）
- キャリア教育プログラムには，教科等に関する指導，雇用に関する指導，職業に関する指導，リーダーシップスキルに関する指導等を反映した，明確なプログラム計画とプログラム概要が示してある。（※）
- キャリア教育プログラムの有効性を毎年評価する計画が定められている。（※）
- キャリア教育プログラムを実施するための年次予算は，教職員研修，職業教育履修者団体の活動，キャリア教育のための設備とそれらのメンテナンス，消耗品，教材を十分に確保するため，教員と管理職とが協力して策定したものである。
- キャリア教育プログラムにかかわる諮問委員会（advisory committee）は，地域から出された意見を仲介し，キャリア教育への支援を提供している。
- 教員は，キャリア教育プログラムの目標及び活動に関する情報を地域に向けて発信することによって同プログラムに基づくキャリア教育を推進している。
- 教員は，保護者，管理職及びスクールカウンセラーと連携して，各生徒の個別の履修計画・学習計画と合致した進路選択ができるよう指導している。

---

[1] 職業系の科目を中心に履修する生徒によって組織される団体。ミズーリ州では12団体が公認されており，2008-2009年度では77,105名の生徒が加入している。詳しくは、本共通基準末（p.150）の「ミニコラム」における解説を参照のこと。

カリキュラム

キャリア教育プログラムにおいて，教室／実習室・実験室での授業を通した指導，リーダーシップスキルの向上を目指した指導，個人としての発達を促す指導のバランスが保たれ，それぞれの指導に関する系統的なカリキュラムが明文化されていること。

本基準に関するキャリア教育の質の指標

- キャリア教育に関する明文化されたカリキュラムの手引きがあり，必要な項目が記載されている。(※)
- キャリア教育における明文化された児童生徒の評価に関する規定／評価の基準に関する規定が示されている。(※)
- キャリア教育のカリキュラムは毎年評価検討され，必要に応じて，産業界，児童生徒のニーズ，及び指導法において発生した最新の変化を反映して改訂されている。
- 大学等の中等後教育機関との接続・連携等に関する協定，二重単位*[2]の取得方法に関する協定が策定されており，それらの協定が必要に応じて改訂されている。
- 「特定科目の見なし履修と単位認定（embedded credit）*[3]」の機会が利用可能となっている。
- キャリア教育のカリキュラムは，その目標を達成するために，職業教育履修者団体（CTSO）の活動と，教室／実習室・実験室での指導とのバランスを保持している。

指導

教室における指導が，明文化されたキャリア教育のカリキュラムに則っていること。

本基準に関するキャリア教育の質の指標

- キャリア教育のカリキュラムの手引きに依拠した指導案及び指導計画が，指導の在り方を確定するために活用されている。
- さまざまな形態の学習に適した多様な指導方策が活用されている。
- 効果的なクラス経営の手法を活用して円滑な指導が行われている。
- プログラムや授業の目標，評価方法，身に付けさせようとする具体的な力についての情報が，実践に先だって，児童生徒及び保護者と共有されている。
- 児童生徒の学びの進展の程度や，内容の修得の状況を常に把握できるような指導管理のシステムが確立されている。
- 教員は，（特別支援教育の対象となる）児童生徒の個別指導計画（IEP）において特定された配慮事項に即して，当該児童生徒の達成度を向上させるための指導方策を採用している。
- カリキュラム上及びプログラム上の目標を効率よく達成するために，学校内及び地域社会における教育資源が活用されている。
- カリキュラム及び指導プロセスに即した適切な教具や教材が活用されている。
- 児童生徒は，必要に応じて，産業界において通用するレベルの技能修得を証明できるよう，業種別団体等が認定する検定資格などを得ることができる。

---

[2] 高校在学中に大学等の単位を取得できるプログラム（dual enrollment）によって得られる単位。
[3] ある科目(A)の内容が別の科目(B)の内容を包含していると見なされ，その水準においても包含された当該科目(B)に相当すると認定された場合，その科目(A)を履修し単位を取得したことをもって，包含された科目(B)の単位も同時に認定する制度。ミズーリ州において運用が認められている。

- 教員とスクールカウンセラー等のカウンセリング担当者とが連携して，就職や進学に関する支援を提供している。
- 職場における体験的な学習がカリキュラム及びプログラムの目標を達成する上で不可欠な役割を担っている。
- 産学連携教育が，キャリア教育局の単位認定方針，及び，同局が認可した高校段階産学連携教育の一環としての雇用関連規定に則って実践されている。

教員研修

教員は正規資格を有しており，継続的に質の高い教員研修に参加していること。

本基準に関するキャリア教育の質の指標

- 教員は適切な正規資格を有している。
- 教員は，各個人の人事考課（教員評価）の結果と整合性を有する，年度ごとに計画された教員研修に向けて準備し，参加している。
- 教員は，それぞれの担当教科等の内容及び指導計画に関して，専門技能の向上を含んだ教員研修に参加している。
- 教員は，それぞれの専門職能団体（professional organization）の会員となっており，会の活動に参加し，（必要に応じて）リーダーシップを発揮している。

職業教育履修者団体（CTSO）

適切なCTSOが，それぞれミズーリ州及び全米組織に加盟しており，CTSO（の活動）がキャリア教育プログラムの一部に組み込まれていること。

本基準に関するキャリア教育の質の指標

- CTSOとキャリア教育のカリキュラムの目標及び目的に即した各種のプログラムが，生徒と教員が協力によって毎年度策定されている。
- キャリア教育のカリキュラムの目標と目的は，CTSOのプログラム及び活動を包含しつつ達成されている。
- CTSOの各種プログラムには，リーダーシップの向上，キャリア教育を通して身に付ける能力の育成，地域社会におけるボランティア活動（community service），学校内におけるボランティア活動（school service）の要素が含まれている。
- （職業系科目を中心に履修している）すべての生徒がCTSOの活動に参加している。
- 各地域のCTSO支部の設立趣意書（charter）は，ミズーリ州及び／又は全米の組織が定める基準を満たしている。

施設設備

施設・設備は安全かつ清潔で，適切なものであること。

本基準に関するキャリア教育の質の指標

- 教室及び実験室は，ADA基準*[4]を含む，連邦，州，自治体の衛生及び安全規定／基準を満たしている。
- 教室及び実験室は，プログラムにとって適切な状態に整備され，また児童生徒の学習を促進する環境となっている。
- 設備は，手入れが行き届いており正常に作動している。
- 設備は，産業界で実際に使用されている典型的なものであり，かつ，カリキュラムに則している。
- 現行設備の管理簿が整備され，毎年更新されている。
- 地方教育委員会によって，設備の更新及び／又は緊急の修理に対する規定が定められている。

ミニコラム　職業教育履修者団体とキャリア教育

ミズーリ州においては，DECA[商業（マーケティング，経理，接客，経営）領域]，FFA[農業領域]，FCCLA[家庭科領域]，TSA[工業領域］など，12の職業教育履修者団体(Career and Technical Student Organizations)が認可されており，それぞれが全米組織のミズーリ州支部等として活動している。

職業教育履修者団体は，加入している生徒の職業専門技能の向上を中心的な課題としつつ，学校での学習と自らの将来との関係を意識させ，学習意欲を高めようとする諸活動(生徒主催の各種会議等の開催，ワークショップ等の研修会の開催，地域におけるボランティア活動など）を実施している。

ここで，職業教育履修者団体の名称「Career and Technical Student Organizations」，特に，本名称中にある「career」について説明が必要であろう。この点については，まず，2006年の連邦職業教育法の改正によって，「職業教育」が，「vocational and technical education」から「career and technical education」へと改称されたことを踏まえなくてはならない。従来，職業教育が「非進学希望者向けの教育」と広く認識されていたことを受け，その固定概念の打破をねらった用語変更であると言われている。ここで用いられる「career」は，キャリア教育（career education）における「キャリア」と重複する要素を持ちながらも，職業生活に焦点を当てた用語である。このような連邦法改正等の影響により，職業教育履修者団体の呼称は，今日「Career and Technical Student Organizations」とされている。

アメリカ合衆国においては，若年者の高い失業率などの問題を背景として，キャリア教育と職業教育とを密接に関連づけて施策化する傾向が各州で見られる。ミズーリ州のキャリア教育において，職業教育履修者団体の活動が重要視されるのも，この特質を反映したものである。

[4] Americans with Disabilities Act（アメリカ障害者法）が定める基準

ミズーリ州　キャリア教育プログラム評価基準（抜粋）

出典：ミズーリ州初等中等教育局省キャリア教育局「地方教育委員会のキャリア教育プログラム改善に関するレポート」(2009)（http://dese.mo.gov/divcareered/program_evaluation.htm）

共通基準―プログラムの運営と計画

データ収集及び評価のためのシステムが確立され，生徒の高い成果を実現するプログラム開発及びその継続的な改善に必要な情報を提供していること。

本基準に関するキャリア教育の質に関する指標１―キャリア教育プログラムには，保護者，児童生徒，行政，地域社会，企業／産業界からの意見を基に策定された使命（mission），目標，目的が明示してある。

非常に優れている Exemplary	優れている Promising	改善を要する Improving	問題がある Struggling	該当なし Non-existent
キャリア教育の使命，目標及び目的が当該五者（保護者，児童生徒，行政，地域社会，企業／産業界）からの意見を踏まえて策定されている。	キャリア教育の使命，目標及び目的が五者のうち三者からの意見を踏まえて策定されている。	キャリア教育の使命，目標及び目的が五者のうち一者からの意見を踏まえて策定されている。	キャリア教育プログラムに，キャリア教育の使命，目標及び目的が明文化されていない 。	明文化されたキャリア教育プログラム計画が存在しない。

本基準に関するキャリア教育の質に関する指標２―キャリア教育プログラムには，教科等に関する指導，雇用に関する指導，職業に関する指導，リーダーシップスキルに関する指導等を反映した，明確なプログラム計画とプログラム概要が示してある。

非常に優れている	優れている	改善を要する	問題がある	該当なし
キャリア教育プログラムには，教科等に関する指導，雇用に関する指導，職業に関する指導，リーダーシップスキルに関する指導等の各要素が反映されている。この場合，当該プログラムには，使命，目標，目的，教育課程の基準，生徒の評価，職業教育履修者団体が実施する各種のプログラム（CTSO program of work)，施設・設備，プログラムの評価に関する事項が含まれているものとする。	キャリア教育プログラムには，教科等に関する指導，雇用に関する指導，職業に関する指導，リーダーシップスキルに関する指導等のうち，多くの要素が反映されている。	キャリア教育プログラムには，教科等に関する指導，雇用に関する指導，職業に関する指導，リーダーシップスキルに関する指導等のうち，半数程度の要素が反映されている。	キャリア教育プログラムには，教科等に関する指導，雇用に関する指導，職業に関する指導，リーダーシップスキルに関する指導等の要素が反映されていない。	明文化されたプログラム計画が存在しない。

本基準に関するキャリア教育の質に関する指標３―キャリア教育プログラムの有効性を毎年評価する計画が定められている。

非常に優れている	優れている	改善を要する	問題がある	該当なし
キャリア教育の年次評価計画は，以下の５つの要素を含んでいる： 1．測定可能な具体的な目標 2．それぞれの目標に対応する評価尺度 3．それぞれの尺度について，達成していると見なす水準（レベル） 4．それぞれの評価尺度ごとの，データの収集，分析，報告方策に関する手続き及びスケジュール 5．測定可能な目標ごとの成果報告及び，必要に応じた実践の改善に関する手続き及びスケジュール。	キャリア教育の年次評価計画は，左欄の５要素の内４要素を含んでいる。	キャリア教育の年次評価計画は，左欄の５要素の内３要素を含んでいる。	キャリア教育の年次評価計画は，左欄の５要素の内２要素を含んでいる。	キャリア教育の年次評価計画が存在しない。

非常に優れている	優れている	改善を要する	問題がある	該当なし
各地方教育委員会が策定する総合的な学校改善計画（district's Comprehensive School Improvement Plan（CSIP））には，キャリア教育プログラム改善に向けた計画が明確に含まれており，また優先事項となっている。	各地方教育委員会が策定する総合的な学校改善計画には，キャリア教育プログラム改善に向けた計画が明確に含まれている。	各地方教育委員会が策定する総合的な学校改善計画には，キャリア教育プログラム改善に向けた計画が大まかに含まれている。	キャリア教育プログラム改善に向けた計画は存在するが，各地方教育委員会が策定する総合的な学校改善計画には含まれていない。	キャリア教育プログラム改善に向けた計画が存在しない。

非常に優れている	優れている	改善を要する	問題がある	該当なし
過去３年において実施されたキャリア教育の年次評価の結果を基に，数多くのプログラムの改善が行なわれている。	過去３年において実施されたキャリア教育の年次評価の結果を基に，プログラムの改善が一部で行われている。	過去３年において実施されたキャリア教育の年次評価の結果を基に，プログラムが限定的に行なわれている。	過去３年において，プログラムの改善が限定的に行なわれている。	過去３年において，プログラムの改善が行なわれていない。

共通基準―カリキュラム

キャリア教育プログラムにおいて，教室／実習室･実験室での授業を通した指導，リーダーシップスキルの向上を目指した指導，個人としての発達を促す指導のバランスが保たれ，それぞれの指導に関する系統的なカリキュラムが明文化されていること。

本基準に関するキャリア教育の質に関する指標１―キャリア教育に関する明文化されたカリキュラムの手引きがあり，必要な項目が記載されている。

非常に優れている	優れている	改善を要する	問題がある	該当なし
明文化されたカリキュラムの指針は，ミズーリ州学校改善計画（MSIP）が求める必要な項目をすべて含んでいる。各項目は以下の通り：理念，学習の目標・内容等の概要，卒業時までに身に付けておくべき力，評価可能な児童生徒の達成目標，教育・学習活動，評価（成績評定を含む），ミズーリ州学習指導要領への準拠（Alignment to the Show-Me Standards），教育委員会の認可（Board Approval）。	明文化されたカリキュラムの指針は，ミズーリ州学校改善計画が求める項目の80%を含んでいる。	明文化されたカリキュラムの指針は，ミズーリ州学校改善計画が求める項目の50%を含んでいる。	明文化されたカリキュラムの指針は，ミズーリ州学校改善計画が求める項目を含んでいない。	明文化されたカリキュラムの指針がない。

本基準に関するキャリア教育の質に関する指標２―キャリア教育における明文化された児童生徒の評価に関する規定／評価の基準に関する規定が示されている。

非常に優れている	優れている	改善を要する	問題がある	該当なし
児童生徒の達成度に関する明文化された評価方針や制度が確定しており，継続的に活用され，毎年点検されて必要に応じて改善が図られている。	児童生徒の達成度に関する明文化された評価方針や制度が確定しており，継続的に活用されている。	児童生徒の達成度に関する明文化された評価方針や制度が確定しているが，継続的には活用されていない。	児童生徒の達成度に関する明文化された評価に関する方針はあるが，具体的な評価制度が確定していない。	児童生徒の達成度に関する明文化された生徒の評価方針や制度がない。

資料4	**ニュージーランドにおけるキャリア教育の評価** ニュージーランド政府キャリア・サービス局作成（2009）

careerSERVICES
rapuara seek the path

キャリア教育
www.careers.govt.nz/career_education

キャリア教育の現状 及び 将来目指すべき状況の視覚化

あなたの学校におけるキャリア教育の運営及び体制に関して，下の円のテーマごとに点数をつけてみましょう。これにより，どの分野が他の分野と比べて優れているのかがわかりやすくなります。次に，3年後にこうなりたいと思う点数に印をつけてください。これにより，今後優先すべき事柄を見定め，目標を設定しやすくなります。

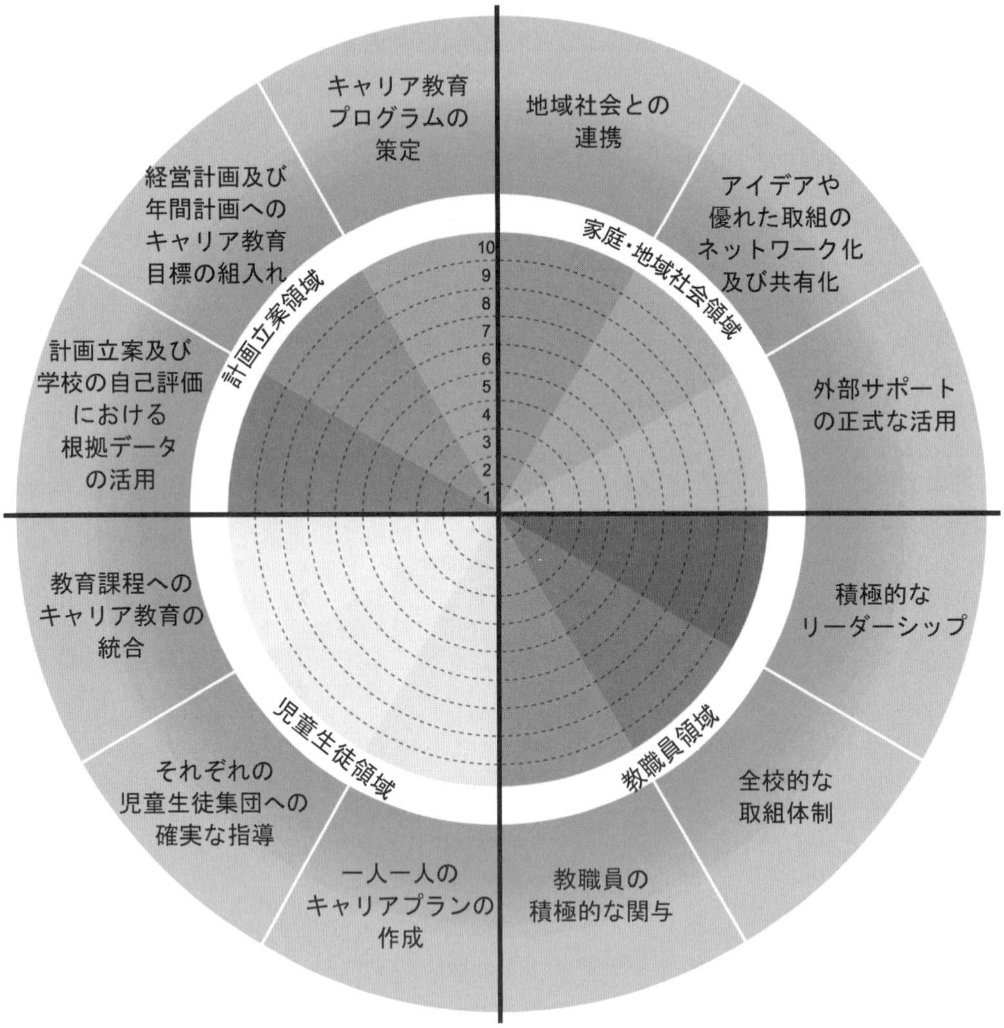

【家庭・地域社会領域】

地域社会との連携

効率的なキャリア教育には家庭及び地域社会の支援が不可欠です。学校は，若年層のキャリアプランにおいて積極的に保護者及びファナウ[*1]からの協力を得るべきであり，そのために，多くの学校が「ファナウ・キャリア・エキスポ」や科目選択説明会のような取組を行なっています。ファナウのメンバーが講師等の指導者としての役割を果たしている学校もあります。

その他の地域社会の人々に，生徒への指導の支援や職場体験機会の提供，又はゲストスピーカーとしてそれぞれの専門知識を話してもらうなど，多くの点で関与してもらうことができます。

実践を振り返るためのポイント（Refection questions）

- 保護者及びファナウは，ニュースレター，キャリア及び科目選択等の説明会，保護者面談会，学校のイントラネット，あるいは地域社会及び学校主催のキャリア・エキスポ及びキャリア・デー等の行事などを通して，キャリア関連の事項について定期的に最新情報を入手しているか？
- 学校は，就職の機会やキャリアに関する情報入手の方法に関する保護者の知識を広げることを目的とした特別な行事を開催しているか？
- キャリア教育に関するニーズの把握やキャリア教育の計画立案のプロセスの一環として，保護者からの意見を聴取しているか？

＊1 ファナウ＝拡大家族と訳されることが多い。先住民であるマオリの社会を構成する最小単位。居住や経済活動を共有する親族等の集団。

アイデアや優れた取組のネットワーク化及び共有化

アイデアのネットワーク化や共有化は学校にとって有効です。

学校間のネットワーク化は，以下の点において不可欠です。

- キャリア教育の取組の共有化
- どのアイデアが効果的か，効果的でないかに関する情報共有
- 地域のみならず全国で実施されている取組の紹介

効果的な学習コミュニティの形成及びアイデアや情報源の共有においては，コンピュータの相互接続（クラスタリング）の活用が成果を挙げています。学校によっては，会議のための移動時間を節約することもあり，ネットワーク化の有用な手段として電話会議を活用しているケースもあります。

実践を振り返るためのポイント

- 教職員は，さまざまなネットワーク化の機会を最大限に活用しているか？
- アイデアや優れた取組の共有化の方法として，他にどのような方策が考えられるか？

外部サポートの正式な活用

すべての学校は，学校外の団体や機関からさまざまな形の支援を必要とします。外部からの支援を受ける場合，すべての関係者の役割及び責任を明文化した同意文書を用意する必要があります。

このような対応は以下の点において有効です。

- 専門家による効果的かつ適切な支援提供の確保
- ニーズの明確化と現状とのギャップ把握のための仕組みの提供
- 目標設定の支援
- 進捗状況に関する確実な経過観察

実践を振り返るためのポイント

- 企業，産業，高等教育機関や職業訓練機関及び地域社会の各団体と正式な連携手続きをとっているか？
- 関連団体はニーズ分析，計画立案及び検証の取り組みに協力しているか？

【教職員領域】

積極的なリーダーシップ

校長が率先してキャリア教育の指導計画の責任を担い，そしてそのことを教職員全員に伝えることによって，学校内におけるキャリア教育の重要性及び取組体制が形成されます。

校長がキャリア教育におけるビジョンを学校全体のカリキュラム及び学校経営に関連付けた場合に，学校全体での成功が最も顕著と

なっています。
実践を振り返るためのポイント
- あなたの学校の校長は校内でのキャリア教育の重要性及び実践組織の在り方について，どのような方法で教職員に伝達しているか？
- キャリア教育は学校の学校経営を担う校長・教頭らによって正式に推進及び支援されているか？

全校的な取組体制

チーム･アプローチの手法は,広範囲の人々の強みと見識を活用し，キャリア教育に対する教職員のかかわりや取組の姿勢を深めます。
ニーズ分析や現状とのギャップの把握，解決策の策定に教職員が広範囲にかかわることにより，各プログラムは充実し，教職員がさまざまなキャリア教育の指導に取り組むことに対して責任を取るようになります。キャリア教育担当チームにシニア･マネージャー(管理職に区分される教員）を置くことで，学校全体でのプログラム実施が推進されます。
実践を振り返るためのポイント
- キャリア教育は，教職員，生徒，保護者，地元の企業経営者そしてより幅広い地域社会が参画して，さまざまな方法を通じて推進されているか？
- それぞれの教科等の指導計画はキャリア教育を包含しているか？
- 学校の主な発行物には将来のキャリアに関する情報が含まれているか？

教職員の積極的な関与

教職員の積極的なかかわりを確実にしておくことは，学校におけるキャリア教育全体の根幹です。
学校全体の教職員を関与させることが不可欠であり，それによって教員は以下のことを認識します。
- 学校でキャリア教育が実施される理由，そしてどのようなキャリア教育が求められているかを理解すること
- 生徒の目標達成度を改善する上での自分たちの役割を理解して担うこと

教職員のかかわりを広げることは，キャリア教育がキャリア教育担当の部・係だけの責任であるという概念を払拭することにもなります。
教職員の積極的な関与を確保するには，キャリア教育に関する適切な専門的情報，教員研修及び支援を提供するとよいでしょう。
実践を振り返るためのポイント
- より多くの教職員のかかわりを確保するにはどうすればよいか？
- 教員は，自ら担当する教科等を通したキャリア教育の指導者として自分自身をとらえているか？教員は，キャリアにかかわる生徒の知識やスキルを向上させるために，自らの教科等を活用する方策について熟知しているか？

【児童生徒領域】

一人一人のキャリアプランの作成

キャリアプランは，児童生徒が以下のことをできるようにする上で有効です。
- 自分自身の関心及び能力を理解すること
- その子どもにとって可能性がある将来の選択肢を明確にすること
- 実現可能なキャリアに関する情報の入手方法を学ぶこと
- 意思決定のスキルを身に付けること

これらのスキルは，生涯続くキャリアやその間に生起する多くの変化を通した成功を確実なものにするために身に付ける必要があるものです。
実践を振り返るためのポイント
- 児童生徒は，将来の進学やキャリア全般に対する考え方を理解するため，またはそのために必要な関連スキルや知識を身に付けるための支援を教職員から得ているか？
- 児童生徒は，自分の個人的な強みや価値に気づいているか？また児童生徒は一人一人に選択肢があることを理解しているか？

それぞれの児童生徒集団への確実な指導

学校内におけるさまざま集団のニーズを把握し，それを具体化する方法論及びプロセスを確立し，それぞれの集団に対して適切な目標，指導方策及びプログラムを作成します。落ちこぼれる恐れのある生徒，優秀な生徒，また多様なニーズを持つ生徒に合わせた計画を立てる必要があります。

実践を振り返るためのポイント

- キャリア教育プログラムは，先住民であるマオリや太平洋諸島出身層，移民及び難民の生徒のニーズを満たしているか？またプログラムがさまざまな能力をもつ児童生徒のニーズを満たしているか？
- 一人一人の児童生徒の面談において，必要に応じて専門家を紹介するプロセスや専門家との面談予約制度はあるか？

教育課程へのキャリア教育の統合

キャリア教育プログラムの円滑な実施は，キャリア教育がその学校の教育課程の不可欠な要素となる状況をもたらします。キャリア教育の教育課程への統合とは，単に学習範囲の中で将来のキャリアに関する事項を扱うということにとどまらず，キャリア教育が学校の提供する教育における根幹となることを意味します。

実践を振り返るためのポイント

- キャリア教育を提供することが学校全体の責任として認識されているか？
- それぞれの教科等の指導計画にキャリア教育が含まれているか？

【計画立案領域】

計画立案及び学校の自己評価における根拠データの活用

意思決定を導くために，基本情報の収集と活用のための明確なプロセスが必要とされており，またそのプロセスにより，教員は児童生徒の知識，学習及び行動に関するプログラムの効果を把握することができます。それぞれの学校が独自に優先事項を特定する際には，児童生徒に焦点を当てた根拠と信頼性のあるデータに基づいて行なわれるべきです。

学校は自己評価のプロセスを適切に実施し，児童生徒のキャリア教育のニーズに即した教育活動の効果測定（評価）をする必要があります。これにより，継続的な改善を促すことが可能となります。

実践を振り返るためのポイント

- 基本情報の収集と活用のための明確なプロセスは確定してあるか？
- 児童生徒のキャリア教育に対するニーズに即した活動効果を評価するための学校の自己評価プロセスがあるか？

経営計画及び年間計画へのキャリア教育目標の組入れ

学校の経営計画や年間計画に，キャリア教育の将来構想（ビジョン）に加え，具体的かつ測定可能なキャリア教育目標が含まれている場合，持続的な改善の可能性が高まります。学校理事会（boards of trustees）*2は，設定された目標の実現に向けて，キャリア教育プログラムの進捗状況を管理職から定期的に報告を受けることが期待できます。

多くの学校は，キャリア教育指導計画―学校における持続可能なキャリア教育を支える戦略的な文書―を策定しています。

実践を振り返るためのポイント

- あなたの学校の計画は実際に「実践されている」か？
- あなたの学校の計画は将来を見据えたものであり，学校におけるキャリア教育のビジョンを提供しているか？
- 学校の経営計画及び年間計画の中にキャリア教育の目標が組入れられているか？それらの目標は具体的で測定可能か？
- あなたの学校の学校理事会は，管理職から定期的に報告を受けているか？

＊2学校理事会＝ニュージーランドにおいて各学校の自律的な経営のために設置される組織。人事運営，財務運営等に関する権限を有する。

キャリア教育プログラムの策定

すべての学年のすべての児童生徒をカバーし，キャリア教育の継続性を確保するには，学校が提供しようとする学習機会，個別相談及び学校内外における諸活動の計画を文書化することが重要です。これはしばしばキャリア教育プログラムと呼ばれるものです。

実践を振り返るためのポイント

- プログラムにはすべての要素が網羅されており，重複がないように学年間の系統性を確保して立案されているか？
- キャリア教育は全教職員の研修及び新任教職員の研修に含まれているか？

キャリア教育の成果を把握しよう

SWOT[(強み（strengths），弱み（weaknesses），機会（opportunities）及び脅威（threats）／課題（challenges)］分析を実施することは，現在成果を上げていることを把握する上でよく知られた方法であり，また，これを通して現実と目標とのギャップも把握しやすくなります。

あなたの学校のキャリア教育の現状を，下のSWOT分析のワークシートに自由に書き込んでみてください。

ワークシートで分析した事柄に関する項目にチェックマークをつけ（漏れている項目がないか確認し）てみましょう。

計画立案領域

- □ 計画立案及び学校の自己評価における根拠データの活用
- □ 経営計画及び年間計画へのキャリア教育目標の組入れ
- □ キャリア教育プログラムの策定

児童生徒領域

- □ 教育課程へのキャリア教育の統合
- □ それぞれの児童生徒集団への確実な指導
- □ 一人一人のキャリアプランの作成

教職員領域

- □ 積極的なリーダーシップ
- □ 全校的な取組体制
- □ 教職員の積極的な関与

家庭・地域社会領域

- □ アイデアや優れた取組のネットワーク化及び共有化
- □ 地域社会との連携
- □ 外部サポートの正式な活用

強み（学校としての強み）

弱み（学校としての弱み）

機会（外部［地域社会等］の資源やチャンス）

脅威／課題（外部からの悪影響や外部の問題）

おわりに

まず，本報告の内容をまとめておく。

キャリア発達にかかわる諸能力の育成に関する調査研究協力者会議は，「キャリア教育の推進を図ろうとするとき，キャリア発達すなわち社会的･職業的自立に向け必要な基盤となる能力や態度の内容とその育成の過程が示されなければならない。」すなわち「キャリア教育推進の基本的方向性の具体化」という課題のもとに研究協議を重ね，以下のように報告した。

第１章では，これまでのキャリア教育の推進施策の展開と課題を整理し，キャリア教育の推進施策が残した主な課題をあげた。

第２章では，キャリア教育を通して育成すべき能力についてのこれまでの考え方として，いわゆる「４領域８能力」について検討し，本来目指された能力との齟齬，生涯にわたって育成される一貫した能力論が欠落していることを指摘した。

これらを踏まえて，第３章では，今後のキャリア教育を通して育成すべき「基礎的･汎用的能力」について考察した。「一人一人の社会的･職業的自立に向け，必要な基盤となる能力や態度を育てることを通して，キャリア発達を促す教育」というキャリア教育の新たな定義にそって，「社会的･職業的自立，特に学校から社会･職業への円滑な移行に必要な力」としての「基礎的･汎用的能力」の内容とその育成の意義を論じた。

第４章では，社会的･職業的自立に向け必要な基盤となる能力や態度の育成の過程を明らかにしようとした。特に，それをPDCAサイクルを基盤としたキャリア教育の在り方として詳細に説明した。指導計画の作成（PLAN），実践（DO），評価（CHEDK），結果の活用（ACTION）のサイクルである。

第５章では，その具体化として，発達の段階に応じたキャリア教育実践の進め方を，小学校，中学校，高等学校段階について実践例を示しつつ展開した。

本報告の重要なところを，キーワード風に言えば，「キャリア教育の新たな定義」，「社会的･職業的自立」，「基礎的・汎用的能力」，「PDCAサイクル」，「発達の段階に応じたキャリア教育実践」ということになろうか。これらについてまとめておく。

「一人一人の社会的･職業的自立に向け，必要な基盤となる能力や態度を育てることを通して，キャリア発達を促す教育」としてキャリア教育をとらえ直したことが，本報告の出発点となっている。これまで必ずしも明確ではなかったキャリア教育の概念が「社会的・職業的自立に向け，必要な基盤となる能力や態度を育てる」ということによって理解されやすくなった。しかもそれにとどまらず，「それを育てることを通してキャリア発達を促す教育」として定義したことに大きな意味がある。「キャリア教育の新たな定義」とはこれまでのキャリア教育を否定するのではなく，それを明確化させ，発展させたものである。従って，「基礎的・汎用的能力」も，これまでの学校におけるキャリア教育の実践の基盤となっていた「４領域８能力」を継承しつつ，各界で提唱された様々な「能力」との整合性を図って，社会的・職業的自立に必要となる能力として提唱されたものであることを理解しておかねばならない。

「PDCAサイクル」を強調するのは，「社会的・職業的自立に向け，必要な基盤となる能力や態度を育てる」と言い，「キャリア発達を促す」と言いながら，どうすれば「育てる」ことになり「促す」ことになるのか，どうなれば「育てる」ことになり「促す」ことになるのかが，不明確になりやすいことを恐れるからである。これまで，職場体験をさせればキャリア教育であるかのような誤解がよくみられたが，それが何のために，何を目指してのものなのかを認識しない教育はありえない。

「発達の段階に応じたキャリア教育実践」は，言い古されたことで，特別新しいものではない。しかし，「発達の段階に応じ」て行われてきたこれまでのキャリア教育は，各学校段階ごとの実践の単なる寄せ集めであることが多く，なぜ「発達の段階に応じ」ることが必要なのかを理解していないように見受けられる。

発達は年齢に伴って自然と起こることではない。年齢と学習の相互作用によって起きる変化である。年齢に適した学習が行われることによって発達は促される。キャリア教育においてキャリア発達段階を基本的な枠組みとするのは，キャリア教育の目標である「社会人·職業人として求められる基礎的·汎用的能力の育成」が年齢と学習によって発達させられるものであるという人間の発達の基本的メカニズムの理解に基づくからである。

基礎的·汎用的能力というとき，それぞれの学校が，何歳頃に何ができるようになっているのかを把握し，何ができるようになっていてほしいのかを明確化する必要がある。その上で，学校·学科や地域の特色を踏まえつつ，各学校段階での他の諸教育活動と照合して，段階別の達成目標を設定し，さらに，児童生徒の内での他の特性(知的な力，社会性，心身の成長の状況，学習を含めた諸活動等）の相互関係を考慮しながら，一人一人の児童生徒ごとの具体的な目標を設定する必要があるのである。

おわりにのおわりに

「キャリア概念に基づき児童生徒一人一人のキャリア発達を支援し，それぞれにふさわしいキャリアを形成していくために必要な意欲·態度や能力を育てる教育」（キャリア教育の推進に関する総合的調査研究協力者会議報告書）というキャリア教育の定義に比べて，「一人一人の社会的·職業的自立に向け，必要な基盤となる能力や態度を育てることを通して，キャリア発達を促す教育」とした定義はわかりやすく，受け入れやすいように思われる。前者は定義の専門的な厳密さに特徴がある一方，一般的な理解につながりにくい面があった。これを読んですぐさまキャリア教育とは何かを理解することは多くの場合難しかったのではなかろうか。それに対して，後者は，より一般的な理解につながる内容・表現である。一見してわかりやすい。

しかし，一見わかりやすいと思われる「社会的・職業的自立」は，よく考えるとそれほどわかりやすいものではない。さらに，「社会的·職業的自立に向け必要な能力·態度」とは何かと考えるとどうだろうか。

社会的・職業的自立こそ，今日本社会が直面している大きな課題である。社会的・職業的に自立するとは一体どういうことなのか。どうなれば，あるいはいつになれば「自立」したといえるのか。「自立」は「自律」でもあり「而立」でもある。こうした社会的・職業的自立について，社会全体の認識が深まっていくことが，キャリア教育の推進には欠かせないし，キャリア教育の推進を通して，社会的・職業的自立を目指す社会が実現されることにもなるのではなかろうか。

社会的・職業的自立は，われわれ一人一人のキャリア発達の課題である。

キャリア発達にかかわる諸能力の育成に関する調査研究報告書

作成協力者

※◎…主査
※職名は平成23年３月現在

長田　　徹	仙台市教育委員会　指導主事
川﨑　友嗣	関西大学　教授
◎菊池　武剋	東北大学　名誉教授
小市　　聡	横浜市立みなと総合高等学校　副校長
佐藤　　勝	東京都品川区立旗台小学校　校長
鈴木　映司	静岡県立韮山高等学校　教諭
辰巳　哲子	株式会社リクルートワークス研究所　主任研究員
千葉　吉裕	東京都立晴海総合高等学校　教諭
藤田　直子	和歌山県海南市立南野上小学校　校長
堀川　博基	埼玉県ふじみ野市立大井中学校　教頭
森　　まり子	東京商工会議所　中小企業部　課長
山田　智之	東京都町田市立町田第一中学校　主幹教諭
渡辺　三枝子	立教大学大学院ビジネスデザイン研究科特任教授、総長室調査役 国立大学法人筑波大学キャリア支援室シニアアドヴァイザー
和田　美千代	福岡県立城南高等学校　教頭（平成22年３月末まで）

国立教育政策研究所においては，次の者が担当した。

神代　　浩	国立教育政策研究所生徒指導研究センター長
藤田　晃之	国立教育政策研究所生徒指導研究センター総括研究官
滝　　　充	国立教育政策研究所生徒指導研究センター総括研究官
城戸　　茂	国立教育政策研究所生徒指導研究センター総括研究官
藤平　　敦	国立教育政策研究所生徒指導研究センター総括研究官
大瀬　勝寿	国立教育政策研究所生徒指導研究センター企画課長
岩城　由紀子	国立教育政策研究所生徒指導研究センター企画課長補佐
田中　曜子	国立教育政策研究所生徒指導研究センター企画課主任
遠藤　　綾	国立教育政策研究所生徒指導研究センター企画課指導係

文部科学省
国立教育政策研究所生徒指導研究センター
〒100－8951　東京都千代田区霞が関３－２－２
TEL 03-6733-6882　　FAX 03-6733-6967
E-mail：scenter@nier.go.jp

キャリア教育のカギはPDCA!

キャリア教育を創る

学校の特色を生かして実践するキャリア教育

小・中・高等学校における基礎的・汎用的能力の育成のために

文部科学省 国立教育政策研究所生徒指導研究センター 平成23年11月

キャリア教育、あなたの学校の

中央教育審議会答申「今後の学校におけるキャリア教育・職業教育の在り方について」(平成23年1月)は、「教育活動の評価・改善の実施」の必要性を次のように指摘しています。

「キャリア教育の実践が、各機関の理念や目的、教育目標を達成し、より効果的な活動となるためには、各学校における到達目標とそれを具体化した教育プログラムの評価の項目を定め、その項目に基づいた評価を適切に行い、具体的な教育活動の改善につなげていくことが重要である。」(答申第2章2 (2)④)

各学校で実践されているキャリア教育をより効果的な活動にしていくために、まずは、マネジメントサイクルとして教育活動にも有効な「PDCA」であなたの学校の「現在地」をチェックしてみましょう。

PDCAでみるキャリア教育推進状況チェックシート

学校の現状に近いと思う項目を☑チェックし、次の課題を見いだしていきましょう。

Plan 計画
学校や児童生徒の現状を把握し、目標を立て、指導計画をつくる
p4-5

- **目標の設定** キャリア教育の目標(キャリア教育を通して身に付けさせたい力や、目指す児童生徒像)については……
- **指導計画の作成** キャリア教育の指導計画(全体計画や年間指導計画)の作成については……
- **指導計画の活用** キャリア教育の指導計画の活用については……

Do 実践
教育活動を展開し、フォローアップや修正を行う
p6-7

- **教育活動全体を通した実践** 教育活動全体を通したキャリア教育の取組については……
- **体験的なキャリア教育の実践** 体験的なキャリア教育(社会人講話、職場見学、職場体験活動、インターンシップなど)については……
- **家庭や地域社会との連携** 地域の教育力を生かしたキャリア教育の取組については……

Check 評価
取組の目的に応じて児童生徒の変化をとらえる
p8-9

- **児童生徒の成長・変容の把握** キャリア教育を通した児童生徒の成長や変容については……
- **実践の振り返りと検証** キャリア教育の取組に関する振り返りや評価については……
- **学校評価との関連** 学校評価(自己評価・学校関係者評価)におけるキャリア教育の位置付けについては……

Action 改善
導き出された新たな課題を踏まえて生かす
p10-11

- **指導計画の改善** キャリア教育の指導計画の見直しについては……
- **校内研修の充実** キャリア教育に関する校内研修については……
- **校内組織の改善** キャリア教育にかかわる校内組織の改善については……

※このチェックシートは、PDCAサイクルのポイントを網羅的に示すものではありません。
キャリア教育の現状をとらえるための目安の一例としてお役立てください。

#「現在地」は？

推進の方向性 → すばらしい！

□ 定めていない	□ 定めているが、目標達成の検証が可能な具体的な文言にはなっていない	□ 目標達成の検証が可能な具体的な文言を用いて定めているが、ここ数年見直していない	□ 目標達成の検証が可能な具体的な文言を用いて定めており、児童生徒の実状などに応じて、数年ごとに見直している
□ 作成していない	□ 指導計画は存在するが、教育委員会から提示されたモデルや、先進校の指導計画を引き写して作成した箇所が多い	□ 学校や地域の特色や児童生徒の実態を踏まえて指導計画を作成するよう努めたが、具体的な内容にそれらが十分に反映されていない	□ 児童生徒・保護者などの意識調査を活用したり、教員が相互に意見を出し合ったりして、学校の現状に即した系統的な実践ができる指導計画を作成している
□ 指導計画がないため、活用できていない	□ 指導計画は存在するが、それに対する教員の認識や理解は十分ではない	□ ほとんどの教員が指導計画の内容を把握しているが、活用は進んでいない	□ 指導計画の内容は教員の共通認識となっており、有効に活用されている
□ 特に意識して取り組んでいない	□ それぞれの教員ができる範囲で取り組もうという意識はあるが、教員ごとの取組の差が大きい	□ それぞれの教員が教科等を通したキャリア教育に取り組んでいるが、それらを関連付ける機会や方策が未整備である	□ 教科等を通したキャリア教育は多様に実践されており、それらを相互に関連付けた取組も計画的に行われている
□ 計画的な実践はしていない	□ 計画的に実践されているが、事前指導・事後指導などが十分にはなされていない	□ 事前指導・事後指導などを含めて計画的に実践されているが、卒業までに身に付けさせたい力を踏まえた体系的な指導には至っていない	□ 卒業までを見通した全体的な取組の中で、事前指導・事後指導を含めた体験的なキャリア教育の役割が明確となっており、異校種とのつながりも意識している
□ 特に意識して取り組んでいない	□ 保護者や地域の事業所などと連携・協力して体験的なキャリア教育に取り組んでいるが、その意図やねらいの共通理解を十分に得ているわけではない	□ 保護者や地域の事業所などと連携・協力して体験的なキャリア教育に取り組んでおり、体験の意図やねらいについての共通理解も得ている	□ 保護者や地域の事業所などと連携・協力して体験的なキャリア教育に取り組み、学校のキャリア教育全般についての理解と協力も得ている
□ 特に意識して把握していない	□ それぞれの教員が学校生活を通して把握するようにしているが、教員間でその状況は共有されていない	□ 学校生活を通した把握の他に、意識調査やポートフォリオなどの資料はあるが、キャリア教育の視点からそれらを考察・分析はしていない	□ 学校生活を通した把握と合わせて、身に付けさせたい力の視点から意識調査などを実施し、結果については経年変化などの分析も加えて、教員間で共有している
□ 特に意識して振り返りをしていない	□ 年度当初計画した取組が円滑に実施できたかどうか、という点についての振り返りは行っている	□ 取組の円滑な実施という観点の他に、年度末などに全般的な取組の成果や課題について教員間で意見交換を行っている	□ 取組の円滑な実施や全般的な成果・課題という観点の他に、特に重要な取組については、児童生徒の意識調査や自己評価などにより検証している
□ 学校評価にキャリア教育に関する評価項目は含まれていない	□ 学校評価にキャリア教育に関する評価項目は含まれているが、その結果を十分に認知していない教員が多い	□ 学校評価にキャリア教育に関する評価項目が含まれており、結果は職員会議等で示されているが、その考察・分析はしていない	□ 学校評価にキャリア教育に関する評価項目が含まれており、結果については経年変化などの分析も加えて、教員間で共有している
□ ここ数年見直していない（指導計画は作成していない）	□ 毎年度、教員の負担や予算などの観点から、取組の見直しを行っている	□ 毎年度、教員の負担や予算などの観点の他に、キャリア教育を通した児童生徒の成長や変容を踏まえ、取組や指導の在り方の見直しを行っている	□ 毎年度、キャリア教育を通した児童生徒の成長や変容を踏まえて取組や指導の在り方の見直しを行い、必要に応じてキャリア教育の目標にも検討を加えている
□ 特に実施していない	□ キャリア教育の概念や基本的な実践方策などについての理解を深めるための研修を実施している	□ キャリア教育を通した児童生徒の成長や変容を踏まえ、具体的な取組の改善に向けた研修を実施している	□ キャリア教育を通した児童生徒の成長や変容を踏まえ、具体的な取組の改善と異校種との連携の強化に向けた研修を実施している
□ ここ数年見直していない	□ 定期的に見直しているが、個々の教員の負担軽減などを主眼とした構成メンバーの交替が中心となっている	□ 定期的に見直しているが、校務分掌の適正化などを主眼とした組織改編と構成メンバーの交替が中心となっている	□ キャリア教育を通した児童生徒の成長や変容を踏まえ、取り組むべき課題を特定し、それに即して校内組織や構成メンバーを定期的に見直している

チェックしてみてどうでしたか？ 現状から見えてくる課題は？ 改善すべきことは？

次ページ以降、各学校における学校や地域の特色等を踏まえた創意あるPDCAサイクルを推し進めていくために、キャリア教育のPlan（計画）、Do（実践）、Check（評価）、Action（改善）の具体的な在り方について、それぞれの項目を設けて紹介していきます。チェック項目と合わせてより効果的なキャリア教育実践のための材料とし、各学校オリジナルのキャリア教育を創っていきましょう。

Plan

D

C

A

学校オリジナルのキャリア教育の「物語」を創ろう

キャリア教育は、一人一人の発達や社会人・職業人としての自立を促す視点から、学校教育を構成していくための理念と方向性を示す教育であり、そのねらいを実現するためには、関連する様々な取組を各学校の教育課程に適切に位置付け、計画性と体系性を持って展開することが必要です。学校教育全体でキャリア教育を進めるために、児童生徒、学校などの実状から目標を明確にし、目標達成のための課題を設定しましょう。
そして、学校の特色を生かして、キャリア教育の具体的実践を指導計画として作成し、各校独自のキャリア教育の「物語」を描いていきましょう。

1. 実態をつかむ

学校や児童生徒の現状を把握する。

PDCAのスタートは、学校の現状把握から始まります。児童生徒の実態や学校・学科の特色、地域の実状など様々な視点から現状を把握することが大切です。自校の現状とキャリア教育の方向性について教職員全体で共通理解を図りましょう。

現状把握のポイント

●定性的な把握

- ●直接的な把握／面談、面接等により児童生徒の特徴を把握する。
- ●間接的な把握／日常的な観察等により児童生徒の特徴を把握する。

●定量的な把握

- ●2件法、3件法、多肢選択法などのアンケートにより、児童生徒一人一人の状態とともに全体的な傾向を把握する。
- ●学校評価（自己評価、学校関係者評価）を活用する。
- ●各活動における自己評価、相互評価等を活用する。

計画策定までのプロセス

具体的な現状把握、達成の検証が可能な目標設定。その上で、現状と目標との「差」に注目する。

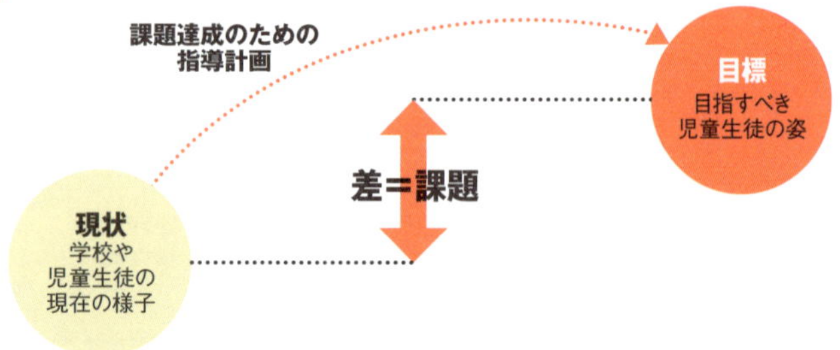

4. 指導計画をつくる

全体計画、年間計画を作成する。

学校や児童生徒の現状、キャリア教育の目標、両者の差から導き出した課題が明確になったならば、各校の創意工夫により指導計画を作成します。

指導計画作成のポイント

- キャリア教育の目標・課題の明示
- 学年の重点目標等の設定
- 学年間の系統性の確保
- 各教科、道徳、総合的な学習の時間、特別活動、その他学校教育全体とのつながり
- 評価方法の明示
- 改善策の検討方法
- 組織等の明確化

Plan
計画

学校や児童生徒の現状を把握し、目標を立て、指導計画をつくる

3. 課題を設定する

課題を明確にする。

「児童生徒の現状」と「キャリア教育で目指すべき児童生徒の姿（目標）」の差を、キャリア教育を通して達成すべき課題として明確にし、指導計画に反映していくことが、キャリア教育推進のためのポイントになります。

2. 目標を立てる

目指すべき児童生徒の姿（目標）を明確にする。

【内部からの視点】
- 学校教育目標
- 児童生徒の実態
- 児童生徒のキャリア発達
- 教師や保護者の願い

→ **学校オリジナルのキャリア教育の目標**（目指すべき児童生徒の姿） ←

【外部からの視点】
- 社会要請／基礎的・汎用的能力
- 都道府県や市町村の方針
- 地域からの期待

目標設定のポイント

- 目標は「児童生徒の目指す姿」として卒業時点の状態を想定して表現されている。
- 児童生徒に「何をできるようにさせたいか」という視点で言語化され、検証が可能である。

Do

C

A

P

「物語」の展開～教育活動全体をつなごう～

計画（Plan）によって明らかとなった課題を達成するために、
今まで行ってきた様々な活動をもう一度見直し、一つ一つの活動をつなげ、
自校ならではの体系的・系統的な指導の在り方を見いだしましょう。
学校では様々な教育活動が展開されています。それらの活動の中には、
キャリア教育の実践場面として有効なものがたくさん含まれているのです。
また、児童生徒のキャリア発達はそれぞれに違うのが当然です。
そのため、一人一人の発達を促すキャリアカウンセリングを拡充することも大切です。

1. 洗い出す

キャリア教育の「断片」の意識化を

キャリア教育はそれぞれの学校の教育活動全体を通して実践することが大切です。
まずは、学校の教育活動の中にあるキャリア教育の「断片」を見いだしましょう。

●指導内容に関すること

例）各教科の中で扱われる単元や題材などの内容が、生活や社会、職業や仕事に関連する場合、
それらを一人一人の児童生徒の将来に直接かかわることとして理解させる。

●指導手法に関すること

例）話合い活動やグループ活動の活用など、指導方法の工夫・改善を通して、
社会生活・職業生活にも応用できる能力を高める。

●生活や学習の習慣・ルールに関すること

例）学習規律の徹底、時間の遵守、片付けの仕方などに関する指導を通して、
自らを律する力や様々な課題に対応する力を高める。

●これまで行ってきた体験的なキャリア教育を見直す

社会人講話や職場見学、職場体験活動、インターンシップといった体験的なキャリア教育については、
「目指す姿、付けさせたい力」を念頭に入れて、その果たすべき役割を明確にし、
事前・事後指導を含めて体系的・系統的に取り組みましょう。

キャリア教育の「断片」とは？

キャリア教育としての価値が十分認識されず、相互の関連性や系統性も確保されてこなかった教育活動。

小学校の指導内容に限定していくつかの例を挙げれば、「伝記を読み、自分の生き方について考える（国語・第5学年及び第6学年）」「食料生産・工業生産に従事している人々の工夫や努力（社会・第5学年）」「集団や社会の一員として自分の役割や行動の仕方について考える（生活）」「自分の成長を自覚するとともに、家庭生活への関心を高め、その大切さに気付くようにする（家庭）」「働くことのよさを感じて、みんなのために働く（道徳・第1学年及び第2学年）」「ものづくり、生産活動などの体験活動（総合的な学習の時間）」「希望や目標をもって生きる態度の形成（特別活動・学級活動）」など、多様な「断片」を見いだすことができます。

4. 実践する

教育活動全体を通して意図的な指導に

●それぞれの教科等の特質を生かす

各教科、道徳、総合的な学習の時間、特別活動など、それぞれの教育活動の特質を生かしつつ、相互の関連を図りながら実践しましょう。

●フォローアップや修正を加える

指導計画に沿ったキャリア教育の実践は重要です。けれども、それが「ノルマをこなす」ような取組になることは是非とも避けたいものです。子どもたちの成長や変容の様子を把握しながら、必要なフォローアップや計画の修正を加えましょう。

●柔軟に個別支援の機会をとらえる

個別支援は、いわゆる「二者面談」や「三者面談」などの機会に限定されません。休み時間の教室や廊下での短い会話や、授業中の言葉かけなども、子どもが自分の長所や可能性に気付いたり、将来を展望したりする契機となり得ることを念頭に、児童生徒とのコミュニケーションを図りましょう。

Do
実践

教育活動を展開し、フォローアップや修正を行う

3. 検討する

自校ならではのキャリア教育を目指して

●目の前の子どもたちに有効な指導を

目の前の子どもたちの「目指す姿」「付けさせたい力」を視野に入れ、教育意図に基づく体系的・系統的な指導を展開するために、次のような点に留意することが大切です。

- ●その単元や題材を通したキャリア教育のねらい（身に付けさせたい力）は具体的か
- ●他の教科等での取組や体験的なキャリア教育の実践との関連は図られているか
- ●子どもたちに「なぜ学ぶのか」を伝える機会を設けているか

●個別支援の充実を

学年・学級などの集団を対象とした指導や支援と並行して、キャリアカウンセリングや一人一人への働きかけの拡充など、個別の支援の充実が必要です。多様な場面でのカウンセリングにおいては、次の点がポイントとなります。

- ●一人一人の課題を受け止める
- ●今後の成長の可能性を見いだす
- ●課題達成の状況を自ら振り返らせ、内省を促す

2. つなぐ

整理された「断片」を体系的・系統的な指導に

●優先順位を付け、単元を焦点化する

学校教育という有限の期間の中では実践できることに限りがあります。そこで、目の前の子どもたちに特に身に付けさせたい力を基礎的・汎用的能力（P14-15参照）を踏まえながら判断し、「今」「この学年・この学級で」「この子どもたちに」という視点から優先順位を付けて、単元や題材を焦点化することが大切です。

●「断片」をつなぐ

効果的な教育活動を進めていくためには、キャリア教育の一環としての意図を持って洗い出され、焦点化された「断片」をつなぎ合わせ、体系的・系統的に指導していくことが重要です。特に道徳、総合的な学習の時間や学級活動・ホームルーム活動などの時間を積極的に活用し、より深い理解へと導くための指導に発展させましょう。

Check

A

P

D

「物語の検証」～主人公たちの変化をとらえよう～

キャリア教育を通して、児童生徒にはどのような変化が見られるのでしょうか。
それをとらえる活動が評価（Check）です。
児童生徒の成長や変容を多面的に確認することによって、
キャリア教育の取組の効果を検証し、
その結果を踏まえて取組の改善につなげることができます。
このようにして、PDCAサイクルが回っていきます。
取組や働きかけの目的を明確にし、
それに合わせて定量的な評価と定性的な評価を行いましょう。

1.なにを

児童生徒の変化

児童生徒は日々の学校生活を通して成長し、変容しています。評価を通して把握しようとするのは、このような児童生徒の変化です。変化をとらえるには、アンケートや各活動における自己評価・相互評価などを活用した定量的な評価と、観察や面接・面談などの印象に基づく定性的な評価があります。必要に応じて評価方法を組み合わせると、児童生徒の様々な側面が見えてくるはずです。

ポートフォリオの活用

多様な資料を生かした評価

ポートフォリオは、キャリア発達を促す様々な学習経験や活動の記録などをファイリングしてまとめたものです。これを通して、教員が児童生徒の成長や変化を定性的に評価し、一人一人の指導・支援に役立てるための重要な資料とすることもできます。広島県教育委員会では、各学校のキャリア教育全体計画と年間指導計画、児童生徒自身がまとめたキャリア教育に関する学習の概要を共通書式で整え、学校が独自に判断した関連資料を加えて「わたしのキャリアノート」として累積し、活用しています。このような方法を用いると、「ものさし」による定量的な評価だけでなく、多面的かつ一人一人に応じた評価をすることができます。

キャリアノートの活用イメージ

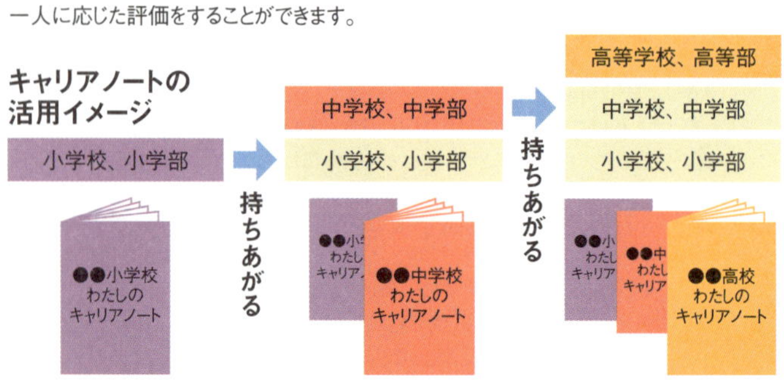

4. 適切な評価のために

包括的な評価

定量的な「ものさし」による評価だけに頼らず、定性的な評価も実施し、数値的な変化の背景を考えてみましょう。そのためには、教員の印象や児童生徒の学習態度・生活態度の変化といった情報が役立ちますし、取組の方法や教員の働きかけについての振り返りも有用です。また、児童生徒の自己評価に加えて相互評価の活用やポートフォリオを活用した評価も考えられます。目的に応じて、多面的にとらえ、包括的な評価を目指しましょう。

Check

評価

取組の目的に応じて児童生徒の変化をとらえる

2. いつ

取組の前後

評価は、あらかじめ設定した計画に基づいて、特定の取組の前後に実施するのが一般的です。様々な取組が連続する場合には、学年や学期の初め、中間段階、学期末・学年末に実施することも考えられます。定量的な評価の場合は、同じ「ものさし」を使いますので、児童生徒が「またか」といううんざり感を抱かない範囲内で実施しましょう。

3. どのように

目的や地域・学校の特色、児童生徒の実態に応じた評価指標作り

●目的に応じた「ものさし」

定量的な評価を行うために、取組の目的に応じた「ものさし」(評価指標)を作りましょう。計画(Plan)の段階で具体的に示した児童生徒に身に付けさせたい力や目指す児童生徒像を「ものさし」として利用することもできます。その際には、「よく当てはまる」「やや当てはまる」「あまり当てはまらない」「全く当てはまらない」といった選択肢を用意しておきましょう。

<人間関係形成・社会形成能力(P15参照)の評価項目例>

- **●多様な他者の考えや立場を理解できる**
- **●相手の意見を聴いて自分の考えを正確に伝えることができる**
- **●集団の中で自分が置かれている状況を受け止めることができる**
- **●自分の役割を果たして他者と協力することができる**

●学校や児童生徒の実態に応じた「ものさし」

例えば、仙台市教育委員会では、基礎的・汎用的能力に意欲・態度を含めて、次のようにとらえ直し、それぞれの「ものさし」(評価指標)を設定しています。地域・学校で工夫してみましょう。

「かかわる力」(人間関係形成・社会形成能力)
「みつめる力」(自己理解・自己管理能力)
「うごく力」(課題対応能力)
「みとおす力」(キャリアプランニング能力)
「いかす力」[意欲・態度]

Action

P

D

C

「物語」は続く～新たなる展開に向けて～

評価(Check)の結果は、児童生徒の成長・変容を表しています。
その分析によって導き出された課題を踏まえ、
次の教育活動に生かして改善(Action)につなげ、PDCAサイクルを確立させましょう。
具体的な改善としては、児童生徒への支援方法など指導を意識したもの、
職員体制などの組織を意識したもの、
学校外との連携など地域を意識したものなどが考えられます。

指導に生かす

指導計画の修正

評価の結果から目標に対して不足している能力や資質を明らかにし、現在行われている学校の取組の一つ一つを点検し、見直していくことが必要です。

❶今、行われている一つ一つの活動が、それぞれどのような能力の育成を目指したものであるのか、実施時期は適切であるのかなどについて明らかにします。
❷従来の活動に潜んでいるキャリア教育の「断片」を拾い上げ、学校の目指す理念や方向性に基づいて体系的・系統的に整理し直します。
❸目指す目標に貢献していない活動については、内容や方法の見直しや、他の活動への転換を図ります。

個別支援・指導の工夫

キャリア教育では、児童生徒一人一人の発達支援を重視します。評価結果を個別に検討し、それぞれの状況を把握した上で個に応じた対応を工夫しましょう。

❶評価結果に基づき、一人一人の児童生徒の状況をできるだけ正確に把握し、変容の有無とその要因をとらえ、指導の方針を検討します。
❷個別支援は、必ずしも1対1の向き合いだけではありません。全体の中での声かけも、教員の意図的・継続的な取組であれば、十分、個別支援となり得ます。
❸伸びている児童生徒には、伸びている側面を伝えて激励し、停滞している児童生徒については、可能な限り個別にかかわり、支援します。

PDCA豆知識

教育振興基本計画でもPDCAの必要性が指摘されています。

平成20年に閣議決定された教育振興基本計画でも、「これまで教育施策においては、目標を明確に設定し、成果を客観的に検証し、そこで明らかになった課題等をフィードバックし、新たな取組に反映させるPDCA（Plan-Do-Check-Action）サイクルの実践が必ずしも十分でなかった。今後は施策によって達成する成果（アウトカム）を指標とした評価方法へと改善を図っていく必要がある」とPDCAの必要性が指摘されています。
PDCAを初めて提唱したのは、アメリカの統計学者であり、企業経営コンサルタントとしても知られるデミング（William Edwards Deming, 1900-1993）であると言われています。彼は経営の基本として「Plan-Do-Check-Act」の4要素を示し、アメリカを中心に広く受け入れられました。
日本では、教育振興基本計画でも示されるとおり、PDCAの「A」を「Action」と記すことも多く見られます。

地域に生かす

異校種や地域社会との連携

キャリア教育に校種間連携の視点を加え、児童生徒の中長期的な変化をとらえましょう。また、地域や社会との連携を推進することによって職場体験活動やインターンシップなどを充実させましょう。

❶児童生徒間の交流（職場体験の成果発表を校種を超えて実施するなど）や教員間の交流により、校種をつなぐプログラム作りなどを行います。
❷職場体験活動などにおいて企業等と連携する場合には、キャリア教育の意義や目的、児童生徒に身に付けさせたい力など学校側のニーズを連携先へできるだけ正確に伝えます。
❸連携した企業等に対して活動がもたらす効果についても検証し、持続的な連携の体制を作ります。

Action
改善

導き出された
新たな課題を
踏まえて
生かす

組織に生かす

中核組織の運営

学年間、分掌間、地域や企業、保護者との連携や、地域施設や人的資源の活用などをスムーズに行うためにキャリア教育にかかわる校内組織のあり方を見直し、結節点の役割を担う中核組織としていきましょう。

❶評価結果に基づき、課題を明らかにした上で、取り組むべき内容に沿った中核組織にします。
❷中核組織には、必要に応じて保護者や地域人材などの参加も促します。
❸中核組織の運営に当たっては、子どもたちの発達の段階に応じて生徒会や委員会など生徒による組織との連携も積極的に推進します。

校内研修の充実

具体的な活動の後や年間を通じた実践の最後に校内研修において振り返りを行うことで、気付きや教訓を共有しながら、新しい状況に応用していく「学び続ける組織」を作り上げることができます。

❶全ての教員の中に「参加感」や「主体性」を醸成します。
❷自校の掲げた目標に対する達成の程度について、教員間の目線を合わせ、課題のとらえ直しや、設定したキャリア教育の目標についての再確認をします。
❸学年間、各委員会・生徒会間、部活動間、分掌間で情報を共有する時間を確保し、連携を密にします。

各学校種におけるキャリア教育推進

**小学校・中学校・高等学校においては、児童生徒がそれぞれの発達の段階における
キャリア発達上の課題を達成することができるよう、PDCAサイクルを基盤としつつ、
社会的・職業的自立に必要な基盤となる能力・態度の育成に教育活動全体を通じて取り組むことが期待されています。
ここでは、それぞれの学校でキャリア教育に取り組むに当たって特に重視すべきポイントを整理していきましょう。**

1 「何をしてもキャリア教育」という意識から脱却しよう

小学校教育のあらゆる場面には、キャリア教育として活用できる多くの教育活動があります。だからと言って、「何をしてもキャリア教育」ということではありません。

全教員が、キャリア教育の視点をもって、それぞれの教育活動の中にあるキャリア教育の「断片」をつなぎ、体系的・系統的な教育活動として実現させる意識的な取組を共有したいものです。各教科や道徳，総合的な学習の時間、特別活動など、それぞれの特質を生かしながら、多様な機会を計画的に活用して展開していきましょう。

就学前教育 → **小学校** → **中学校**

小学校
社会的・職業的自立にかかる基盤形成の時期

- 自己及び他者への積極的関心の形成・発展
- 身の回りの仕事や環境への関心・意欲の向上
- 夢や希望、憧れる自己イメージの獲得
- 勤労を重んじ目標に向かって努力する態度の形成

2 発達の段階に応じた意図的な指導に取り組もう

子どもたちにどのような力を身に付けさせるのかを念頭に置いて取り組むことが重要です。6年間という長期にわたる小学校では、特に、発達の段階に応じた指導が求められます。例えば、

低学年…自分の好きなこと、得意なことやできることを増やし、様々な活動に意欲と自信を持って取り組めるように

中学年…友達のよさを認め、協力して活動する中で、自分の持ち味や役割が自覚できるように

高学年…苦手なことや初めて挑戦することに失敗を恐れずに取り組み、そのことが集団の中での有用感や自尊感情につながるように

校内組織を整え、PDCAサイクルを確立しながら、目指す姿を教員間で共有して取り組んでいきましょう。

1 キャリア教育の視点から具体的な進路選択を展望させよう

自校におけるこれまでの進路指導の実践をキャリア教育の視点でとらえ直すことが重要です。具体的な進路選択をめぐる指導に当たっては、次の点を意識して取り組んでいきましょう。

- 生徒が長期的展望に立ち、主体的に進路選択できる力を身に付けること。
- キャリア教育の中で夢や目標を明確にすることで、学習意欲の向上につなげること。
- キャリア教育の学びの中で獲得してきた能力や価値観を、進路選択の重要な要素として結び付けること。

中学校
現実的探索と暫定的選択の時期

- 肯定的自己理解と自己有用感の獲得
- 興味・関心等に基づく勤労観、職業観の形成
- 進路計画の立案と暫定的選択
- 生き方や進路に関する現実的探索

2 職場体験活動を一層活用して、系統的なキャリア教育にしよう

職場体験活動は、ある職業や仕事を暫定的な窓口としながら実社会の現実に迫ることが中心的な課題となります。活動の目的やそれを達成するための道筋・手立てを明確にし、活動後の適切な振り返り（評価）を前提として取り組むことが重要です。

- 教育活動全体における位置付け（体験活動の体系化）
- 職場体験のねらいの明確化
- 事前・事後指導の工夫
  （各教科及び道徳、総合的な学習の時間、特別活動とのつながり）
- 職場体験の在り方の工夫（日数、回数、体験先との連携）
- 校内の指導体制・組織の充実（学年体制からの脱却）
- 関係諸機関（行政，NPO等）との連携
- 体験活動の評価の工夫
- 地域、保護者の教育力の活用（連携・協力の推進）

更なる充実のために

学校種間の連携を活性化しよう

生涯にわたるキャリア発達を支援するキャリア教育では、小・中・高等学校を一貫した継続的・発展的な取組が期待されています。例えば、小学校での職場見学、中学校での職場体験活動、高等学校での就業体験活動（インターンシップ）は、児童生徒のキャリア発達を促す大きな成果が期待できる教育活動ですが、学校種間の連携がないまま系統性、発展性を欠いた取組として実施されれば、それらは、児童生徒にとっては新鮮さに欠け、かつ目的意識の低い活動、受入事業所などにとっては負担感が募る活動となってしまいます。キャリア教育の推進に当たっては、学校種間で相互の取組の理解を深める機会・場の設定、児童生徒の学習・活動の記録等を引き継ぐ連携システムを作ることが必要です。それぞれの地域において学校種間連携に取り組んでいきましょう。

のポイント

普通科の場合

1 キャリア教育の視点から教科指導を見直そう

多くの普通科では、教科・科目を通したキャリア教育について
、必ずしも十分な関心が払われてこなかったと指摘されていま
。自分の担当教科において、社会的・職業的自立のためにど
ような力が育てられるのか問い直しましょう。

2 キャリア教育の「断片」を関連付けよう

学校の特色や生徒の実態に即して、自校の生徒に身に付け
せたい力を明確にし、既に行っているキャリア教育の「断片」
関連付けましょう。大学等における学問研究や将来にかかわ
職業研究などにとどまらず、様々な教育活動をキャリア教育の
点からとらえ、体系的・系統的に進めることが大切です。

3 インターンシップを充実させよう

体験による学びの喜びを教室での学習と結び付けましょう。特に、進学を希望する生徒の就業体験活動（インターンシップ）の充実にこそ、教授型に偏りがちな指導から内発的な学びへと転換させるチャンスがあります。その際、中学校での職場体験活動との違いに配慮したインターンシップを計画してみましょう。

高等学校

現実的探索・試行と社会的移行準備の時期

- 自己理解の深化と自己受容
- 選択基準としての勤労観、職業観の確立
- 将来設計の立案と社会的移行の準備
- 進路の現実吟味と試行的参加

→ **社会・上級学校等**

専門学科・総合学科の場合

1 学科の特色をもっと生かそう

専門学科や総合学科においては、学科の特色を生かしたキ
リア教育に既に取り組んでいる学校が多く見られます。その特
を十分に生かし、自校の生徒にどのような力を付けさせること
できているのか、改めて見直してみましょう。

2 専門学科は「専門教科と普通教科との連携」、総合学科は「選ぶことができる生徒の育成」がキーワード

専門学科においては、実習、課題研究やインターンシップが、
徒の小・中・高を通した一連のキャリア教育の集大成となりま
。したがって、専門教科と普通教科の教員が連携を図り、生
の能力を多角的にとらえ、共に指導していくという組織作りを
ましょう。

総合学科においては、小・中・高を通した一連のキャリア教
の積み重ねによって科目選択が可能となってきます。将来の
業選択を視野に入れた自己の進路への自覚を深めつつ、自
に最もふさわしい科目等を「選ぶことのできる」生徒を育成す
という学科の根幹を改めて意識しましょう。

資料編

キャリア教育の新たな方向性

平成23年1月、中央教育審議会は答申「今後の学校におけるキャリア教育・職業教育の在り方について」を公表しました。ここでは、本答申が提示した新たな方向性の説明に絞り、今後目指すべきキャリア教育の在り方の特質を整理します。

中教審答申が示したキャリア教育の新たな定義

一人一人の社会的・職業的自立に向け、必要な基盤となる能力や態度を育てることを通して、キャリア発達を促す教育。

新たな定義の必要性

中央教育審議会「初等中等教育と高等教育との接続の改善について（答申）」（平成11年）では、キャリア教育を「望ましい職業観・勤労観及び職業に関する知識や技能を身に付けさせるとともに、自己の個性を理解し、主体的に進路を選択する能力・態度を育てる教育」であるとし、進路を選択することにより重点が置かれていると解釈された。また、キャリア教育の推進に関する総合的調査研究協力者会議報告書（平成16年）では、キャリア教育を「『キャリア』概念に基づき『児童生徒一人一人のキャリア発達を支援し、それぞれにふさわしいキャリアを形成していくために必要な意欲・態度や能力を育てる教育』」ととらえ、「端的には」という限定付きながら「勤労観、職業観を育てる教育」としたこともあり、勤労観・職業観の育成のみに焦点が絞られてしまい、現時点においては社会的・職業的自立のために必要な能力の育成がやや軽視されてしまっていることが課題として生じている。

（答申 第1章1（1）脚注）

「キャリア」とは何か?

人は、他者や社会とのかかわりの中で、職業人、家庭人、地域社会の一員等、様々な役割を担いながら生きている。これらの役割は、生涯という時間的な流れの中で変化しつつ積み重なり、つながっていくものである。また、このような役割の中には、所属する集団や組織から与えられたものや日常生活の中で特に意識せず習慣的に行っているものもあるが、人はこれらを含めた様々な役割の関係や価値を自ら判断し、取捨選択や創造を重ねながら取り組んでいる。

人は、このような自分の役割を果たして活動すること、つまり、「働くこと」を通して、人や社会にかかわることになり、そのかかわり方の違いが「自分らしい生き方」となっていくものである。

このように、人が、生涯の中で様々な役割を果たす過程で、自らの役割の価値や自分と役割との関係を見いだしていく連なりや積み重ねが、「キャリア」の意味するところである。

（答申 第1章1（1）本文）

このような、社会の中で自分の役割を果たしながら、自分らしい生き方を実現していく過程を「キャリア発達」という。

（答申 第1章1（1）脚注）

「基礎的・汎用的能力」の提示

「生きる力」とキャリア教育

新学習指導要領では、次代を担う子どもたちがこれからの社会において必要となる「生きる力」を理念として掲げています。本答申は、「生きる力」には「社会的・職業的自立、学校から社会・職業への円滑な移行に必要な力」が含まれるとした上で、「その要素を具体化して明示することは十分に意義がある」と述べ、中核としての「基礎的・汎用的能力」を提示しました。

以下、「基礎的・汎用的能力」の構想の経緯や具体的な内容について解説します。

「4領域8能力」の開発と提唱

国立教育政策研究所生徒指導研究センターによる調査研究報告書『児童生徒の職業観・勤労観を育む教育の推進について』（平成14年11月）では、これまで大多数の学校において「4領域8能力」と呼ばれ、キャリア教育の基盤として活用されてきた「職業観・勤労観を育むための学習プログラムの枠組み（例）」の開発の意図やその活用の留意点について次のように述べています。

職業観・勤労観の育成に当たっては、それが一人一人の職業的（進路）発達の全体を通して形成されるという視点に立って、段階的・系統的に取り組むことが大切である。このため、「職業観・勤労観を育むための学習プログラムの枠組み（例）」では、職業的（進路）発達の全体を視野に入れ、職業観・勤労観の形成に関係する能力を幅広く取り上げている。その上で、学校段階ごとの職業的（進路）発達課題との関連を考慮し、各段階ごとに身に付けさせたい能力・態度を一般的な目安として示している。

（同報告書 第4章第2節1）

枠組み（例）は、4つの能力を観点として児童生徒の発達を見ていく見取り図ともいうべきものである。したがって、各学校において、児童生徒がどのような能力・態度がどの程度身についているか等について点検したり、評価したりする際の一つの参考として、この枠組み（例）を活用することが可能である。また、現在行われている各学校の一つ一つの活動が、どのような能力の育成を目指したものなのかを明確にしたり、全体としてバランスのとれた取組となっているか、どの能力・態度の育成にかかる取組が不足しているのか等について、点検・見直しを行ったりする際の参考として活用できるものとなっている。実際には、それぞれの活動ごとに評価規準を作成し、これらの能力・態度の達成状況を見ていくことが必要となってくる。

（同報告書 第4章第2節2）

「4領域8能力」の課題

この「4領域8能力」については、（1）高等学校までの想定にとどまっており、生涯を通じて育成される能力という観点が薄く、社会人として実際に求められる能力との共通言語となっていない（2）提示されている能力は例示にもかかわらず、学校現場では固定的にとらえている場合が多い（3）領域や能力の説明について十分な理解がなされないまま、能力等の名称の語感や印象に依拠した実践が散見されるなどの課題が指摘されてきました。

「基礎的・汎用的能力」とは

中央教育審議会では、「4領域8能力」をめぐるこれらの問題を克服するため、就職の際に重視される能力や、その後に提唱された類似性の高い各種の能力論（内閣府「人間力」、経済産業省「社会人基礎力」、厚生労働省「就職基礎能力」など）とともに、改めて分析を加え、「分野や職種にかかわらず、社会的・職業的自立に向けて必要な基盤となる能力」として再構成して提示することとしました。その結果得られたのが、本答申に示された「基礎的・汎用的能力」です。「基礎的・汎用的能力」は「人間関係形成・社会形成能力」「自己理解・自己管理能力」「課題対応能力」「キャリアプランニング能力」の4つの能力によって構成されます。これらの能力について、本答申は次のように述べています。

これらの能力は、包括的な能力概念であり、必要な要素をできる限り分かりやすく提示するという観点でまとめたものである。この4つの能力は、それぞれが独立したものではなく、相互に関連・依存した関係にある。このため、特に順序があるものではなく、また、これらの能力をすべての者が同じ程度あるいは均一に身に付けることを求めるものではない。

これらの能力をどのようなまとまりで、どの程度身に付けさせるかは、学校や地域の特色、専攻分野の特性や子ども・若者の発達の段階によって異なると考えられる。各学校においては、この4つの能力を参考にしつつ、それぞれの課題を踏まえて具体の能力を設定し、工夫された教育を通じて達成することが望まれる。その際、初等中等教育の学校では、新しい学習指導要領を踏まえて育成されるべきである。

（答申 第1章3（2）③）

「4領域8能力」から「基礎的・汎用的能力」へ

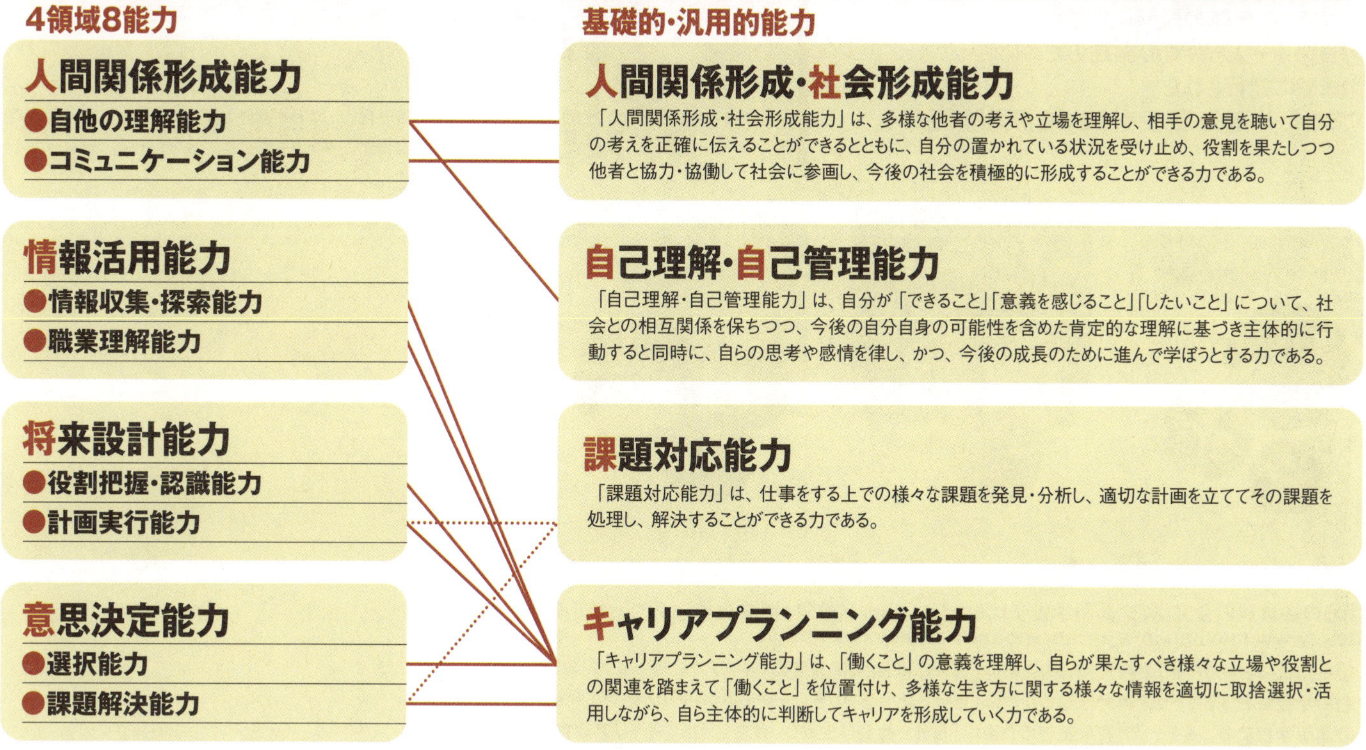

4領域8能力
人間関係形成能力
●自他の理解能力
●コミュニケーション能力
情報活用能力
●情報収集・探索能力
●職業理解能力
将来設計能力
●役割把握・認識能力
●計画実行能力
意思決定能力
●選択能力
●課題解決能力
基礎的・汎用的能力
人間関係形成・社会形成能力
「人間関係形成・社会形成能力」は、多様な他者の考えや立場を理解し、相手の意見を聴いて自分の考えを正確に伝えることができるとともに、自分の置かれている状況を受け止め、役割を果たしつつ他者と協力・協働して社会に参画し、今後の社会を積極的に形成することができる力である。
自己理解・自己管理能力
「自己理解・自己管理能力」は、自分が「できること」「意義を感じること」「したいこと」について、社会との相互関係を保ちつつ、今後の自分自身の可能性を含めた肯定的な理解に基づき主体的に行動すると同時に、自らの思考や感情を律し、かつ、今後の成長のために進んで学ぼうとする力である。
課題対応能力
「課題対応能力」は、仕事をする上での様々な課題を発見・分析し、適切な計画を立ててその課題を処理し、解決することができる力である。
キャリアプランニング能力
「キャリアプランニング能力」は、「働くこと」の意義を理解し、自らが果たすべき様々な立場や役割との関連を踏まえて「働くこと」を位置付け、多様な生き方に関する様々な情報を適切に取捨選択・活用しながら、自ら主体的に判断してキャリアを形成していく力である。

※図中の破線は両者の関係性が相対的に見て弱いことを示している。「計画実行能力」「課題解決能力」という「ラベル」からは「課題対応能力」と密接なつながりが連想されるが、能力の説明等までを視野におさめた場合、「4領域8能力」では、「基礎的・汎用的能力」における「課題対応能力」に相当する能力について、必ずしも前面に出されてはいなかったことが分かる。

「キャリア教育を創る」ための実践のポイント

これまでの実践を生かした「転換」

これからのキャリア教育の実践に当たっては、まず、基礎的・汎用的能力が、これまで各学校における実践の基盤となっていた「4領域8能力」を継承し、各界で提唱された様々な能力との整合性を図りつつ、社会的・職業的自立に向けて必要な基盤となる能力であることを正しく理解する必要がある。また同時に、基礎的・汎用的能力は「4領域8能力」と同様に、学校や地域の特色、児童生徒の発達の段階に即し、学校がそれぞれの課題を踏まえて具体の能力を設定し、工夫された教育を通じて達成するための参考として活用されるべきものである。「4領域8能力」と基礎的・汎用的能力とを相互に関連性のない別個の能力論であると見なすことは誤りであり、「基礎的・汎用的能力」に基づくキャリア教育の取組の構想はゼロからの再スタートでは全くない。各学校においては、これまでの実践の蓄積を生かしつつ、基礎的・汎用的能力を基盤とする実践へと転換を図る必要がある。

（文部科学省 国立教育政策研究所生徒指導研究センター「キャリア発達にかかわる諸能力の育成に関する調査研究報告書」平成23年3月 第3章第2節（2））

「PDCA」サイクルによる実践

キャリア教育の実践が、各機関の理念や目的、教育目標を達成し、より効果的な活動となるためには、各学校における到達目標とそれを具体化した教育プログラムの評価の項目を定め、その項目に基づいた評価を適切に行い、具体的な教育活動の改善につなげていくことが重要である。その際、到達目標は、一律に示すのではなく、子ども・若者の発達の段階やそれぞれの学校が育成しようとする能力や態度との関係、後期中等教育以降は専門分野等を踏まえて設定することが必要である。

（答申 第2章2（2）④）

※P2-3「PDCAでみるキャリア教育推進状況チェックシート」をもう一度見直し、あなたの学校のPDCAの課題について共通理解を図りましょう。

1

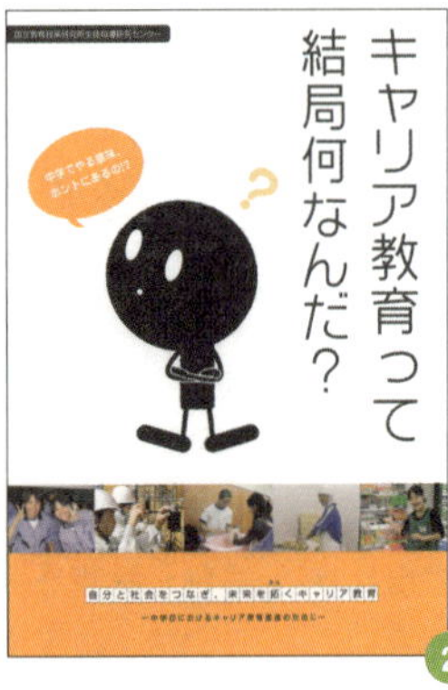

2

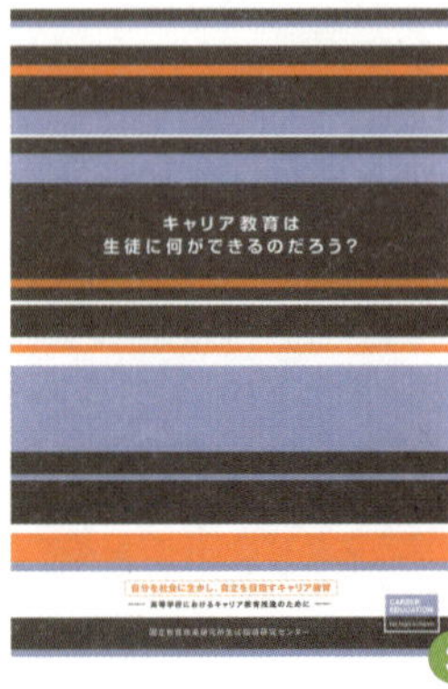

3

8

4

より深い理解と より良い実践のために

キャリア教育に関する理解を深め、
児童生徒の発達の段階に応じた
より良いキャリア教育の実践のために、
これまでに発行された
パンフレット・報告書・手引きなども御活用ください。

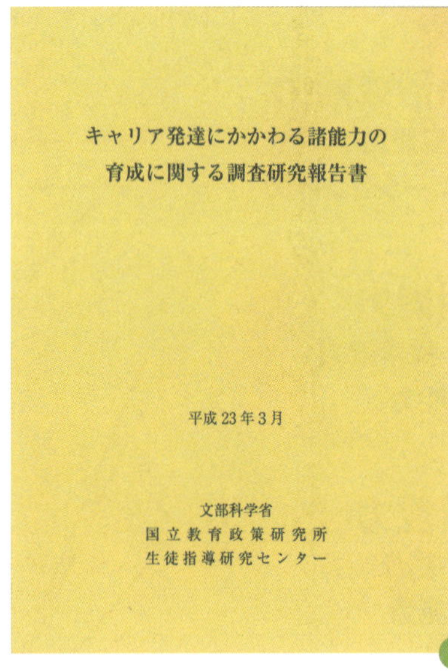

9

5

6

7

これらの各資料の全文は、文部科学省ウェブサイト「キャリア教育（進路指導）」のページでご覧になれます。
http://www.mext.go.jp/a_menu/shotou/career/index.htm

1. 小学校におけるキャリア教育推進のために「自分に気付き、未来を築くキャリア教育」 平成21年3月
2. 中学校におけるキャリア教育推進のために「自分と社会をつなぎ、未来を拓くキャリア教育」 平成21年11月
3. 高等学校におけるキャリア教育推進のために「自分を社会に生かし、自立を目指すキャリア教育」 平成22年2月
4. 教育委員会向けキャリア教育支援資料「キャリア教育の更なる充実のために」 平成23年2月
5. 小学校キャリア教育の手引き 平成22年1月
6. 中学校キャリア教育の手引き 平成23年3月
7. 高等学校キャリア教育の手引き 平成23年11月
8. 今後の学校におけるキャリア教育・職業教育の在り方について（中央教育審議会 答申） 平成23年1月
9. キャリア発達にかかわる諸能力の育成に関する調査研究報告書 平成23年3月

※PDCAに基づく基礎的・汎用的能力の育成の在り方については、本報告書（9）に詳しくまとめられています。

作成協力委員（職名は平成23年11月現在）

岡本美和●高知県教育委員会事務局高等学校課指導主事
川﨑友嗣●関西大学社会学部教授
下村昌弘●佐賀県教育庁教育政策課教育情報化推進室指導主事
鈴木大介●千葉県教育庁教育振興部生涯学習課主査
藤田直子●和歌山県海南市立中野上小学校校長
堀川博基●埼玉県ふじみ野市立大井中学校教頭
谷内口まゆみ●富山県教育委員会小中学校課指導主事
渡辺三枝子●立教大学大学院ビジネスデザイン研究科特任教授
（敬称略、五十音順）

文部科学省
国立教育政策研究所
NIER National Institute for Educational Policy Research
編集・発行 生徒指導研究センター 平成23年11月
TEL:03-6733-6882 FAX:03-6733-6967
http://www.nier.go.jp/04_kenkyu_annai/div09-shido.html

今ある教育活動を生かしたキャリア教育

キャリア教育を「デザイン」する

小・中・高等学校における年間指導計画作成のために

もう無理。
あれもこれも
やることが多すぎて…

そんな先生方 必読!

文部科学省　国立教育政策研究所　生徒指導・進路指導研究センター　平成24年8月

学校教育に寄せられている

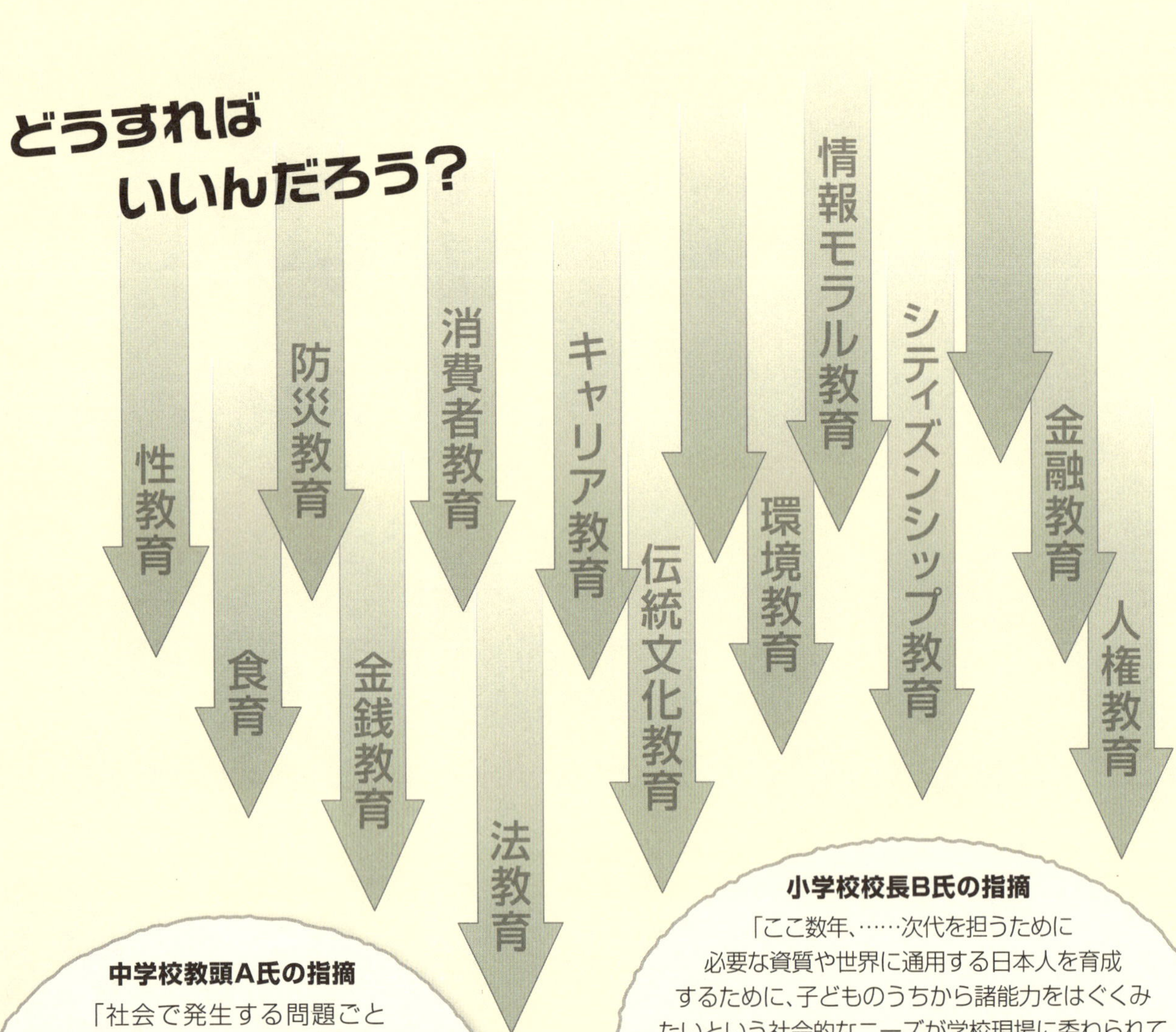

中学校教頭A氏の指摘

「社会で発生する問題ごとに、教育現場における教育・指導の必要性が説かれ、その都度業務内容は肥大化・多様化し、業務は細分化された。

…この負担が、教職員の多忙感を増大している大きな要因のように思われる。」

小学校校長B氏の指摘

「ここ数年、……次代を担うために必要な資質や世界に通用する日本人を育成するために、子どものうちから諸能力をはぐくみたいという社会的なニーズが学校現場に委ねられています。……学校が担うべき学習活動は増加する一方で、時間的な余裕が生み出せていないことが『多忙』な学校現場という印象につながったと考えられます。」

※このページで紹介した指摘は、A市教育委員会編集による報告書（平成23年３月）、及び市販の教育専門誌（平成23年10月号）から抄出したものです。

多様な期待

このような状況下で、キャリア教育の指導計画づくりが求められています。

- キャリア発達を促進させるためには、必要とされる能力や態度を意図的・継続的に育成していくことが求められ、キャリア教育を体系的に推進していくことが必要である。
- このためには、各学校のキャリア教育の基本的な在り方を内外に示すとともに、学校の特色や教育目標に基づいて教育課程に明確に位置付けるべきであり、これらを通じて、全体的な方針や計画を明らかにしておくことが必要である。

出典：中央教育審議会「今後の学校におけるキャリア教育・職業教育の在り方について（答申）」（平成23年1月31日）

ここで留意すべきは、キャリア教育の取組は教科・科目等の教育活動全体を通じてなされる点です。

- ここで留意すべきは、キャリア教育はそれぞれの学校段階で行っている教科・科目等の教育活動全体を通じて取り組むものであり、単に特定の活動のみを実施すればよいということや、新たな活動を単に追加すればよいということではないということである。各学校では、日常の教科・科目等の教育活動の中で育成してきた能力や態度について、キャリア教育の視点から改めてその位置付けを見直し、教育課程における明確化・体系化を図りながら点検・改善していくことが求められる。

出典：中央教育審議会「今後の学校におけるキャリア教育・職業教育の在り方について（答申）」（平成23年1月31日）

無理かも･･･

……そうお感じになった先生方。

このパンフレットがきっとお役に立ちます。

キャリア教育の年間指導計画作成に関する基本的な考え方から作成の手順、具体例まで分かりやすく解説します。

詳しくは次ページから

キャリア教育と「○○教育」 両者の

求められることが
多すぎるなぁ……
「○○教育」も キャリア教育 も…

1 社会の形成に参画し、その発展に寄与する力を育成することは、学校教育の極めて重要な課題です。（5ページ 法的基盤を参照）

2 将来の社会的・職業的自立の基盤となる能力を育成するキャリア教育は、この課題を達成する上での根幹として位置付けられるものです。学校での学習と将来とを結び付けることで、学習に対する目的意識や学習意欲を向上させるとともに、学校の教育課程全体の改善を促す契機となります。

3 いわゆる「○○教育」の多くは、社会生活において期待される特定の役割や具体的な活動に焦点を当てた取組であるといえます。

〈○○教育での焦点の例〉
消費者教育：消費者としての役割
食育：心身の健康を増進する健全な食生活を実践する活動

4

Point

自分の力を発揮して社会（あるいはそれを構成する個人や集団）に貢献し、社会の形成に参画する力

※基礎的・汎用的能力の具体的な内容については、本パンフレット6-7ページの他、キャリア教育の実践の在り方を詳しく解説し

小学校キャリア教育の手引き
（改訂版・平成23年5月）
p.13-16

中学校キャリア教育の手引き
（平成23年3月）
p.21-24

高等学校キャリア教育の手引
（平成23年11月）
p.21-24

これらの手引きなどの全文は、文部科学省ウェブサイト「キャリア教育」のページで御覧になれます。http://www.mext.go.jp/a_menu/shotou/career/index.

関係をこのようにとらえてみませんか？

キャリア教育といわゆる「○○教育」の多くは、社会の形成に参画するための力を育成するという点において共通しています。キャリア教育と「○○教育」とを別個の存在としてバラバラにとらえるのではなく、各学校で取り組んでいる「○○教育」を生かしながらキャリア教育を充実させることが重要です。

キャリア教育と「○○教育」との共通部分に注目してとらえる

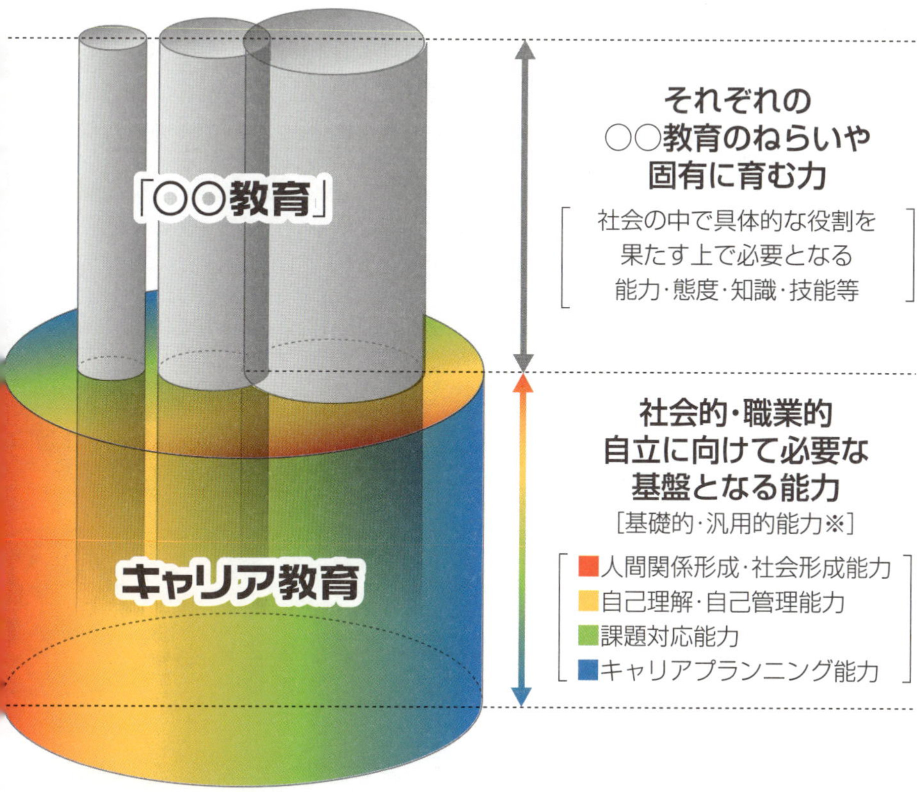

日常の教育活動を、このような視点で振り返ってみると、キャリア教育としても、「○○教育」としても生かせる取組が、意外なほど多く発見できるよ。次ページを見てみよう。

引きなどを参照してください。

学校の特色を生かして実践する
キャリア教育
（平成23年11月）
p.14-15

法的基盤

教育基本法

第1条　教育は、人格の完成を目指し、平和で民主的な国家及び社会の形成者として必要な資質を備えた心身ともに健康な国民の育成を期して行われなければならない。

第2条（抄）　教育は、その目的を実現するため、学問の自由を尊重しつつ、次に掲げる目標を達成するよう行われるものとする。
　2　個人の価値を尊重して、その能力を伸ばし、創造性を培い、自主及び自律の精神を養うとともに、職業及び生活との関連を重視し、勤労を重んずる態度を養うこと。
　3　正義と責任、男女の平等、自他の敬愛と協力を重んずるとともに、公共の精神に基づき、主体的に社会の形成に参画し、その発展に寄与する態度を養うこと。

学校教育法

第21条（抄）　義務教育として行われる普通教育は、……次に掲げる目標を達成するよう行われるものとする。
　1　学校内外における社会的活動を促進し、自主、自律及び協同の精神、規範意識、公正な判断力並びに公共の精神に基づき主体的に社会の形成に参画し、その発展に寄与する態度を養うこと。
　4　家族と家庭の役割、生活に必要な衣、食、住、情報、産業その他の事項について基礎的な理解と技能を養うこと。
　10　職業についての基礎的な知識と技能、勤労を重んずる態度及び個性に応じて将来の進路を選択する能力を養うこと。

第51条　高等学校における教育は、前条に規定する目的を実現するため、次に掲げる目標を達成するよう行われるものとする。
　1　義務教育として行われる普通教育の成果を更に発展拡充させて、豊かな人間性、創造性及び健やかな身体を養い、国家及び社会の形成者として必要な資質を養うこと。
　2　社会において果たさなければならない使命の自覚に基づき、個性に応じて将来の進路を決定させ、一般的な教養を高め、専門的な知識、技術及び技能を習得させること。
　3　個性の確立に努めるとともに、社会について、広く深い理解と健全な批判力を養い、社会の発展に寄与する態度を養うこと。

今、既にある「宝」を洗い出そう

―キャリア教育の視点から学校の教育活動を振り返る―

キャリア教育は、学校の教育活動全体を通して行います。
今まで行ってきた様々な活動に「宝（＝キャリア教育の断片）」はたくさんありますし、それは「○○教育」の「宝」でもあります。
今既にあるものを活用するという視点でとらえ直しましょう。
既に行っている教育活動をキャリア教育の視点から（＝基礎的・汎用的能力を構成する４つの能力のフィルターを通して）振り返ってみると、意外なほど多く、「キャリア教育」に取り組んでいることがわかるはずです。

これまで実践してきた教育活動には、キャリア教育として生かせる「宝」がたくさんあるんだね。

教育内容に関する「宝」の例

＜小学校の例＞

・サツマイモなどの作物を収穫まで継続的に栽培する。（2年　生活 [食育]）

・第二次世界大戦下と戦後における国民生活や社会制度の変化について学ぶ。（6年　社会 [人権教育]）

現在の生活や社会を、戦時下の生活との比較でとらえさせれば、「社会形成能力」の基礎が養えるね。

＜中学校・高等学校の例＞

・空き店舗の多い駅前商店街の活性化プランを構想する。（中学2年　社会 [シティズンシップ教育]）

・身近な消費行動を振り返り、消費者の基本的な権利と責任について理解を深める。
（中学2年　技術・家庭 [消費者教育]）

・限りある生命の意義について考える。
（高等学校　総合的な学習の時間 [生命倫理教育]）

指導方法に関する「宝」の例

＜小学校の例＞

・担任と電力会社の職員がチームティーチングで発電方法の種類についての授業を行う。（6年 理科 [エネルギー教育]）

・地域の税理士会の方から税に関して学ぶ機会をつくる。（6年 社会 [租税教育]）

様々な分野の専門家から学ぶことは、その職業を知る機会になり、「キャリアプランニング能力」を高めることにもつながるね。

＜中学校・高等学校の例＞

・身近な環境問題について、多面的に探究できるように、ディベートを活用する。
（中学・高等学校　総合的な学習の時間 [環境教育]）

ディベートや話し合いを通して、「人間関係形成・社会形成能力」の向上が図れるし、これらは言語活動の充実の一環としても重要だ。
“一石二鳥”以上の効果が期待できるよ。

「キャリア教育の視点から教育活動を振り返る」とは……？

キャリア教育では、一人一人の児童生徒が、将来の社会的・職業的自立に向けて、現在の学習と実社会とのつながりを意識し、目的を持って学ぶことができるようにすることが大切です。
「キャリア教育の視点から教育活動を振り返る」とは、キャリア教育を通して育成することが期待される基礎的・汎用的能力を構成する4つの能力のフィルターを通して教育活動をとらえ直してみることです。

基礎的・汎用的能力

- **人間関係形成・社会形成能力**
  例）他者の個性を理解する力、コミュニケーション・スキル、リーダーシップなど
- **自己理解・自己管理能力**
  例）自己の役割の理解、自己の動機付け、忍耐力、主体的行動など
- **課題対応能力**
  例）情報の理解・選択・処理、課題発見、計画立案、実行力など
- **キャリアプランニング能力**
  例）学ぶこと・働くことの目的・意義の理解、生き方の多様性の理解、将来設計など

生活や学習の習慣・ルールに関する「宝」の例

<小学校の例>

・「うんち教室」を通して生活リズムの大切さを学び、自分の健康に興味を持つ。
（1年　生活 [健康教育]）

<中学校・高等学校の例>

・ルールやマナーについて、自己評価をレーダーチャートに記入し、自分が努力すべきことを自己決定する。
（中学2年　学級活動 [法教育]）

自分を客観的に分析することを通して「自己理解・自己管理能力」も高められるし、情報の理解や処理を通して「課題対応能力」の向上を図ることもできるね。

体験的な活動に関する「宝」の例

<小学校の例>

・地域の消防署を訪問し、働く人に直接話を聞き、消防署の役割とそこで働く人の仕事について知る。
（3年　社会 [防災教育]）

消防署も「職場」の一つだから、職場見学としても位置付けられる。これは「キャリアプランニング能力」の育成につながるよ。

<中学校・高等学校の例>

・生徒会が地域のボランティア団体と連携し、その活動の内容を生徒に紹介し、希望者がボランティア活動に参加する。（中学校　生徒会活動 [福祉教育]）

こうやって発見した「宝」を、年間指導計画の作成にどう生かすのか？
次ページを見てみよう！

キャリア教育の年間指導計画を

その前に… キャリア教育の全体計画はできていますか？

まずは、既にある
パンフレットで基本を確認しよう！

学校の特色を生かして実践する
キャリア教育（平成23年11月）
p.4-5

❶ 実態をつかむ（現状を知る）
児童生徒の実態や学校・学科の特色、地域の実情など様々な視点から現状を把握します。

❷ 目標を立てる
児童生徒に、卒業時点で「何をできるようにさせたいか」を具体的に定めます。

❸ 課題を設定する
「実態（現状）」と「目標」の「差」に注目し、キャリア教育を通して達成すべき課題を設定します。

Step 1 洗い出す

まず、「○○教育」の取組を振り返って、「基礎的・汎用的能力」のうち、どの力の向上に役立っているかを洗い出してみましょう。次に、教育活動全体についても同様に洗い出しをします。

- 教科等の内容について
- 指導方法について
- 日常的な生活や学習の習慣・ルール等について
- これまでに行ってきた体験的な活動について

これは前のページでやったことだね。今既にある「宝」を生かすために教育活動を振り返ってみることがポイントだ！

Step 2 つなぐ

●洗い出された「宝（キャリア教育の「断片」）」をつない
●「我が校で」「今年度」「この学年の」児童生徒に身に付け

	「○○教育」の取組の中にあるキャリア教育の「宝」の例		「つなぐ」ことのできる他の「宝」の例
食育	地域の飲食店の方による郷土料理の指導を通して、プロの技の一端を知る	↔	小学校：「商店街見学」や「農家の見学どで行う「働く人たちへのインタビュ（社会）
食育	食文化の継承などを通して地域理解を深め、そこで育った自分自身への認識を新たにする	↔	中学校：「自己及び他者の個性の理解重」や「社会の一員としての自覚と責に関する活動（学級活動）
消費者教育	小遣いを家族と相談しながら計画的に使うための方法を学ぶ	↔	小学校：「加法及び減法の計算が確実きるようにし、それらを適切に用い力を伸ばす」（算数） →小遣いの管理にも利用する
消費者教育	契約・取引のトラブルにあった場合に相談できる公的機関等の役割や利用方法を調べる	↔	高等学校：雇用や労働に関する相談の学習（「雇用と労働を巡る問題」（公
シティズンシップ教育	身近な地域の調査を行う中で、商店街の活性化プランを地元商店街組合と協働して提案する	↔	中学校：「職場体験活動」などを通しで働く人たちの勤労観・職業観や生について自己の生き方を探究するこ通して考える（総合的な学習の時間）
シティズンシップ教育	民主政治と国民の政治参加の学習を通して、主権者としての意識を高める	↔	高等学校：高齢者や障害のある人々など家庭や地域及び社会の一員として主に行動することの意義に関する学習（「社会における家庭や地域」（家庭））

つくろう -自校ならではのキャリア教育をデザインする-

計画策定の基本プロセス

具体的な現状把握、
達成の検証が可能な目標設定。
その上で、現状と目標との「差」に注目する。

課題達成のための指導計画

❶現状
学校や児童生徒の現在の様子

❷目標
目指すべき児童生徒の姿

❸差＝課題

このように自校の全体計画で設定した課題を達成するために、各学年において、いつ、何をすべきか。
これを具体的に示すのが年間指導計画です。

早速、各学校で取り組んでいる「○○教育」を生かしながら年間指導計画を作成しましょう。

系的・系統的な指導にしよう
い力を念頭に、焦点化を図ろう

キャリア教育として達成すべき課題の例	基礎的・汎用的能力との関係
コミュニケーション能力の向上	人間関係形成・社会形成能力
肯定的な自己理解の促進	自己理解・自己管理能力
将来を設計する力の育成	課題対応能力
社会生活上のリスク対応	キャリアプランニング能力
勤労観・職業観の形成支援	
社会に参画する力の育成	

学校
学校
学校
等学
学校
等学

Step 3 検討する

- 学年ごとの重点目標が設定されていますか？
- 学校の教育活動全体を通じたつながりを持った計画となっていますか？
- キャリア教育の既存の「宝」を「つなぐ」だけでは不十分な部分を補う教育活動は付加されていますか？
- それぞれの教育活動の目標は明確になっていますか？
- 学年間の系統性が確保され、基礎的・汎用的能力が十分に育まれるものになっていますか？
- 実践を評価するための手立てや改善の方策は明示されていますか？

実際に無理なく活用できる計画になっているか、検討することも重要だね。
「計画倒れ」はもったいないよ。

事例1 食育に取り組んできたA小学校・第6学年の事例

[前年度の食育年間指導計画]

食育の重点目標　食に関する様々な活動を通して、思いやる心、社会性、食と健康に対する思考力・実践力を育てるとともに、自己管理能力や人間関係形成能力を身に付ける。

	教　科	道　徳	総合的な学習の時間	特別活動
4月	・インゲン豆やジャガイモを育てよう（理科）			・縦割り給食（給食の時間）
5月	・食生活を計画的に（家庭）			・食事のマナー（学級活動）
6月				・食育月間（学校行事）
7月	・植物とでんぷん（理科）			・季節の食べ物について知ろう（学級活動）
8月				
9月				・運動と健康（学級活動）
10月	・楽しい食事の工夫（家庭）			
11月		・郷土の食文化を大切に	・もっと知りたいジャガイモ	・感謝して食べよう（児童会活動）
12月	・病気の予防（体育）			・風邪に負けない体づくり（学級活動）
1月	・日本とつながりの深い国々（社会）			・学校給食週間（給食の時間）
2月	・生物と環境（理科）			・1年間の給食を振り返ろう（学級活動）
3月				・卒業お祝い会（学校行事）

《校長先生から》
地方都市の郊外に位置する私たちの学校では、疲労感を持つ児童が増加しています。その原因として朝食をとらない、食に関する興味関心が薄い等の問題が考えられます。そこで、地域活動が盛んな特性を生かし、地域と連携した食育に取り組もうと努力しています。

5月の「食生活を計画的に」（家庭）を通して「自己管理能力」を身に付けさせたり、11月の「郷土の食文化を大切に」（道徳）を通して地域の方々と触れ合ったり、キャリア教育の「宝」がたくさんあるね。

[食育を生かしながら、キャリア教育の年間指導計画を立てよう]

洗い出す

- 食育の年間指導計画を「基礎的・汎用的能力」のフィルターを通して洗い出してみると
- 「人間関係形成・社会形成能力」、「自己理解・自己管理能力」と「課題対応能力」はカバーできているが、
- 「キャリアプランニング能力」は弱いことが分かった。

つなぐ

- そこで、他の教育活動から、今ある「宝」を探してみると
- 「給食調理員の方から話を聞く」機会と「地域クリーン作戦」、「地域のパンフレットづくり」が見いだされた。
- これらの教育活動と食育をつなげることでキャリア教育として有効な指導になると考えた。

検討する

- キャリア教育に関する年間指導計画を充実させるために、新しいプログラムの追加を検討してみた。
- 地域と連携して「地域の農家の方からジャガイモづくりを学ぶ」機会を設けることにより、勤労観や職業観の形成支援として重要な働きかけとなり、同時に食育も充実すると考えた。

[今年度のキャリア教育の年間指導計画《4月～6月抜粋》]

食育を生かした取組
新規に追加する取組

キャリア教育の重点目標
○周囲や地域の人とのかかわりを深める方法を考え、実践することができる
○自分と学級や地域とのつながりを意識し、自分ができる役割について考えることができる

	教　科	道　徳	総合的な学習の時間	特別活動
4月	・インゲン豆やジャガイモを育てよう（理科）		学習の計画を立てよう	・6年生になって（学級活動） ・1年生と遠足に行こう（学校行事） ・縦割り給食（給食の時間）
5月	・食生活を計画的に（家庭）		・地域の農家の方からジャガイモづくりを学ぼう《新規》	・友達の良いところを探そう（学級活動） ・給食調理員の方に話を聞こう（学級活動）
6月	・私たちの市の良さを伝えるパンフレットを作ろう（国語）			・地域クリーン作戦（学校行事）

つなぐ
つなぐ
つなぐ

なるほど、「地域クリーン作戦」などによって培われてきた地域との連携が生かされて、多面的な力が育成できる計画になったね。

事例2 ＞ 消費者教育に取り組んできたB中学校・第2学年の事例

［ 前年度の消費者教育年間指導計画 ］

消費者教育の重点目標　地域の良さを生かした商品を販売する企画を通して、創造力やチャレンジする力などの起業家精神を養うとともに、消費の在り方や環境に配慮した生活の仕方に関する基礎的・基本的な知識と技術を習得させ、持続可能な社会における生活の営みへの足掛かりとなる能力と態度を育てる。

	教　科	道　徳	総合的な学習の時間	特別活動
4月				
5月			・地域に愛される会社をつくろう	
6月			・消費者ニーズの聞き取り調査	
7月			・商品の開発	・ネットトラブルの防止（学級活動）
8月				
9月				
10月		・法について考えよう	・販売計画の立案（価格、個数）	
11月	・私たちの消費生活（技術・家庭）		・商品の宣伝・販売	
12月				
1月				・リサイクル運動をしよう（生徒会活動）
2月	・環境に配慮した消費生活（技術・家庭）	・自然とともに生きる	・報告会の実施（収支報告・使い道）	
3月				

《校長先生から》
私たちの学校は、地方都市の郊外にある中規模校です。近年大型ショッピングモールが出来、生徒の校外での行動も変化してきました。そこで、消費者教育が必要になってきました。

総合的な学習の時間だけを見ても、7月の「商品開発」を通して「課題対応能力」を高められるし、11月の販売活動によって「人間関係形成能力」も身に付けられるね。

［ 消費者教育を生かしながら、キャリア教育の年間指導計画を立てよう ］

洗い出す

- 消費者教育の年間指導計画を「基礎的・汎用的能力」のフィルターを通して、洗い出してみると
- 「課題対応能力」「人間関係形成・社会形成能力」はカバーできているが、
- 「自己理解・自己管理能力」「キャリアプランニング能力」は弱いことが分かった。

つなぐ

- そこで、他の教育活動から今ある「宝」を探してみると、
- 体育祭の反省や冬休みの計画づくりなど「自己理解・自己管理能力」につながる活動が見いだされた。
- しかし、これでも「キャリアプランニング能力」の育成の機会は不十分のままのようだと考えた。

検討する

- 「キャリアプランニング力」を身に付けさせるため、「販売計画の立案」にプロからのアドバイスを組み入れることにした。
- さらにそれを発展させて、様々な職業の人からの講話を聴いて、それらを踏まえながら自らの将来計画を立案する機会を設けることとした。

［ 今年度のキャリア教育の年間指導計画《9月～12月抜粋》 ］

消費者教育を生かした取組
新規に追加する取組

キャリア教育の重点目標
○進んで新しいことに挑戦し、従来の方法にとらわれずに物事を進める方法を考えることができる
○社会には多くの役割があることを理解し、自分が果たすべき役割を分担することができる

	教　科	道　徳	総合的な学習の時間	特別活動
9月				・体育祭（学校行事） ・体育祭を成功に導いたもの（学級活動）
10月	・Reach Your Dream（外国語）	・法について考えよう	・販売計画の立案（価格、個数） ・プロからのアドバイスをもとに販売計画を修正しよう《新規》	
11月	・私たちの消費生活（技術・家庭）	・希望に向かって	・商品の宣伝・販売	
12月		・個性を伸ばそう	・様々な職業の人の話を聴き、自分の将来に向けてのプランを立てよう《新規》	・冬休みの計画を立てよう（学級活動）

外国語、道徳、総合的な学習の時間と特別活動がつながって、将来を設計する力を高めるための系統的な学びになり、その成果は、早速、冬休みにも生かされそうだね。

事例3 シティズンシップ教育に取り組んできたC高等学校・第1学年の事例

[前年度のシティズンシップ教育年間指導計画]

シティズンシップ教育の重点目標　地域や社会で課題を見付け、その解決に必要な資質や能力を身に付けるとともに、社会の一員として、より良い社会づくりに積極的に貢献しようとする態度を養う。

	教　科	総合的な学習の時間	特別活動
4月		・C駅前の迷惑駐輪を考える	
5月			・校外清掃活動(学校行事)
6月		・C市の環境保護条例と私たちの暮らし	
7月	・高齢者とのかかわりと福祉(家庭)		
8月			
9月	・株式学習(公民)	・C市における内なる国際化を考える	
10月			
11月	・外国人と交流しよう(外国語)		
12月		・C市役所・市民課に施策提言をしよう：1年生修了論文作成に向けたグループ研究	
1月	・模擬裁判(公民)		
2月	・高齢者施設で演奏をしよう(芸術)		
3月			

総合的な学習の時間において地域の課題を探究する中で「課題対応能力」が向上するし、12月からのグループ研究、外国人との交流(外国語)、高齢者施設での演奏(芸術)などの多様な学びを通して「人間関係形成・社会形成能力」も高められるね。

《校長先生から》
都市中心部に位置する私たちの学校の周りには、様々な社会的課題が存在します。しかし、多くの生徒は、その存在に気付いていませんでした。そこで、私たちは、様々な教科・領域にシティズンシップ教育を導入し、生徒に課題解決能力を身に付けさせようと努力してきました。

[シティズンシップ教育を生かしながら、キャリア教育の年間指導計画を立てよう]

洗い出す

・シティズンシップ教育の年間指導計画を「基礎的・汎用的能力」のフィルターを通して洗い出してみると、
・「人間関係形成・社会形成能力」と「課題対応能力」はカバーできているが、「自己理解・自己管理能力」と「キャリアプランニング能力」は弱いことが分かった。

つなぐ

・そこで、他の教育活動から今ある「宝」を探してみると、
・特別活動において次年度以降の履修計画に関する一連の活動があった。
・また、夏季休業中に実施している「幼稚園・保育所でのボランティア活動」をシティズンシップ教育とつなげ、キャリア教育の年間指導計画を充実させることができると考えた。

検討する

・キャリア教育を更に充実させるため、大学進学にとどまらず、将来の職業選択までを視野におさめた上で履修計画の作成ができるよう、新たに「生き方講座」(9月)を設けた。
・その際、同月に実施してきた株式学習(公民)と関連させ、系統的な指導とするため、地元の株式会社経営者を講師として招く計画とした。

[今年度のキャリア教育の年間指導計画《7月～11月抜粋》]

シティズンシップ教育を生かした取組
新規に追加する取組

キャリア教育の重点目標
○多様な他者の考えや立場を理解し、他者を認めつつ協働することができる
○多様な生き方があることを理解し、自らの将来の展望を持つことができる

	教　科	総合的な学習の時間	特別活動
7月	・高齢者とのかかわりと福祉(家庭)		
8月	・幼稚園・保育所等での実践的・体験的な学習活動(家庭)	つなぐ	
9月	・株式学習(公民)	・C市における内なる国際化を考える つなぐ	・幼稚園・保育所での活動を振り返って(ホームルーム活動) ・生き方講座(株式会社経営者による講話／学校行事)《新規》
10月	つなぐ		・履修計画作成オリエンテーション(学校行事) ・卒業生(大学生)と語る会(学校行事)
11月	・外国人と交流しよう(外国語)		・10年後の私(ホームルーム活動)《新規》 ・履修計画の作成(ホームルーム活動)

公民における学習内容が、地元の企業経営者の生き方の根源にかかわっていることが生徒たちに伝わり、その生き方が一人一人の生徒の将来設計の参考にもなる、という系統性のある計画だね。

事例4 福祉教育に取り組んできたD高等学校・第1学年の事例

[前年度の福祉教育年間指導計画]

福祉教育の重点目標　誰もが人として尊厳を持って住み慣れた家庭や地域で自立した生活を共に送れる地域社会を実現しようとする態度を養う。

	教　科	総合的な学習の時間	特別活動
4月		・D市の高齢者福祉制度を調べよう	
5月			
6月		・加齢による心身の変化と福祉サービスの在り方を考える	
7月	・高齢者とのかかわりと福祉(家庭)		
8月			
9月		・限りある生命の意義を考える	
10月	・高齢期の生活、共生社会と福祉(家庭)		・介護体験(学校行事/1学年)
11月	・経済活動の在り方と福祉の向上(公民)		
12月	・共に生きる社会を目指して(公民)		・独居高齢者宅訪問(ホームルーム活動/冬休み課題)
1月			
2月	・生涯の生活設計(家庭)	・福祉のまちづくりに向けて	
3月			

現代社会における福祉の意義と役割を理解させるとともに、人間としての尊厳の認識を深める福祉教育は、「人間関係形成・社会形成能力」や「キャリアプランニング能力」の育成とも密接にかかわっているね。

《校長先生から》
地方都市郊外に位置している本校は、かねてから地元の普通科進学校として地域から注目されてきました。しかし、近年は、生徒の社会性や規範意識の低下が指摘されるようになってきました。そこで、近隣に高齢者福祉施設があるという地域の特徴を生かし、学校教育目標の1つに「福祉教育の充実」を掲げ、高齢化が急速に進行する地域の実情も踏まえながら実践に取り組んでいます。

[福祉教育を生かしながら、キャリア教育の年間指導計画を立てよう]

洗い出す

- 福祉教育の年間指導計画を「基礎的・汎用的能力」のフィルターを通して、洗い出してみると
- 「人間関係形成・社会形成能力」「キャリアプランニング能力」はカバーできているが、「自己理解・自己管理能力」と「課題対応能力」は弱いことが分かった。

つなぐ

- そこで、系統性について検討されてこなかった学校教育活動の関係をキャリア教育の視点でつなげてみると、
- 家庭や公民、総合的な学習の時間における学習の多くをそのまま生かして系統性のあるキャリア教育として活用できることが分かった。

検討する

- 不十分な側面が残る「課題対応能力」の向上を目指して、介護体験活動に関する体験発表会の計画を立てさせ、文化祭で実施することとした。
- さらに、今後の生き方を考えさせながら「自己理解・自己管理能力」を向上させるため、介護体験や独居高齢者宅訪問を踏まえた研究報告書をグループ単位で作成させる取組を新たに設けた。

[今年度のキャリア教育の年間指導計画《10月～12月抜粋》]

福祉教育を生かした取組
新規に追加する取組

キャリア教育の重点目標
○社会の中で自らが果たし得る役割について理解し、進んで実践することができる
○今後の社会の在り方について考えをまとめ、自らの将来展望に生かすことができる

	教　科	総合的な学習の時間	特別活動
10月	・高齢期の生活(家庭) ・共生社会と福祉(家庭)	・限りある生命の意義を考える	・介護体験(学校行事/1学年)
11月	・伝えあう力(プレゼンテーション)(国語) ・経済活動の在り方と福祉の向上(公民)	・福祉社会における私たちの役割を考える《新規/計画変更》 ＊11月～1月 ＊介護体験及び独居高齢者宅訪問経験を踏まえた研究報告書の作成等	・文化祭(学校行事)における介護体験報告会《新規》 ＊介護体験受入事業所職員等とのパネルディスカッションを含む
12月	・共に生きる社会を目指して(公民)		・独居高齢者宅訪問に向けて(学校行事(講話)及びホームルーム活動) ・冬休み中の学習計画の作成(ホームルーム活動) ・独居高齢者宅訪問(ホームルーム活動/冬休み課題)

つなぐ

社会福祉にかかわる体験を軸に、自らの生き方を考えさせる取組だね。この学校の1年生の実態や発達の段階に即して、特定の職業に焦点を絞らずに将来を展望させているんだね。

キャリア教育をめぐる疑問にお答えします

Q1 キャリア教育よりも学力を向上させることのほうが重要ではないでしょうか?

A キャリア教育の充実と学力の向上とは対立するものではありません。子どもたちが将来に不安を感じたり、学校での学習に自分の将来との関係で意義が見いだせずに、学習意欲が低下し、学習習慣が確立しなかったりといった問題が指摘される今日、キャリア教育を通して学ぶ意義を認識させる必要性はますます高まっています。教科の時間においても、それぞれの単元などの特質を生かしたキャリア教育を実践することにより、学習意欲を向上させることができます。なぜ勉強しなくてはいけないのか、今の学習が将来どのように役立つのかということなどについての発見や自覚が、日頃の学習に対する姿勢の改善につながり、そのことが更なる新たな発見や、より深い学習に結び付いていくのです。

例えば、「職場体験・インターンシップ実施状況等経年変化に関する報告書」(平成24年1月　国立教育政策研究所生徒指導研究センター)は、中学校で職場体験活動を積極的に行っている自治体の生徒は総体的にみて学力が高い傾向にあるという調査結果を示しています。

Q2 キャリア教育を実践することでどのような効果が期待できますか?

A まず、子どもたちにとっては、「学ぶこと」と「働くこと」の密接な関連性に気付くことなどによって学習意欲を向上させることができます。また、職場体験など、異世代とのコミュニケーションや社会生活上のルールやマナーを体得する機会などの体験的な学びを通して、自己理解の深化や自己有用感の向上、勤労観・職業観の形成・確立がなされるなど、様々な効果が期待できます。

学校にとっては、キャリア教育の視点に立って教育の在り方を幅広く見直すことにより、教職員に教育の理念と進むべき方向が共有されるとともに、教育課程の改善が促進され、学校教育が目指す全人的な成長・発達を促すことができるようになります。また、キャリア教育の実践を通して、学校内外における連携・協力の機会が増え、教員相互の理解が深まり、地域に開かれた学校づくりに役立ちます。

家庭においては、家族がそれぞれ果たしている様々な役割について生徒の認識が高まることなどにより、家族間の共通の話題が増え、相互理解が一層深まります。

地域にとっては、学校と地域が一体となって子どもたちを育てていこうとする気運が高まることによって、子どもたち・教職員・学校への関心・理解が深まり、地域住民同士や事業所相互の交流なども活発となり、地域の活性化につながります。

Q3 本校では生徒指導等で忙しく、キャリア教育を実施する余裕がありませんが…。

A 確かに、生徒指導等日常の教育活動は多岐にわたり多忙感を伴います。

しかし、日常の教育活動をキャリア教育の視点で見直してみると、多くのつながりを持っていることが分かります。例えば、生徒指導では、児童生徒の問題行動等について指導を行うだけでなく、全ての児童生徒がより良い行動を選択し、その結果に責任を持つよう指導するなど自己指導能力の育成を目指しています。これらは、児童生徒が将来生きていくために必要な能力や態度の育成であり、キャリア教育としても重要な取組であることが分かります。

課題を抱える児童生徒への指導で忙しい学校においても、日頃行われている指導について、キャリア教育における基礎的・汎用的能力の育成の視点で考え方や内容を整理して全体計画及び年間指導計画に位置付け、発達の段階に応じて体系的・系統的に指導することが大切です。このような指導で、キャリア教育を推進することができ、生徒指導等についてもより効果的な実践に結び付いていきます。

募金箱

多くの先生方から
いただいた質問を
まとめてみたよ！

Q4 よく「キャリア教育の視点」と言いますが、この視点とはどういう視点でしょうか？

A キャリア教育は、「一人一人の社会的・職業的自立に向け、必要な基盤となる能力や態度を育てることを通して、キャリア発達を促す教育」と定義付けられており（平成23年1月中央教育審議会答申）、小学校・中学校・高等学校それぞれの段階におけるキャリア発達課題を達成していくことが重要です。

「キャリア教育の視点」とは、この社会的・職業的自立を念頭に置きながら、子どもたちの成長や発達を促進しようとする見方を持つことです。具体的には、社会的・職業的自立のために必要な「基礎的・汎用的能力」を育てることと言ってよいでしょう。

「基礎的・汎用的能力」は、「人間関係形成・社会形成能力」、「自己理解・自己管理能力」、「課題対応能力」、「キャリアプランニング能力」の4つの能力から構成されています。

各学校が、「キャリア教育の視点」に立って教育活動をとらえ直すことにより、それぞれの学校における教育課程の改善が促進されることはもちろん、指導の在り方にも変化が期待できます。例えば教科・科目において、今学んでいることが社会でどのように活用されているかを紹介するなど、現在の学びと実社会とのつながりを意識させ、学ぶ意義を認識させる働きかけが増えるでしょう。また、特別活動における学校行事においても、「人間関係形成・社会形成能力」や「自己理解・自己管理能力」などを一層明確に意識した指導・助言を行うようになるでしょう。

このようにこれまでの教育活動を「キャリア教育の視点」で見直すと、既存の教育活動とキャリア教育との密接な関連性が把握でき、今ある教育活動の「宝」を生かしたキャリア教育を実践することができます。

Q5 キャリア教育を推進すれば、「○○教育」はやらなくてもよいですか？

A 学校は、キャリア教育と「○○教育」の二者択一を迫られているわけではありません。

大切なことは、キャリア教育も「○○教育」も、「自分の力を発揮して社会（あるいはそれを構成する個人や集団）に貢献し、社会の形成に参画する力」を育むというねらいを共有していると考えることです。キャリア教育で育む「社会的・職業的自立に向けて必要な基盤となる能力」は、「○○教育」で育成される能力の「土台」にもなっています（本パンフレットp4～5参照）。また、児童生徒の実態や学校の特色などを考慮しながら卒業までに身に付けさせたい力を具体的に設定し、キャリア教育と関連を図りながら「○○教育」を実践していくことによって、両者は同時に充実していくのです。

Q6 教科等を通じてキャリア教育を実践するには、どのようにしたらよいでしょうか？

A キャリア教育は特定の教育活動を指すものではなく、学校教育全体の活動を通じて体系的に行われるものです。各教科や道徳、総合的な学習の時間及び特別活動等には、子どもたちのキャリア発達を促す教育内容が数多くあります。それらを計画的に活用していきましょう。また、それぞれの教育活動の中にあるキャリア教育の「断片」、すなわち「宝」を洗い出し、つなげ、子どもたちの認識や視野を広げていく働きかけを、教科等の特質を生かして行っていくことが大切です。詳しくは本パンフレットp.6～9を参照してください。

Q7 キャリア教育の年間指導計画を作成する際のポイントを具体的に教えてください。

A 年間指導計画を作成する際のポイントは、今行っている教育活動の中からキャリア教育の「宝」を洗い出し、身に付けさせたい力に照らして体系的・系統的につなぎ、自校ならではのキャリア教育を目指して検討することです。年間指導計画作成の必要性や具体的な作成方法については、本パンフレットのp.8～9を御覧ください。これらの計画立案の上でスタートとなり、また、その改善を図るための評価の拠り所ともなるのは、各学校で定めるキャリア教育の目標です。キャリア教育を通してどのような能力や態度を身に付けさせようとしているのかを具体的に明らかにし、全教職員がそれを共有することが求められます。目標の設定に当たっては、学校の特色、児童生徒の実態、家庭や地域からの願いや期待などを踏まえ、それぞれの学校の実情に即したものにすることが重要です。

Q8 学校においてキャリア教育推進のための効果的な体制づくりのポイントを教えてください。

A まず、学校全体でキャリア教育を進めていこうとする意思を全教職員で共有することが重要です。そのためには、校内研修等を通じてキャリア教育についての理解を深めることが大切です。校長のリーダーシップの下、キャリア教育担当者のほか副校長、教頭、教務主任、進路指導主事、生徒指導主事、各学年主任、養護教諭等を構成員とするキャリア教育推進のための中核となる校内組織（委員会など）を設置するとよいでしょう。次にこの組織が、学校の教育方針に基づいたキャリア教育の全体計画を策定し、それに基づいて、それぞれの学年や教科・科目の担当教員とも連携・協力しながら年間指導計画を作成します。そしてPDCAサイクルを基盤とした取組を学校教育全体で推進していくことも、この組織が担うべき重要な役割です。

Q9 キャリア教育を推進する上で効果的な連携とはどのようなものでしょうか？

A キャリア教育は、一人一人の生き方にかかわり、自己と働くこととの関係付けや価値付けを発達の段階に即して継続的に支援する教育であることから、「縦」の連携、すなわち、学年間連携と校種間連携が必要です。今後は、接続する校種との連携をこれまで以上に密にし、キャリア教育に関する学習内容の系統性を重視した目標の設定や、児童生徒の情報の共有などが求められます。

また、キャリア形成には、一人一人の成長・発達の過程における様々な経験や人との触れ合いなどが総合的にかかわってくることから、「横」の連携、すなわち、家庭や地域社会との連携も不可欠となります。地域ぐるみでキャリア教育のねらいを共有し積極的に連携することで、地域の新たな教育資源の発掘、学習題材の開発、体験活動の一層の充実が可能となり、地域や学校の特色を生かしたキャリア教育を推進することができます。「地域の子どもを地域で育てる」視点で家庭や地域住民、企業、NPO、教育関係機関、就労支援機関、行政機関等がキャリア教育に参画し、評価・改善に生かすことのできる地域の連携体制を整備することで、より一層の効果が期待できるでしょう。

【作成協力委員】 ※職名は平成24年8月現在

唐木　清志	筑波大学人間系准教授
菊池　武剋	東北大学名誉教授
佐藤　勝	東京都品川区立荏原第六中学校校長
四ヶ所　清隆	福岡県久留米市教育センター指導主事
志村　結美	山梨大学大学院教育学研究科准教授
白木　みどり	上越教育大学大学院学校教育研究科准教授
多田　早穂子	東京都立晴海総合高等学校主任教諭
早川　三根夫	岐阜県岐阜市教育委員会教育長
堀川　博基	埼玉県ふじみ野市立大井中学校教頭
安原　敏光	広島県立三原東高等学校校長

（敬称略　五十音順）

NIER
文部科学省
国立教育政策研究所
National Institute for Educational Policy Research

〈編集・発行〉生徒指導・進路指導研究センター　平成24年8月
TEL：03-6733-6882　FAX：03-6733-6967
URL：http://www.nier.go.jp/04_kenkyu_annai/div09-shido.html